Dinheiro
PODRE

Carlos Coradi e Douglas Mondo

Dinheiro
PODRE

A história das fraudes nas
instituições financeiras do Brasil

Matrix

© 2016 - Carlos Coradi e Douglas Mondo
Direitos em língua portuguesa para o Brasil:
Matrix Editora
www.matrixeditora.com.br

Diretor editorial
Paulo Tadeu

Projeto gráfico e diagramação
Alexandre Santiago

Revisão
Silvia Parollo
Lilian Brazão

CIP-BRASIL - CATALOGAÇÃO NA FONTE
SINDICATO NACIONAL DOS EDITORES DE LIVROS, RJ

Coradi, Carlos
Dinheiro podre – a história das fraudes nas instituições financeiras do Brasil /
Carlos Coradi, Douglas Mondo. - 1. ed. - São Paulo: Matrix, 2016.

216 p. : il.; 23cm.

Inclui índice
ISBN 978-85-8230-290-3

1. Finanças. 2. Orçamento - Brasil. 3. Fraude. I. Mondo, Douglas. II. Título.

16-36221   CDD: 332.024
              CDU: 330.567.2

*Dedico este livro a meus pais, pelo exemplo de vida
que me foi dado por eles: Antenor Coradi,
um humilde marceneiro (que, no final da vida,
escreveu oito livros), e minha mãe, Sophia Joanna Juncker
Coradi, uma laboriosa professora.
Dedico meu esforço também aos meus seis filhos,
Iris, Paulo, Sérgio, Vera, Daniel e Camila.*
Carlos Coradi

*Aos meus filhos Camila e Gustavo.
Meus orgulhos como pessoas e cidadãos.*
Douglas Mondo

Sumário

Introdução 9

Capítulo 1 - De Dom João VI até o fim da Nova República. 11

Capítulo 2 - De 1964 até a crise da Bolsa de 1971 25

Capítulo 3 - Da crise da Bolsa de 1971 até o Plano Real (1994) 39

Capítulo 4 - Do Plano Real (1994) até as intervenções de 1996 69

Capítulo 5 - Proer (1995), intervenções nos bancos quebrados 135

Capítulo 6 - A criação do Proes para bancos estaduais 163

Capítulo 7 - Do Proes até os dias atuais 169

Capítulo 8 - Banco e Grupo Schahin 187

Prólogo 215

Introdução

Imagine o que devem ter pensado as pessoas quando do surgimento das primeiras instituições bancárias. Entregar o dinheiro conquistado com suor para ser guardado por outrem não deve ter sido fácil.

As instituições bancárias, independentemente dessas desconfianças, prosperaram. E hoje detêm uma fatia considerável do poder no mundo. Claro que desvios e apropriações do dinheiro dos correntistas e investidores vivem acontecendo, o mundo está cheio de espertalhões.

No Brasil, não poderia ser diferente. Ainda mais com um sistema de vigilância do sistema bancário tão frágil como o nosso, com uma justiça lenta e com leis que mais servem aos interesses dos banqueiros do que dos cidadãos comuns.

Trabalho há muitos anos no segmento financeiro: montei uma corretora de valores e um banco, dos quais fui sócio e aprendi quais são os rigores da lei em casos de desvios, com os quais nunca pactuei.

Mais tarde, dediquei 20 anos a analisar balanços de empresas financeiras, examinando desvios praticados por muitas delas, com graves prejuízos aos correntistas e aos acionistas, especialmente no caso das ações preferenciais (as que nada valem nas assembleias).

Por causa dessas experiências, escrevi este livro, juntamente com o advogado Douglas Mondo, falando das fraudes, dentro da ideia de que, se detalhasse a parte podre dessas instituições e as juntasse em um texto didático, estaria dando uma contribuição para melhorar os sistemas de controle e vigilância do nosso sistema bancário.

Se o livro for lido pelos nossos gestores políticos, nossos juízes e também por aqueles que perderam dinheiro enganados por banqueiros desonestos, as autoridades pensariam nas providências de mudança das leis para punir os bandidos que ainda estão soltos.

Carlos Coradi

Capítulo 1

De Dom João VI até o fim da Nova República

A história das fraudes financeiras no Brasil é mais velha do que a nossa própria Independência: começou em 1808, ano em que deixamos de ser um mero território além-mar de Portugal e passamos a ser o centro de um reino com possessões em diversos continentes.

Até então, o Brasil era uma colônia de exploração, sistema no qual todo e qualquer desenvolvimento econômico surge primariamente para servir à metrópole. No caso, Portugal. O nosso país era basicamente produtor e extrator de *commodities* – ouro, diamantes e as plantações do Nordeste formavam a espinha dorsal da economia brasileira.

Essa exploração mudou quando as guerras napoleônicas mexeram com o cenário do continente europeu. Sob o terror de uma invasão francesa, a família real portuguesa decidiu deixar Lisboa, em novembro de 1807, e instalou-se no Rio de Janeiro, que se tornou a capital do Reino, colocando o Brasil em pé de igualdade com Portugal em muitos aspectos.

A família real chegou ao Brasil no primeiro semestre de 1808, com toda a luxúria que as cortes europeias estavam acostumadas até então. Junto com eles, chegaram 276 fidalgos (que recebiam uma verba anual paga em moedas de ouro) e mais uma infinidade de outros viajantes: 2 mil funcionários reais, 700 padres, 500 advogados, 200 médicos e entre 4 mil e 5 mil militares. Para sustentar tudo isso por algum tempo, o Reino Unido emprestou 600 mil libras esterlinas.

Mas chegaram em um país que, sob diversas óticas, estava muito mais atrasado do que a nação originária. E pior: precisando garantir todo o luxo da corte. D. João VI, príncipe regente (ele governava, pois, sua mãe, a rainha Maria I, era louca), resolveu criar um banco, o primeiro banco do Brasil com patrocínio e execução do Estado nacional. Antes disso, o Brasil teve uma pequena tentativa bancária no Maranhão, quando o governador da província quis criar um banco de crédito para financiar a agricultura local. Contudo, a iniciativa não deu certo.

Portugal não era exatamente um país de tradição bancária. Ele só iniciou seu próprio sistema nesse setor no final do século XVIII[1], praticamente 200 anos depois do resto da Europa. E a ideia de criar um banco para financiar a corte era, no mínimo, problemática: em todo o continente europeu, as instituições bancárias surgiam com as mudanças estruturais da sociedade e das economias nacionais, que se manifestavam por intermédio do comércio, da agricultura, da necessidade efetiva de se prover crédito às atividades de desenvolvimento, por exemplo, as nascentes ferrovias. Foi assim na Inglaterra, onde os bancos alimentaram a Revolução Industrial, na França e em outros países europeus.

Não eram, portanto, instrumentos de financiamento de luxúrias, e sim instrumentos para estimular o desenvolvimento econômico. Mas a Corte portuguesa não desenvolveu direito nem mesmo o setor imobiliário do Rio de Janeiro, já que uma das primeiras medidas foi desapropriar os melhores imóveis vagos para a elite que acabara de chegar.

Talvez por sua própria concepção, o primeiro Banco do Brasil já nasceu fraudulento, tendo iniciado sua operação no dia 11 de dezembro de 1809. A intenção principal era financiar os gastos da corte e o financiamento da instituição viria da venda de ações para os brasileiros abastados, em troca de títulos da recém-criada nobreza brasileira (tinha capital inicial de 1.200 contos de réis) e a emissão de moeda sem lastro.

Com isso, o Banco do Brasil nasceu como um misto de banco comercial, para impulsionar a economia do nascente país, e uma espécie primordial de Banco Central brasileiro (155 anos antes do atual BC surgir[2]). Foi o quarto banco emissor (que podia emitir dinheiro) do mundo, atrás dos bancos de

---

[1] Laurentino Gomes, autor do livro *1808*, Editora Planeta, 2007.

[2] O atual Banco Central do Brasil surgiu em 1964.

Suécia, Inglaterra e França, e atuava ainda em depósitos e descontos – fora o monopólio que detinha a venda de produtos da coroa portuguesa: pau-brasil, marfim, entre outros. Ou seja, a emissão de dinheiro ficava com o Banco do Brasil, e o monopólio dos produtos, com a coroa.

Contudo, a missão de financiar a nobreza e a possibilidade de emitir dinheiro sem lastro fizeram do Banco do Brasil um convite para o caos e a fraude. A emissão de dinheiro sem lastro é um problema muito recorrente em qualquer era: para financiarem gastos exorbitantes, governantes optam por emitir dinheiro sem discriminação e usá-lo para pagar o que precisam. O dinheiro cai na economia e acaba inflando todos os preços, prejudicando a população em geral.

O banco, porém, resistiu bravamente aos seus primeiros anos, mas bastaria um tremor na economia para desestabilizar a situação a ponto de quebrá-lo e expor as inúmeras fraudes cometidas.

Esse tremor não demorou para acontecer, já que vinha se desenhando mesmo antes de a família real chegar ao Rio de Janeiro. Além da *Carta Régia* que deu origem ao Banco do Brasil, Dom João VI tomou outras duas medidas: ainda em Salvador (primeira parada em 1808), decretou a abertura dos portos brasileiros ao comércio mundial, o que antes era monopólio de Portugal, e revogou um decreto de Portugal que proibia ao Brasil produzir bens industriais. Duas medidas boas, mas que alteravam fundamentalmente a relação das economias brasileira e portuguesa. A mãe, a rainha dona Maria I, havia proibido a produção de bens industriais, em 1785, com o objetivo de evitar uma concorrência futura a Portugal e, principalmente, à Inglaterra, a principal parceira comercial e aliada (foi o Reino Unido que garantiu a segurança dos navios portugueses que vinham para o Brasil, e Napoleão só invadiu Portugal, pois este ainda negociava com a Inglaterra, furando um bloqueio comercial e político imposto pelos franceses).

Com essas medidas, o comércio com Portugal despencou: de 1796 a 1807, deixou um saldo de 28.358 contos de réis, mas nos 11 anos posteriores (de 1808 a 1819), esse saldo caiu para 1.732 contos de réis, apenas 6% do valor anterior. As exportações do Brasil para Portugal caíram pela metade após a vinda de Dom João VI, e o saldo praticamente desapareceu. Esse fato teve repercussões na economia portuguesa, principalmente na situação cambial do país. Isso acelerou a saída de produtos preciosos, como ouro e diamantes, que eram necessários para que Portugal cobrisse seus déficits comerciais.

De fato, o comércio de Portugal com o mundo, entre 1796 e 1807, produziu um saldo positivo de 36.293 contos de réis, mas para o período de 1808 a 1819, houve um saldo negativo de 95.388 contos de réis, conforme se vê no quadro 1:

Quadro 1: Comércio entre Brasil e Portugal

Brasil/Portugal			
Contos de réis			
Período	Exportações	Importações	Saldo
1796 a 1807	141.352	112.994	28.358
1808 a 1819	72.168	70.436	1.732

A crise econômica que vinha se desenhando teria impactos no Banco do Brasil, criado para permitir o excesso de gastos da coroa portuguesa. A economia brasileira seria dilacerada pela falta de exportações brasileiras, conforme é mostrado no quadro 2. O crescimento do valor das exportações brasileiras no começo do século era de 0,8% ao ano, enquanto a população cresceu com uma taxa anual de 1,3%[3]. O Brasil logo sentiria o seu primeiro baque econômico, por conta do descontrole no balanço de pagamentos – isto é, o Brasil tinha mais necessidades de desembolso do que receitas, a chave para uma grande crise.

Quadro 2: Comércio entre Portugal e o mundo

Portugal/Mundo			
Contos de réis			
Período	Exportações	Importações	Saldo
1796 a 1807	237.239	200.946	36.293
1808 a 1819	152.809	248.197	-95.388

---

[3] Celso Furtado em *Formação Econômica do Brasil*, Companhia Editora Nacional, 2005.

O Primeiro Império e o caos financeiro

Foi nesse cenário econômico ruim que o Brasil conseguiu a Independência, em 1822 – e isso só se agravou nos anos seguintes. A coroa lusitana volta para Portugal, deixando para trás uma péssima situação financeira.

Primeiro, o Brasil teve de assumir uma dívida de 1,4 milhão de libras esterlinas que Portugal contraíra com Londres, assim como pagar mais 600 mil libras a Portugal "pelas posses que haviam deixado". Esses 2 milhões de libras esterlinas representavam o preço de nossa Independência.

O Brasil, porém, começou a contrair uma série de dívidas para conseguir fechar as contas. Em 1824 – dois anos como independente –, o Brasil fechou seu primeiro empréstimo externo, no valor de 3 milhões de libras. Em 1825, houve um novo financiamento de 3,7 milhões de libras esterlinas. E no final do primeiro reinado, em 1829, o país contraiu mais 4 milhões de libras.

Nesse meio-tempo, o Banco do Brasil tinha sido usado como instrumento para conter a crise e já se encontrava em situação de falência. As notas emitidas pelo banco perdiam bastante valor frente à moeda de metais preciosos (cujo valor era medido pelo peso), por conta do excesso de emissões sem nenhum tipo de lastro, que eram feitas para suprir as necessidades do Tesouro. É aqui que aparece o primeiro caso de fraude bancária no Brasil, no meio da nossa primeira crise econômica depois da Independência.

Se hoje faltam boas práticas para quem administra as nossas estatais, imagine isso no século XIX. Quatro diretores do banco causaram a falência da instituição, e um deles, que era o tesoureiro, resolveu fugir para os Estados Unidos (inclusive deixando a sua família no Brasil), mas não antes de levar todos os fundos de uma companhia de seguros, que haviam sido confiados à tesouraria do banco.

A corrupção era sistêmica: diretores e acionistas do banco conseguiam tomar empréstimos com juros de 6% ao ano e os repassavam, como verdadeiros agiotas, a 24%. Além disso, determinaram que o banco, que estava falido, pagaria elevados dividendos anuais de 18% para seus acionistas, não demorou muito para que Dom Pedro I resolvesse dar um basta a essa situação: em 1829, ele cria uma lei extinguindo o Banco do Brasil – muito embora o fechamento de fato da instituição tenha demorado vários anos para se completar.

D. Pedro I justificou o fechamento do banco, afirmando que o fazia por causa do "excesso de emissões para atender às necessidades do erário e erros, irregularidades e fraudes cometidos pela diretoria"[4]. Ele precisava de uma reforma econômica ampla, pois o Império vivia grande crise econômica.

O Brasil tinha feito então grandes empréstimos externos (com juros de 5% ao ano), para captar recursos para financiar o esforço da Guerra Cisplatina – que resultou na separação do Uruguai do Brasil – e controlar outras diversas rebeliões regionais que surgiam. A nossa recém-nascida moeda perdia valor frente às moedas estrangeiras, e teve uma desvalorização de mais de 100%.

Logo, o primeiro banco brasileiro nos brindava com um caso de fraude e má gestão bancária, 187 anos atrás, com a péssima atitude dos diretores. História que se repetiria dezenas de vezes ao longo dos dois séculos seguintes.

Os primeiros bancos privados no Brasil

Com o fim do primeiro Banco do Brasil, quem assumiu os empréstimos foram os agiotas, que chegavam a cobrar mais de 2% ao mês. Essa situação durou anos até que comerciantes do Rio de Janeiro fundassem o primeiro banco de crédito privado, o Banco Comercial, de 1838 – nove anos após o fechamento do banco estatal. No Ceará, já havia sido fundado o Banco do Ceará dois anos antes, mas este não influenciava na movimentada vida da capital brasileira da época.

O Banco Comercial teve bom desempenho por muitos anos e não se afundou em fraudes – muito pelo contrário, deixou de existir apenas em 1853, quando se fundiu com o segundo Banco do Brasil. Como ele era de origem privada, não tinha algumas funções que os bancos estatais possuíam – o governo havia negado a ele a possibilidade de emitir moeda, por exemplo.

Outros diversos bancos privados surgem Brasil afora, como o Banco Comercial da Bahia, o Banco Comercial do Maranhão, o Banco do Pará e o

---

4 Conforme *História dos Bancos e do Desenvolvimento Financeiro do Brasil*, Benedito Ribeiro e Mário Mazzei Guimarães. Pró Service Ltda. Editora, pp. 49-50, 1967.

Banco Comercial de Pernambuco, todos assumindo funções de crédito em regiões brasileiras distantes da capital.

Mais um banco privado surgiu no Brasil nessa época: o terceiro Banco do Brasil, fundado por mais um grande nome do nascente capitalismo brasileiro: barão de Mauá, considerado o homem mais rico da história do país. O banco de Mauá era o terceiro a levar o mesmo nome, Banco do Brasil, e fora fundado em 1851, mas permaneceu assim por apenas dois anos.

Em 1853, o governo forçou uma fusão entre o Banco Comercial do Rio de Janeiro e o Banco Comercial e da Indústria do Brasil, criando, assim, o "Banco do Brasil", do Barão de Mauá, dando nascimento ao banco que existe até hoje, com capital inicial de 30 mil réis, divididos em 150 mil ações, e que seria, portanto, o quarto Banco do Brasil. Ao BB davam-se grandes poderes: era um banco de depósitos, redescontos, emissão e custódia de câmbio e da dívida pública.

Foi uma época de diversidade bancária no Brasil: no segundo reinado, de acordo com Fontenla[5], havia 17 bancos e casas bancárias, alguns eram de origem estrangeira – dois eram ingleses e um alemão. Tais instituições tinham sido proibidas de emitir moeda e, portanto, suas funções eram basicamente de tomar depósitos e emprestar dinheiro. Nesse período, foram fundados alguns bancos que chegaram até as últimas décadas. Por exemplo, o Banco Econômico, que foi fechado pelo Banco Central, em 11 de agosto de 1995, quando o Plano Real saneava as instituições financeiras no Brasil. Sua "parte boa" foi fundida com o Banco Excel, dando origem ao Excel Econômico. O Excel Econômico não teve sorte e acabou sendo vendido para o espanhol BVVA, que, após um curto período, desistiu do Brasil e vendeu o que havia no país para o Bradesco. Outro que nasceu nessa época foi o Banco de Crédito Real de Minas Gerais, que fechou após sofrer intervenção. O restante acabou sendo adquirido pelo Itaú, como decorrência de seu processo de privatização organizado pelo governo do Estado de Minas Gerais.

---

5 Conforme *História dos Bancos e do Desenvolvimento Financeiro do Brasi*, por Benedito de Ribeiro e Mário Mazzei Guimarães, Editora Pro Service Ltda., 1967.

O crescimento do sistema financeiro na Primeira República

O fim do segundo reinado foi um período relativamente tranquilo na história bancária brasileira. Tudo isso mudou, porém, com a agitação no final do período que culminou na Proclamação da República, em 1889. A economia passou por uma revigoração, principalmente após o fim da escravidão em território nacional. Pequenos polos industriais começaram a surgir.

Rui Barbosa, ministro da Fazenda entre 1889 e 1891, relatou ao presidente da República, Marechal Deodoro[6]: "Em 18 meses, desembaraçados do cativeiro, andamos tanto quanto em quase meio século sob o peso dele". Os bancos então já eram 57, operando principalmente em crédito de curto prazo. Desses, praticamente todos desapareceram tão rapidamente como surgiram. Restaram dessa fase nomes como o Noroeste[7] e o Boa Vista[8]. Muito poucos. Surgiram bancos em cidades do interior, como Bebedouro, Jaú, Ribeirão Preto, Uberaba, Campina Grande, Campinas etc.

Apareceram dois grandes bancos estaduais, o Banco do Estado de São Paulo[9], em 1909 (que até ser comprado pelo Santander, em 2002, era chamado de Banespa), e o Banco do Estado do Rio Grande do Sul[10], hoje chamado de Banrisul, e que ainda existe. Eles se dedicavam a financiar safras agrícolas, aquisições de matérias-primas, investimentos industriais e agrícolas em seus

---

6 Fonte, conforme a nota anterior (5).
7 Mais tarde o Noroeste foi comprado pelo Santander.
8 Mais tarde adquirido pelo Bradesco.
9 O Banco do Estado de São Paulo (Banespa) é uma extinta instituição financeira estatal paulista fundada em 1909 – inicialmente com o controle acionário de capitais franceses, liderados pelo banco Joseph Loste&Cie.–, sob a razão social Banco de Crédito Hipotecário e Agrícola do Estado de São Paulo. Em 1919, no governo Altino Arantes, seu controle foi nacionalizado, tendo o tesouro do Estado de São Paulo se tornado seu acionista majoritário. Fonte: http://pt.wikipedia.org/wiki/Banco_do_Estado_de_S%C3%A3o_Paulo
10 O Banco do Estado do Rio Grande do Sul foi autorizado pelo Decreto Federal 18.374, de 28 de agosto de 1928, como uma sociedade anônima de crédito real, rural e hipotecário, com sede em Porto Alegre. No dia 6 de setembro, o governo estadual aprovou seus estatutos da nova sociedade bancária, publicando o Decreto n° 4.139. Fonte: http://pt.wikipedia.org/wiki/Banrisul

Estados. O Banespa procurou em sua fase inicial financiar o negócio cafeeiro, principal produto de exportação brasileiro, no início do século XIX, com o café sendo fonte de divisas externas do Brasil.

Já o Banrisul nasceu como o Banco do Estado do Rio Grande do Sul (BRGS)[11], em 12 de setembro de 1928, autorizado pelo presidente do Brasil à época, Washington Luís, e atendendo à reivindicação dos fazendeiros para operar com empréstimos de longo prazo, tomando como garantia a hipoteca de seus imóveis. No início da história do BRGS, apareceu Getúlio Vargas, que, em 25 de janeiro de 1928, tomou posse como governador do Rio Grande do Sul, sucedendo seu líder político, Borges de Medeiros, que havia governado o Estado por 25 anos seguidos[12]. Foi Getúlio quem viabilizou o BRGS.

Esse período resultou na primeira bolha financeira fabricada no Brasil. Muito antes dos dias atuais, o governo brasileiro já intervinha na economia de maneiras desastrosas. Foi a Crise do Encilhamento, que explodiu nos primeiros dias da República brasileira. Em uma tentativa de estimular a economia, o último ministro da Fazenda do Governo Imperial, o visconde de Ouro Preto, criou uma nova lei bancária, autorizando três bancos a emitirem bilhetes conversíveis em ouro: Banco Nacional do Brasil, Banco de São Paulo e Banco do Comércio. Apenas o primeiro o fez, e logo foi fundido com o Banco dos Estados Unidos do Brasil, para a formação do Banco da República dos Estados Unidos do Brasil, por ordem do primeiro ministro da Fazenda da República, Rui Barbosa. A intenção era que o novo banco se tornasse uma espécie de Banco Central, nos moldes do que já existia na Europa, com o poder de emissão de moeda e créditos. A expectativa dos políticos por trás do Encilhamento era de que esse tipo de atitude abrisse caminho para a economia receber um estímulo, facilitando o acesso de empresários ao crédito necessário para que suas empresas crescessem e prosperassem – tornando o Brasil um país mais rico. O que se viu, porém, foi um convite para a fraude financeira e uma lição que, infelizmente, o país não aprendeu.

---

11 Conforme conta o site do Banrisul em: https://www.banrisul.com.br/bob/link/bobw00hn_historia.aspx?secao_id=23

12 Conforme http://pt.wikipedia.org/wiki/Borges_de_Medeiros

O Encilhamento foi uma época de expansão monetária sem precedentes, causando grande inflação. A corrupção, traço que acompanha o Brasil há séculos, garantiu que parte desse dinheiro fosse para empresas fantasmas – que abriam seu capital na Bolsa de Valores do Rio de Janeiro – e, todas as vezes que precisavam de mais dinheiro, subscreviam novas ações. Em 1892, a crise já havia chegado e o Banco da República dos Estados Unidos do Brasil já estava praticamente falido por conta do Encilhamento. O governo, portanto, o fundiu com o Banco do Brasil e formou o Banco da República do Brasil.

Tudo isso resultou em uma das piores crises do país, com inflação nas alturas e recessão. O fato de o orçamento da República ser estrangulado porque o governo precisava financiar-se para combater movimentos separatistas da época piorou a situação. Em 1900, o Banco da República do Brasil entrou em liquidação, que durou até 1905, quando voltou a se chamar Banco do Brasil. Foi esse banco que chegou até nossos dias, ou seja, o quinto com esse nome, com todas as dificuldades de percurso que conhecemos. E foi também esse banco que absorveu a crise mundial de 1929, que abalou toda a lavoura cafeeira do Brasil. Generalizou-se, então, a expressão "Fazenda do Banco", tal o número de propriedades rurais e lavouras de café que acabaram ficando com o Banco do Brasil.

Os anos 1920 se caracterizaram por um forte movimento de industrialização. No censo de 1920 já se contavam mais de 13 mil estabelecimentos industriais e aproximadamente 275 mil operários, impulso esse que se deu com entrada de técnicos, vindos com o processo de imigração, que trouxe italianos, alemães, japoneses, entre outros. Os estrangeiros totalizavam, até 1930, cerca de 3,5 milhões. O café, contudo, representava 70% das exportações brasileiras do período 1921-1930. Era o café que impulsionava a economia brasileira, levando os bancos a se concentrarem no setor cafeeiro.

A crise de 1929 trouxe graves consequências para toda a economia e para o sistema financeiro do país. A moeda se desvalorizava constantemente, e a inflação já era uma velha conhecida dos brasileiros. Na Primeira República, o câmbio se desvalorizou (entre 1890 e 1930) em 418%, pulando de 10$640 mil réis por libra esterlina para 44$440 mil réis.

A crise dos anos 1920 e o sistema financeiro

A crise de 1920, porém, não passaria sem problemas para o Brasil. Ela começou promissora, com o país se destacando como produtor agrícola, beneficiando-se da Primeira Guerra Mundial e dos problemas econômicos que ela trouxe aos países envolvidos e suas colônias. A produção de café duplicou entre 1925 e 1929, estimulada pelos altos preços internacionais. A safra girava em torno de 18 milhões de sacas por ano. Mas, entre 1920 e 1930, o Brasil produziu 184 milhões de sacas e exportou apenas 138 milhões, formando grandes excedentes que eram armazenados nos portos e no interior, ao longo das estradas de ferro, uma forma de o governo o proteger os cafeicultores, graças ao Convênio de Taubaté.

A crise mundial de 1929-1930 levou o governo a comprar os estoques e queimá-los. Ao mesmo tempo, a Carteira de Redescontos do Banco Brasil, criada em 1921, foi extinta, e o poder de emitir foi transferido exclusivamente ao Banco do Brasil. Em 21 de outubro de 1929, os preços das ações na Bolsa de Nova York começaram a despencar, o *Crash de Wall Street*. Uma espiral de alta e otimismo havia feito o preço das ações no mercado acionário americano sair fora do que era razoável. Com o *crash* da Bolsa, a economia americana foi para um patamar mais realista e iniciou uma década de desafios econômicos – a chamada Grande Depressão.

Na medida em que os preços baixavam, milhares de pessoas procuravam encaminhar novas ordens de venda, acelerando a crise. Nos Estados Unidos, ter ações já era uma prática popular, o que significa que existiam milhões de acionistas, disseminando os prejuízos por todo o país. E, então, a crise se alastrou: das ações às *commodities*.

O desastre da Bolsa nova-iorquina se estendeu e atingiu as empresas, transferindo-se para as Bolsas de Mercadorias, chegando aos produtos agrícolas. Derrubou os preços do trigo, do algodão, do açúcar e do café, causando estragos no mundo todo. E a crise chegou ao Brasil, cujas exportações dependiam excessivamente do café, bem como em outros países.

O historiador Byron White[13] mencionou que em Cuba, devido aos efeitos sobre o preço do açúcar, ocorreram, entre 1930 e 1932, 3.353 suicídios,

---

13 Byron White. *Azúcar Amargo*, Publicaciones Culturales, Havana, 1954.

número maior do que o dos Estados Unidos. O Brasil, em 1931, já no governo de Getúlio Vargas, começou a queimar milhões de sacas de café, o que fez os Estados Unidos trocarem conosco 25 milhões de *bushels* de trigo por 1,25 milhões de sacas de café[14]. Um escambo internacional. No Brasil, o efeito foi de uma queda expressiva da receita externa, proveniente de exportações, que caiu de US$ 445,9 milhões, em 1929, para US$ 180,6 milhões, em 1932[15].

Com isso, ocorreu o caos financeiro: o Brasil sofria com a alta inflação e veio a sofrer com a deflação, tentando estabilizar a moeda. A deflação é o contrário de inflação: uma queda do nível geral dos preços e não de um ou outro produto isolado. Dizia Washington Luís na época[16]: "Os que sofreram com a baixa do câmbio já foram sacrificados. Para a sua ressurreição, não podemos assassinar os sobreviventes". Essa reforma sofreu críticas violentas, que desaguaram na tomada de poder por Getúlio Vargas[17], com um movimento iniciado no Rio Grande do Sul e que logo se espalhou nacionalmente.

Getúlio sintetizou o caos na época[18]: "No afã de se salvar o Plano Monetário, o governo praticou atos tão desencontrados e criou tal confusão que, ao chegar a Revolução ao poder, a situação do Brasil era de balbúrdia, de anarquia, de quase bancarrota, com o capital em pânico, o trabalhador sem emprego, fazendo-se inflação, deflação e inflação tudo num curto período de três anos". De fato, foram anos terríveis, com reflexo em toda a sociedade brasileira e, claro, em todo o sistema financeiro, Bolsa de Valores inclusive. O ouro, guardado no Brasil, migrou para fora, deixando um buraco e um endividamento generalizado. Cinquenta por cento das fábricas em São Paulo ficaram paralisadas por falta de mercado. Muitas faliram.

---

14 Dados mencionados por Mont'Alegre (*bushel*: alqueire, medida de capacidade para secos e líquidos; ing.~36 l).

15 Mario Henrique Simonsen, *Brasil 2001*, Apec Editora S/A, p. 39, 1969.

16 Conforme cita Lira Neto em seu livro *Getúlio, do governo provisório à ditadura do Estado Novo 1930-1945*, Companhia das Letras.

17 Curiosamente, Getúlio Vargas foi ministro da Fazenda de Washington Luís, convidado por ele, em 1926, para compor seu gabinete, conforme conta Lira Neto em seu livro *Getúlio – 1882–1930*, Companhia das Letras, p. 242.

18 *Ibidem*.

No começo da crise do café, o governo de Washington Luís desenvolveu um plano para transformar o Banco do Brasil no Banco Central, que teria direito de emitir apenas dinheiro lastreado em ouro e gerenciar a dívida externa, cuidando das operações de redesconto bancário[19]. Os planos foram auxiliados por Otto Niemeyer, diretor do Banco da Inglaterra. O governo de Vargas e seu ministro da Fazenda, José Maria Whitaker, não abandonaram a ideia, mas seria necessária uma instituição totalmente independente do Banco do Brasil da época, o qual teria de perder funções e se concentrar em atividades comerciais. Essa ideia, tal como concebida em 1930, só iria ser implementada em 1964, quando o Brasil criou seu Banco Central, retirando funções ligadas às políticas monetária e cambial do Banco do Brasil. Outras tentativas de montar nosso Banco Central são citadas: em 1935, 1937, 1939 e 1945. Todas em vão.

Já que não conseguia montar o Banco Central, concebido em 1930 por recomendação dos ingleses, e tendo em vista que o país[20] "tinha bancos, mas não tinha organização bancária, vivendo em sobressaltos contínuos, sem tranquilidade, sem confiança, com crédito escasso, com defeitos de circulação", resolveu-se, em 1945, criar a Superintendência da Moeda e Crédito (Sumoc), para organizar o controle do mercado bancário e monetário e preparar a organização do Banco Central, conforme rezava o artigo 1º do Decreto 7.293, com todas as atribuições, de fato, de um Banco Central, o que ainda demoraria quase 20 anos.

---

19 Conforme menciona Ribeiro e Mazzei.
20 Conforme disse, em 1931, José Maria Whitaker, na obra citada acima.

Capítulo 2

De 1964 até a crise da Bolsa de 1971

Após alguns anos de uma democracia muito turbulenta, que contou, entre outras coisas, com o suicídio de um presidente em exercício (Getúlio Vargas), a renúncia de um presidente que havia assumido apenas seis meses antes (Jânio Quadros) e um breve período parlamentarista para não deixar João Goulart governar, o Brasil passou por um golpe militar, em 31 de março de 1964 – com a posse do marechal Humberto de Alencar Castello Branco como presidente do Brasil. Inicialmente de caráter reformista, uma das primeiras medidas do governo militar foi a reforma bancária.

A reforma bancária aconteceu na trilha do antigo projeto de Corrêa Castro, de 1947: a criação do Conselho Monetário Nacional e, finalmente, o Banco Central. O Conselho foi concebido para orientar a política monetária e cambial do país, cuja implementação foi de responsabilidade do Banco Central. Essas mudanças chegaram pela Lei 4.595, de 31 de dezembro de 1964.

Essa lei extinguiu a antiga Sumoc, a Superintendência de Moeda e Crédito. O Banco Central ficou também encarregado da política de redescontos – isto é, emprestando dinheiro para que o sistema bancário tivesse recursos para honrar suas necessidades, caso houvesse –, com o objetivo de assistir a liquidez do sistema bancário e, por um redesconto especial, fortalecer a política de crédito dos bancos, especialmente em segmentos importantes da economia, como, por exemplo, a agricultura. Ao fazer isso, o Banco Central retirava funções do Banco do Brasil.

O BC teve grande importância para a economia brasileira. Atualmente, tem poderes de fiscalizar todo o sistema financeiro composto por bancos, corretoras e distribuidoras, cooperativas de crédito e, a partir de 2002, os consórcios. Além disso, pode exercer muitas outras funções ligadas à economia, como fixar a taxa referencial (chamada Selic), cuidar da política[21] monetária e cambial, além de gerenciar nossas reservas cambiais (entre elas, ouro e dólar).

A criação das sociedades corretoras

Terreno fértil para fraudes, a história da Bovespa, de longe a principal Bolsa nacional, remonta a 1890[22], quando foi criada a chamada Bolsa Livre. A partir da década de 1960, a Bovespa se tornou mutualizada (junção de sócios através de mútuos) e sem fins lucrativos, perfil que perdurou até sua desmutualização, em 2007, quando abriu o capital na própria Bolsa, captando inacreditáveis R$ 6,62 bilhões. Até meados da década de 1960, a Bovespa e as demais Bolsas brasileiras eram entidades oficiais corporativas, vinculadas às secretarias de Finanças (atuais secretarias da Fazenda estaduais). Eram 27 Bolsas de Valores em todo o Brasil, dos governos estaduais e compostas por corretores nomeados pelo poder público[23].

Uma das primeiras atitudes do Banco Central após sua constituição foi a Resolução 39, de 21 de outubro de 1966. Por intermédio dela, o Banco Central estabeleceu critérios e legislação para organizar, constituir e regular o funcionamento das Bolsas de Valores e das sociedades corretoras de valores mobiliários, dando às Bolsas autonomia financeira, embora sob fiscalização

---

21 Segundo a publicação em http://www4.bcb.gov.br/pec/gci/port/focus/faq%2011-fun%C3%A7%C3%B5es%20do%20banco%20central.pdf, as funções básicas de um banco central são: "Monopólio de emissão; banqueiro do governo; banco dos bancos; supervisor do sistema financeiro; executor da política monetária; executor da política cambial e depositário das reservas internacionais".

22 Fonte: http://ri.bmfbovespa.com.br/static/ptb/perfil-historico.asp?idioma=ptb

23 Fonte: https://pt.wikipedia.org/wiki/Bolsa_de_Valores_de_São_Paulo

permanente do Banco Central. Isso foi fundamental para que ocorresse o fluxo de novos investidores para as Bolsas e também a crise das Bolsas de 1971. O atual "xerife" da Bolsa brasileira (hoje, praticamente monopólio da Bovespa), é a Comissão de Valores Mobiliários, criada em 1976.

A principal mudança dessa época é que as corretoras passaram a ser pessoas jurídicas (antes eram instituições regidas por cartas patentes outorgadas às pessoas físicas) e precisavam ter seus diretores aprovados individualmente pelo Banco Central. As novas Cartas Patentes, agora um título patrimonial da Bolsa, passaram a ser leiloadas em pregão, desde que alguém se dispusesse a vendê-las ou a corretora de valores fosse fechada e o título patrimonial voltasse à Bolsa. Assim, as corretoras passavam a ser "sócias da Bolsa", que eram associações civis sem fins lucrativos.

Em maio de 1968, a Bolsa de Valores de São Paulo criou o Índice Bovespa – hoje, chamado Ibovespa –, à semelhança de outros índices de Bolsas similares, para expressar a evolução média do mercado e não apenas de uma única ação[24]. O portfólio original do Ibovespa contava com 18 ações. Esse número cresceu para 38 ações, em 1969, e para 76 ações no final de 1971. Dessas, seis empresas eram bancos. O crescimento industrial era muito forte no período, o que ajudava a insuflar as Bolsas para cima. A economia do Brasil cresceu muito entre 1921 e 1971. O quadro 3 resume esse crescimento. Em nenhuma dessas cinco décadas o crescimento ficou abaixo de 39%. E na década que antecedeu o chamado "milagre brasileiro", a dos anos 1970, cresceu 88%. Nesse último período, o Brasil cresceu 9,8% ao ano, no intervalo de 1968 a 1971.

Foram esses quatro anos que levaram as Bolsas brasileiras a um dos mais altos níveis de sua história, até o fatídico pico de junho de 1971, só superado pelo do Plano Cruzado e pelo do Plano Real. O quadro seguinte[25] mostra bem esse crescimento:

---

[24] Conforme a publicação Índice Bovespa, um quarto de século, Bolsa de Valores de São Paulo, 1993.

[25] Conforme *Brasil 2002*, Mário Henrique Simonsen. Apec Editora S/A, p. 39.

Quadro 3: Crescimento do Brasil nas décadas de 1920 a 1970

Crescimento do Produto Real Brasileiro, % ao ano		
Período		% ao ano
Início	Fim	
1921	1930	3,70%
1931	1940	4,60%
1941	1950	5,50%
1951	1960	7,20%
1961	1970	6,00%
1971	1980	7,00%
1981	1990	2,24%

Fonte, dados da FGV citados em "Brasil 2002"

Aparece o *open market*: lucro rápido, convite à fraude

Criado o Banco Central, o governo precisava de mecanismos que ajudassem a controlar os meios de pagamento (por exemplo, o dinheiro em circulação na economia), para manter a inflação dentro de limites estabelecidos. A única ferramenta disponível eram os compulsórios, um percentual de todos os depósitos dos bancos que precisava ser enviado obrigatoriamente ao Banco Central, retirando parte do dinheiro da economia. Contudo, isso gerava reclamação das instituições bancárias.

Com esse intuito, o Banco Central criou, no dia 31 de março de 1967, o conceito de recompra das Obrigações do Tesouro Nacional – um título de dívida –, em prazos que iam de 31 a 180 dias. Um título de dívida é uma das formas que existem para governos e empresas se financiarem: eles emitem um título, ofertam esse título ao mercado com uma taxa de juro fixa ou variável e um comprador o leva, recebendo o juro e o valor principal no fim do período do título. O governo usa o dinheiro para se financiar ou realizar política fiscal e monetária. Portanto, o que o governo faz é controlar a quantidade de dinheiro que circula na economia, ofertando os títulos quando é necessário retirar dinheiro e recomprando-os quando é necessário colocar mais dinheiro em circulação.

Essa ideia só seria implantada em 1968 com as ORTNs (Obrigações Reajustáveis do Tesouro Nacional) e, mais tarde, em 1970, com as Letras do Tesouro Nacional, as famosas LTNs. Ao contrário das Obrigações Reajustáveis, as LTNs eram Títulos do Tesouro de curto prazo (42 dias) e variando seu valor diário conforme o mercado. As LTNs foram instrumento de grandes ganhos no mercado financeiro, especialmente na fase inicial do *open market*. A LTN é um título prefixado, o que significa que sua rentabilidade é definida no momento da compra. A rentabilidade é dada pela diferença entre o preço de compra do título e seu valor nominal no vencimento, por exemplo, título comprado por R$ 800,00 com valor de face R$ 1.000,00, a diferença é chamada de deságio do título[26].

Não demorou muito para que isso se tornasse um investimento rentável e chamativo. Em maio de 1971, a revista *Veja*[27] alardeava que as LTNs eram um "lucro certo e muito rápido". E o texto dizia: "Muitas empresas já compreenderam que a melhor maneira de ganhar dinheiro não é guardando, mas sim aplicando, mesmo em curtíssimo prazo". O BC, através do Geidip – Gerência da Dívida Pública –, era o responsável pela emissão, colocação e resgate das LTNs.

Na fase principal do "milagre brasileiro", o final dos anos 1960 e início dos anos 1970, o governo criou uma série de incentivos fiscais para estimular investimentos produtivos de diferentes naturezas. Um dos principais polos de destino desses investimentos era o Nordeste do Brasil, que reclamava não estar no mesmo passo de expansão do Sudeste, puxado pelo vistoso crescimento paulista. Para o Nordeste, foi a criada a Sudene (Superintendência de Desenvolvimento do Nordeste[28]), encarregada de administrar o encaminhamento e a aprovação

---

26 Conforme se lê em http://www.google.com.br/url?sa=t&rct=j&q=&esrc=s&frm=1&-source=web&cd=1&sqi=2&ved=0CCsQFjAA&url=http%3A%2F%2Fwww3.tesouro. gov.br%2Ftesouro_direto%2Fdownload%2Fmetodologia%2Fltn.pdf&ei=dhBbU-vPmKIf89gTwr4DoCA&usg=AFQjCNHDgRsDnwYq2ZEzPACWsmwUYvDOJg

27 Revista *Veja*, edição de 5/5/1971, p. 78.

28 Sobre a criação da Sudene ver http://www.sudene.gov.br/sudene, que diz: "Graças ao perfil democrático e a visão estratégica de estadista do Presidente Juscelino Kubitschek, associados aos profundos conhecimentos científicos de Celso Furtado, o maior economista brasileiro de todos os tempos, as ideias inovadoras surgidas nesse autêntico processo de mobilização social puderam ser aproveitadas, após devidamente avaliadas e aperfeiçoadas, para a instituição da SUDENE pela Lei nº 3692 de 15/12/1959". Foi decisiva a contribuição ofertada no documento intitulado *Uma Política de Desenvolvimento Econômico para o Nordeste*, construída sob o comando de Celso Furtado à frente do Grupo de Trabalho para o Desenvolvimento do Nordeste – GTDN, que originou os quatro sucessivos planos diretores que balizaram a ação desenvolvimentista da Sudene iniciada na década de 1960.

dos projetos incentivados. Para a pesca, foi criada a Sudepe, Superintendência de Desenvolvimento da Pesca. Para estimular investimentos em turismo, a Embratur. Em reflorestamento, na região amazônica, a Sudam, entre outras.

E surgiram centenas de novos projetos, sendo muitos com empresas montadas a partir do estágio zero. Com diversos lançamentos de ações em Bolsas, já que o mercado, subindo desde 1968 sem cessar, absorvia e mesmo exigia mais papéis. Havia uma enorme escassez de papéis nas Bolsas no ciclo 1968-1971, conforme se vê no quadro 4 abaixo:

Quadro 4: Falta de empresas registradas na Bovespa

Falta de empresas negociadas na Bolsa de Valores de São Paulo, Bovespa			
Período de negociação	Volume de ações transacionadas em milhões de ações	Número de empresas transacionadas	Volume de dinheiro, milhões de cruzeiros
Janeiro de 1970	25	132	65
Abril de 1971	190	188	850
Aumento em porcentagem	760%	42%	1208%

Fonte: Bovespa, elaboração do autor

O quadro espelha a questão da falta de empresas negociadas nas Bolsas de São Paulo e do Rio de Janeiro: entre janeiro de 1970 e abril de 1971, o volume de ações transacionadas em Bolsa disparou 660%, pulando 25 milhões para 190 milhões; no mesmo período, o número de empresas cresceu de 132 para 188 – cerca de 42%, mas o volume de dinheiro das transações disparou de 65 milhões de cruzeiros para 850 milhões –, alta de 1.208%. Isso provocou, com grande atraso, uma enxurrada de novos papéis e empresas, muitas delas sem condições de serem negociadas em Bolsas de Valores.

Ao mesmo tempo, as estruturas internas de custódia e liquidação (partes fundamentais da logística que envolve uma Bolsa de Valores), despreparadas para o enorme crescimento de volume e de dinheiro, ficavam com seus deveres atrasados, gerando enormes reclamações das corretoras de valores e dos clientes, sem conseguir colocar em dia sequer a contabilidade e muito menos o inventário de títulos. Essa foi uma importante razão estrutural responsável pelo fracasso das Bolsas, em 1971. A recuperação levou anos e foi precisamente o então presidente da Bovespa, Alfredo Rizkallah, que, assumindo a Bolsa em 1973, começou a colocar uma nova ordem na casa.

A combinação da fase do "milagre brasileiro" com os estímulos fiscais e com a subida das Bolsas entre 1968 e 1971 deu margem ao aparecimento de muitas empresas montadas apenas para gerar lucros estratosféricos para seus proprietários e prejuízos aos acionistas. Pessoas sem qualquer histórico de sucesso empresarial, visando apenas enganar os incautos – que existiam aos milhares. Essas sociedades sumiram por diferentes caminhos, logo depois da euforia, levando o dinheiro de milhares de pequenos e grandes acionistas que compraram suas ações com boa-fé, na doce ilusão de que estavam fazendo um bom negócio. As propagandas em geral eram enganosas, alardeavam metas impossíveis, vantagens e proezas próprias dos que queriam agir de má-fé ou eram muito incompetentes, ou ambas as coisas.

Uma dessas situações de "empresa-foguete", que surgiram resplandecentes e desapareceram igualmente rápido, foi a da Pafisa, Papéis Finos do Nordeste S/A[29]. A empresa era comandada por dois sócios: Múcio Bandeira de Melo e Fernando Antônio Torres Rodrigues[30], ambos sócios de 32 empresas, fora a própria Pafisa. Entre elas, uma empresa de construção habitacional (5 mil unidades construídas e 9 mil em construção); a fábrica de papel da Pafisa; a Artepesca, fábrica de redes de pesca; a Anorfil, fábrica de meias; a Compar, engarrafadora de Coca-Cola em Belém do Pará; a Celnorte, fábrica de papéis na Paraíba, associação com a Pagéu; e outra fábrica de papel em Pernambuco, embaladas por financeiras em Manaus e Salvador. E declaravam que seus sucessos se deviam aos incentivos fiscais.

Esse discurso, visto anos depois, parece falso como um diamante de vidro, ninguém cresce com essas dimensões mantendo a saúde empresarial em um par de anos. Era, portanto, sinal de que algo ruim estaria por vir.

---

29 O autor dessas notas comprou essa ação em 1971 e perdeu todo seu investimento.
30 Revista *Veja*, 5/5/1971, p. 63.

Critérios técnicos ou boatos: como comprar ações?

Os novos investidores, na grande subida da Bolsa de 1971, chegavam aos milhares. Gente de todas as regiões, estimuladas pelas notícias de impressionantes e rapidíssimos ganhos com ações. Vendiam imóveis, gado, fazendas, até as casas em que moravam, para comprar ações, na cola da febre de lucros fantásticos. As primeiras advertências técnicas, profissionais, começaram a surgir no início de 1971.

A revista *Veja*, em maio de 1971, chamava a atenção com um título esclarecedor: *Existem ações baratas?* Fala que um mercado técnico é sempre melhor que um mercado emocional e sem lógica. O problema, porém, é que um mercado racional é extremamente raro quando se trata de Bolsa de Valores.

Para entender se um mercado está caro ou não, os investidores recorrem a indicadores chamados "múltiplos". É como se você estivesse olhando o preço pelo metro quadrado de seu imóvel, ele indica o valor relativo de uma ação frente outras ou a média histórica do mercado. Quando existe muita euforia na Bolsa, o preço fica descolado para cima e as ações ficam caras. Em algum momento, quando a euforia passa, a tendência é que elas busquem a média histórica do mercado. Isso acontece de duas formas: ou uma correção no preço das ações, que passa a cair, ou a estagnação das mesmas, embora as empresas continuem avançando e lucrando mais.

Exemplo prático: considere que uma empresa tenha seu capital dividido em cem ações e tenha registrado um lucro de R$ 100 nos últimos 12 meses, R$ 1 por ação, portanto. Se a ação dessa empresa vale R$ 10 – dando à empresa um valor de mercado de R$ 1.000 –, significa que ela tem um P/L (o múltiplo mais usado, o Preço sobre Lucro) de 10, já que demoraria dez anos para que os lucros igualassem o valor de mercado, a um lucro crescente. Contudo, se o lucro da empresa dobrar no ano seguinte e a ação continuar na mesma, o P/L cai para 5. E se o lucro continuasse a ser de R$ 1,00 por ação, mas esses papéis caíssem para R$ 5, o P/L também seria de 5. Se o P/L dessa empresa estivesse na casa dos 10 e o de sua principal concorrente estivesse em 5, significaria que a primeira empresa está mais cara que a segunda. Isso pode ocorrer por vários motivos: perspectiva de que a primeira empresa verá seus lucros crescerem, pessimismo em relação à segunda...

Não dá para especificar um número mágico que faça um mercado ficar caro ou não, é necessário avaliar a média histórica e as perspectivas econômicas. Fato é: em 1971, os preços estavam altos. Muito altos. De acordo com a própria revista *Veja*, a campeã de P/L de todas as ações do Ibovespa (as principais ações da Bolsa, lembra?) era a Siderúrgica Riograndense PP[31], com P/L de 65,7, seguida por Petrobras PP (62,8), Belgo Mineira (43,0) e Vale do Rio Doce PP (38,0). A última da lista era Bradesco de Investimentos PP, com P/L de 3,8.

Quem chamou a atenção para a "indústria de boatos" foi o editor da *Veja*, no início de 1971, pedindo para que o investidor estivesse atento[32]: "A especulação (com papéis da Petrobras) foi contida. A Petrobras forneceu esclarecimentos, mostrando que ainda é precipitada a excessiva euforia com relação aos poços descobertos em Sergipe". E conclui: "Mas naturalmente houve muitos que ganharam dinheiro com a Petrobras; o risco é tomar contato com o boato quando a onda já começa a perder a força, e as ações começam a voltar aos níveis normais".

A indústria de soltar boatos no mercado acionário era comum e profissional, envolvendo informações sopradas à imprensa, especialmente jornais; seguia-se uma forte "puxada", trabalhada no próprio pregão e, então, a realização de lucros, quando os informados vendiam seus papéis aos que chegavam atrasados, esperando lucro fácil. A época de publicação dos balanços, que mostravam os resultados da empresa ao longo de um período, também era muito utilizada pela indústria de boatos, já que era fácil soltar informações que inflariam a ação e fariam com que parasse de refletir os seus resultados.

Era uma época fácil de manipular o mercado, principalmente em ações mais famosas (atualmente, se você quiser manipular a Bolsa brasileira, sua única chance de ter sucesso é com pequenas empresas... Os chamados "Micos"). Duas empresas que chamavam a atenção pela manipulação das ações eram Banco do Brasil e Petrobras. Isso não significa que as empresas estavam fazendo algo de errado, muito pelo contrário. Geralmente quem se beneficia

---

31 Nessa época, as ações, quer Preferenciais (P) podiam ser compradas ao portador, daí a designação "PP".
32 "As duas faces da moeda", revista *Veja*, 19/2/1971, p. 65.

de boatos e manipulação são agentes do mercado que, muitas vezes, ficam no anonimato. A empresa dificilmente se beneficiaria, principalmente empresas tão grandes e com tanta importância na economia brasileira. Por mais que o Brasil tenha uma autoridade reguladora competente, historicamente era fácil se safar nesses casos...

Muitas vezes, o mercado passava por algumas "puxadas", um aumento artificial do preço de uma ação para pegar investidores ingênuos. Em um primeiro momento, os boatos sensacionais aparecem; aí os incautos correm para comprar e os espertalhões que espalharam os boatos vendem e embolsam o lucro tirado dos que haviam acreditado. Esse tipo de movimento existe até hoje e, muito provavelmente, vai fazer parte da história das Bolsas para sempre.

Outra coisa que surgiu nessa época e que ainda faz parte do mercado brasileiro são os fundos de investimentos em ações – introduzidos no Brasil em 1967. Eles constituem um dos principais instrumentos de investimento para pessoas comuns, que não dispõem de tempo e conhecimento para investir em Bolsa de Valores. Outra vantagem é a possibilidade de diversificar a carteira de ações – afinal, quanto mais ações diferentes você tiver, menor será seu risco –, coisa que nem todos os pequenos investidores possuem. Um gestor profissional escolherá as ações e você comprará uma cota da carteira de ações, ganhando na rentabilidade dela. Em troca, deixará uma taxa de administração para os responsáveis pelo fundo. Criados em um período de euforia da Bolsa, os fundos cresceram muito nos primeiros meses. Em 1967, totalizavam US$ 21,9 milhões. Próximo do auge da Bolsa, em março de 1971, já possuíam um patrimônio de US$ 411,5 milhões.

Uma propaganda[33] de um Fundo do atual Citibank exemplifica a euforia do momento: "*O Citybank introduziu no Brasil o esporte da bola de neve. Você coloca uma quantia de dinheiro no Fundo de Investimento e assim você dá o empurrão inicial e a bola vai rolando e aumentando cada vez mais. A bola de neve aumentou 102,3% em seis meses. Não é emocionante?*". A leitura desse anúncio, feita décadas depois, sabendo-se que ele foi publicado exatamente no pico de 1971, 30 de junho, mostra que havia uma total falta de visão do fenômeno geral...

---

33 Anúncio publicado em página inteira na revista *Veja* de 2/6/1971, p. 6.

A evolução das Bolsas entre 1969 e 1973

Antes de tudo, peço ao leitor que dê uma olhada no gráfico do quadro 5 (e preste atenção nos valores e no passar do tempo):

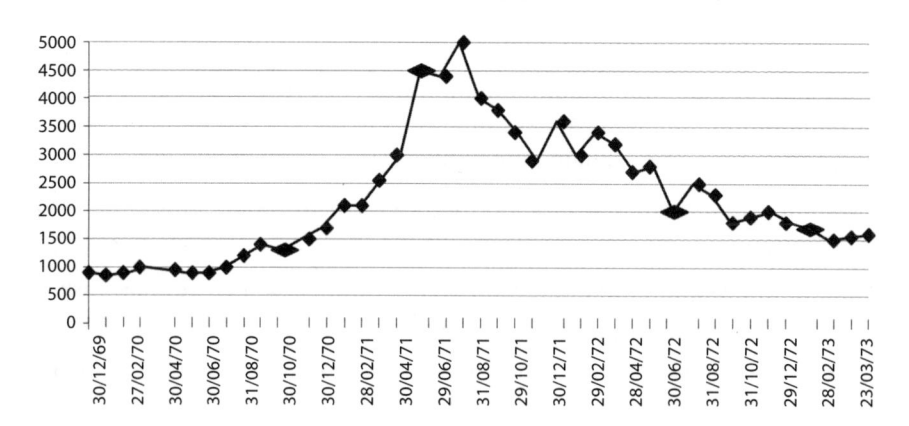

Quadro 5: Gráfico do Índice das Bolsas no Brasil – 1969 a 1973

Ele representa a evolução do Índice Nacional das Bolsas de Valores, uma mescla dos índices das duas Bolsas mais importantes da época – a do Rio de Janeiro e a de São Paulo. Ele saiu de mil pontos, em agosto de 1970, e chegou a 5 mil pontos, em julho de 1971, 11 meses depois. Foi uma extraordinária alta, a primeira dessa magnitude desde que as Bolsas brasileiras foram criadas. Note o leitor que a compra de ações ao nível de mil pontos e as vendas ao nível de 5 mil pontos daria um ganho de 400% em pouquíssimo tempo. Mas, a partir do pico de 1971, a queda foi prolongada e dura, alternada por pequenos espasmos que mais serviam para enganar investidores novatos.

Você pode reparar que, no final do movimento, as Bolsas estavam em um patamar praticamente 50% superior ao de 1970. Esse ainda é considerado um bom retorno, mas quem entrou na Bolsa no início do movimento estaria decepcionadíssimo por não ter conseguido embolsar seus lucros no pico, e quem entrou próximo do pico estaria acumulando perdas abissais. Geralmente são momentos de euforia marcados por uma enorme quantidade de incautos, entrando nos piores momentos possíveis e registrando grandes prejuízos.

Não demorou para que esses incautos se tornassem o bode expiatório da queda. Antônio Delapieve, diretor da mais sólida corretora gaúcha, a Delapieve S/A Corretora de Câmbio e Valores Mobiliários, disse à *Veja*[34]: "Não se pode mais contar com a fidelidade dos investidores individuais. No primeiro momento, eles foram aceleradores da alta de 1971, agora são aceleradores da queda atual". Então, procuram-se explicações para as baixas de 1971, 1972 e 1973, aparentemente inexplicáveis.

A própria revista *Veja*, de 24/7/1974, havia publicado uma entrevista com o presidente da Comissão Nacional das Bolsas de Valores, Ruy Lage, com um tom absolutamente apocalíptico, como se o mercado acionário brasileiro fosse coisa do passado. "Acho que o saldo foi positivo, pois muitas empresas se capitalizaram e muita gente ganhou dinheiro, embora muitos outros (talvez em número maior) tenham falido", dissera, terminando a entrevista avisando que "Não há mais nada a falar sobre o mercado".

O surpreendente desânimo de Lage, considerando sua posição, espelhava fielmente os sentimentos da comunidade que atua no mercado de ações. Poucos dirigentes de corretoras arriscavam-se a explicar por que as cotações continuavam em um angustiante, mas firme declínio. O presidente da Bolsa do Rio[35], Fernando Carvalho, chegou a afirmar na mídia que "inicialmente, parecia a todos que as causas da apatia atual do mercado tinham origem nas distorções e falhas ocorridas em 1971. Mas, com o passar do tempo, o trabalho feito em conjunto por autoridades governamentais do mercado e pelos responsáveis pelas Sociedades Corretoras nos levou à conclusão de que algo mais profundo provocava a situação do mercado, da euforia asfixiante do começo de 1971 passou-se para o que parece ser um pessimismo imbatível". Ou seja, descreveu uma bolha.

A pergunta, então, era como medir os efeitos sobre as corretoras de valores da crise 1971-1973. Em 1971, quando houve uma corrida geral para as Bolsas, São Paulo tinha 134 corretoras, e o Rio de Janeiro, 91. Mas a maioria

---

34 Revista *Veja*, 14/3/1973, p. 93.

35 A Bolsa de Valores do Rio de Janeiro era a maior Bolsa do Brasil em 1971, das quase dez existentes na época.

delas não tinha corpo técnico, instalações ou equipamentos que garantissem um atendimento razoável aos clientes[36]. Percebendo essa deficiência, muitas corretoras começaram a se estruturar exatamente no ponto máximo do mercado, meados de 1971, ampliando sedes, contratando analistas e comprando equipamentos eletrônicos. A maioria foi apanhada de surpresa pela crise, tendo de arcar com pesados prejuízos, de mandar pessoal embora e mesmo abandonar o setor de renda variável. Movimento similar aconteceu no começo da década de 2010, depois de outro período de euforia na Bolsa brasileira.

O estranho é que a economia ia bem. Não era mais um caso como a Queda da Bolsa de 1929, em que a economia e a queda do mercado acionário se influenciam e fazem cada uma piorar. "Entre os motivos que impedem o mercado de reagir, certamente não se encontram dificuldades na área da economia ou das empresas", disse o então presidente da Bolsa de Valores de São Paulo, Alfredo Rizkallah[37], quando a crise começava a se desenhar. A questão, portanto, tinha um componente psicológico e uma raiz estrutural. E ela custou muito caro aos investidores desavisados, sem dúvida.

A Bolsa passou anos e anos descolada da economia brasileira – muito embora o Ibovespa quisesse, por meio de sua metodologia, buscar refletir o desempenho das principais empresas brasileiras e, com isso, refletir a economia brasileira. Nos anos 1970, o país cresceu muito e a Bolsa, em termos reais, caiu muito. Nos anos 1980, o país cresceu muito pouco e a Bolsa subiu e oscilou muito, em função dos diversos planos econômicos para combater a inflação. A Bolsa só começou a refletir os fundamentos da economia brasileira nas décadas 1990 e 2000.

---

36 Segundo a revista *Veja* de 7 de março de 1973, p. 79.
37 Revista *Veja*, 28/4/71, p. 80.

Capítulo 3

Da crise da Bolsa de 1971 até o Plano Real (1994)

Será preciso retroceder para 1964 para examinar muitas instituições financeiras liquidadas e, dessa maneira, chegar até o Plano Real, implantado por Fernando Henrique Cardoso, em 1994, período quando muitas fraudes ocorreram, conforme vou detalhar. Essa volta na cronologia é necessária porque estávamos examinando a questão das ações e das Bolsas de Valores, e do ponto de vista didático não vale a pena misturar com o assunto das instituições financeiras fechadas após 1964.

Quando um banco quebra – entra em insolvência, ou seja, não consegue mais arcar com suas obrigações –, o Banco Central o liquida, como regra geral. Mas veremos mais à frente que importantes bancos quebraram e, com a ajuda do Fundo Garantidor de Crédito (FCG), acabaram se fundindo ou achando um banco sucessor para absorvê-los. Geralmente, esse processo não é silencioso e envolve muita briga na Justiça e acusações de fraude. Um processo de liquidação é uma correria, com todos os envolvidos tentando resgatar um pouco de seus fundos perdidos. No Brasil, houve muitas liquidações, embora existam bancos muito sólidos operando por aqui.

Conforme levantamento mencionado pelo economista José Carlos de Assis, entre 1964 e 1979, o número de instituições financeiras sob intervenção ou já liquidadas pelas autoridades do Banco Central totalizava 191; dessas, 126 com processos em andamento à época. O valor aplicado pelo Banco Central correspondia a Cr$ 15,9 bilhões, distribuídos entre apoio financeiro e créditos comprometidos. Isso levou o Senado, já em 1980, a abrir uma

Comissão Parlamentar de Inquérito (CPI) sobre o mercado financeiro, com a conclusão de que, como regra, as liquidações dos ativos remanescentes eram insuficientes para cobrir os passivos, registrados ou não nos balanços.

Em 1977, o professor Mário Henrique Simonsen, então ministro do presidente Ernesto Geisel, admitia que o Banco Central considerava irrecuperável a quantia de Cr$ 10 bilhões, de um total de Cr$ 18,6 bilhões de passivos liquidados em 142 intervenções até a data, ou seja, 54% do valor das intervenções estaria então perdido e tais instituições não teriam mais como ser salvas[38]. Carlos Langoni, membro do Conselho Monetário Federal e, posteriormente, presidente do Banco Central, mencionou que os saldos comprometidos com as intervenções passaram para Cr$ 12,68 bilhões em 31 de junho de 1981, ressalvando que se tratava de valores históricos, sem a incidência de juros e correção monetária. Um belo dinheiro perdido.

O caso Audi

Um dos casos mais emblemáticos da época foi o do empresário Nagib Audi, que operava na Bolsa por meio de sua corretora de valores em São Paulo. Ele participava de esquemas de manipulação de preços de ações, que não necessariamente tinham as qualidades necessárias para uma elevação súbita. Uma das ações supostamente manipuladas foi a da Colorado Rádio e Televisão[39], cujos papéis em poucos dias subiram 330%, uma evidente "puxada". Fatos desse tipo levaram a uma denúncia de manipulação de mercado. As empresas Audi (Audi Crédito Financiamento e Investimentos, Audi Helicópteros, a própria corretora e outras) sofreram com isso, obrigando a corretora a precipitar as vendas de papéis, sendo suspensa por 90 dias, e mais tarde saindo do mercado.

---

38 Segundo o site http://www.yahii.com.br/dolar.html, a cotação do dólar em junho de 1977 era de 1 US$ = Cr$ 14,35 e, portanto, os Cr$ 10 bilhões citados por Simonsen seriam equivalentes a US$ 700 milhões; já o valor dos passivos liquidados à mesma cotação seria igual a US$ 1,3 bilhão.

39 Conforme cita Ricardo Bueno em *Escândalos Financeiros no Brasil*. Editora Vozes, 1981.

Na época, o caso teve boa repercussão na mídia. A importante revista semanal *Opinião*[40] (que tinha colaboradores ilustres, como Celso Furtado e Fernando Henrique Cardoso, e boa aceitação no meio intelectual), na edição de 25 de fevereiro de 1974, publicou um texto sobre o Grupo Audi, com a manchete "*Grupo Audi: O fim de um golpe*", explicando em detalhes como o empresário conseguiu fazer sua fortuna crescer de modo exponencial entre 1972 e 1973, usando a Bolsa de Valores de São Paulo como fonte de financiamento, em um período de grandes quedas do índice Bovespa, iniciadas após o pico de 1971. A reportagem da revista lembrava um discurso realizado por Audi em 1972, quando ele destacava que "seu grupo crescia com solidez e ainda prestava um favor à debilitada Bolsa, sacudindo o pregão com até 20% de sua negociação"[41].

Em 1972, Nagib Audi tinha várias empresas, tendo iniciado seu grupo em 1953, após ter se formado como químico industrial no Colégio Mackenzie. Sua primeira empresa foi a Química Industrial Paulista; 19 anos mais tarde, ele já controlava um banco, o Banco Econômico de São Paulo, a Audi Crédito Financiamento e Investimentos, a Audi Corretora de Valores Mobiliários, a Audi Distribuidora de Títulos e Valores Mobiliários, a Audi Promotora de Vendas, a projetada Audi Helicópteros (que, ao que se saiba, tinha apenas um hangar) e a Petrosolve Distribuidora de Derivados de Petróleo[42]. Audi havia assumido a presidência do Banco Econômico de São Paulo em 15 de julho de 1968, mas um aumento de capital de 1971 mostra que o principal acionista do banco era a própria *holding*, que detinha 99,6% das ações, ficando as demais com sua família.

As empresas eram todas abrigadas em uma *holding*, a Audi Administração e Participações, de capital aberto (enquanto todas as demais eram de capital fechado). Nas reuniões do mercado de capitais, Nagib Audi mostrava apenas as demonstrações financeiras da *holding*, sem detalhar os dados das empresas que ela agrupava, o que podia ser um sinal de que ele gostaria de esconder alguma coisa dos acionistas.

---

40 Semanário fundado por Fernando Gasparian; vide nota seguinte. Mais à frente, aparecem referências do *Opinião* editado pelo autor deste livro; são coisas diferentes e sem relação.
41 Segundo o semanário *Opinião*, edição de 25 de fevereiro de 1974.
42 Fonte, conforme a nota 41.

Audi recorria às operações da Bolsa, principalmente novas emissões de ações, para obter capital de giro por meio de mecanismos de sustentação de preços. Esse capital de giro alimentava a sua financeira e, com isso, obtinha lastro para que a sua promotora de vendas financiasse compras de bens de consumo, com mil lojas em todo o país, o que ajudava a passar a falsa impressão de boa gestão empresarial, alimentando o preço das ações e a entrada de novo capital de giro – um ciclo vicioso de fraude. "*Todo o sistema financeiro de um grupo dependia dos negócios da Bolsa*", alertava o *Opinião*[43].

O esquema criado por Nagib Audi se estendeu a outras empresas, como, por exemplo, a Colorado Rádio e Televisão, que achou essa possibilidade de levantar capital de giro na Bolsa "simplesmente maravilhosa"[44]. O descolamento com o momento vivido era evidente, pois o índice Bovespa caía desde meados de 1971, enquanto as ações desse esquema subiam, atraindo os incautos e desinformados. Na medida em que esse levantamento de fundos, por meio de um artifício de sustentação de preços, se tornou evidentemente falso, um grupo de corretoras de valores da Bovespa começou a se opor.

Herbert Cohn, diretor da Corretora Noinvest, redigiu um violento manifesto contra Audi e o endereçou a diversas corretoras. Isso gerou uma avalanche de títulos resgatados, criando grande pressão vendedora contra Audi, o que resultou na suspensão da corretora. Criou-se uma cadeia de quebra das demais corretoras envolvidas com o esquema de sustentação, forçando Nagib Audi a sair do mercado e obrigando-o a vender seus bens para liquidar as posições[45].

Nagib Audi foi pressionado e, com seu grupo exaurido e praticamente insolvente, resolveu vender seus bens e empresas para saldar suas dívidas, inclusive o Banco Econômico de São Paulo, que foi negociado com a Induscred. Nagib Audi faleceu no dia 21 de maio de 2002, mas suas empresas ainda possuíam muitos processos na Justiça com cobranças contra o espólio.

---

43 Fonte conforme a nota 41.
44 Idem nota 41.
45 Idem nota 41.

O Banco União Comercial

Um dos maiores economistas da história do Brasil, Roberto de Oliveira Campos, nasceu em uma família humilde, filho de um professor e uma costureira, em Cuiabá, em abril de 1917[46]. Em 1939, entrou para a carreira diplomática, indo trabalhar nos Estados Unidos, origem de sua postura liberal e contrária ao estatismo. Por essa razão, toda a sua carreira foi caracterizada por defender a iniciativa privada contra a tendência dos governos do Brasil de abraçar tudo. Essa sua crença de que o Estado é um mau administrador o fez batizar a Petrobras de "Petrossauro", com que concordava o presidente marechal Castello Branco, que dizia: "Se é eficiente não precisa do monopólio, se precisa, não o merece[47]".

Em sua carreira no Brasil, teve papéis muito importantes, como criador do Banco Nacional de Desenvolvimento Econômico e Social (BNDES), do qual foi posteriormente presidente; auxiliar de Juscelino Kubitschek no Plano de Metas; embaixador do Brasil em Washington no governo João Goulart e, em Londres, no governo Geisel; ministro do Planejamento no governo Castello Branco, com Octávio Bulhões do Ministério da Fazenda, tendo modernizado a Economia e o Estado brasileiro por meio de reformas e leis; criador do Banco Nacional de Habitação, mais tarde fechado e com funções absorvidas pela Caixa Econômica Federal, do conceito de correção monetária através do título público das ORTNs, as Obrigações Reajustáveis do Tesouro Nacional e, junto com outros, do Banco Central do Brasil, do FGTS (Fundo Garantidor de Tempo de Serviço) e do Estatuto da Terra. Uma carreira brilhante em muitos níveis e com reconhecimento externo como poucos economistas brasileiros tiveram.

Há uma mancha em sua carreira, porém. Na década de 1970, Roberto de Oliveira Campos foi envolvido no escândalo de um banco, deixando um rombo gigantesco em sua gestão. Como ex-ministro do Planejamento, ele foi convidado a ser o principal executivo do Banco União Comercial, fundado em 1972 e que chegou a ter 255 agências, sendo um dos dez maiores bancos comerciais brasileiros.

---

46 Fonte: http://pt.wikipedia.org/wiki/Roberto_Campos
47 Conforme citado por Roberto Campos, vide nota 46.

Nessa época, o banco envolveu-se com a compra de outros bancos, com as fusões e aquisições estimuladas pelo conceito de conglomerados financeiros, muito em moda nos anos 1970[48], mas utilizando recursos dos depósitos em conta corrente, fundos não apropriados, portanto. Utilizava também para seu crescimento dinheiro originado do banco de investimentos do grupo. Seus ativos foram concentrados em alguns poucos empreendimentos imobiliários pelo Grupo Lume (um de seus maiores clientes), pela Servix Engenharia e pela Metropolitana Engenharia. Quando essas empresas tiveram problemas, acabaram ficando inadimplentes e jogaram seus passivos para o banco. Este, no meio da tempestade do Grupo Halles, ficou em situação vulnerável, com uma corrida aos depósitos, aos títulos de renda fixa e às letras de câmbio. Quebrou.

Roberto Campos se desligou do Grupo em 1974, indo parar na embaixada brasileira em Londres, poucos meses antes da intervenção do Banco Central (agosto de 1974) no Banco União Comercial, quando o BC assumiu os passivos e vendeu os ativos para o Banco Itaú, que assumiu a responsabilidade de pagamento dos empréstimos externos[49]. Para tal, foi criado o Fundo BUC, que era debitado em qualquer operação que o Itaú, por algum motivo ou outro, julgasse impagável[50]. Interessante notar que a aprovação do Banco Central não era nem necessária para que os pagamentos fossem realizados.

O caso do Grupo Delfin

Em uma época de expansão econômica, um dos setores que mais se beneficiavam era o imobiliário, que crescia em ritmo alucinante no início dos anos 1970. O setor era aquecido e mais de 200 milhões de dólares entraram no Brasil com lastro em letras imobiliárias, um título de renda fixa, utilizado para estimular o setor e que estava registrando grande busca na época. Uma das

---

48 Conforme cita Fernando de Holanda Barbosa, p. 7, em http://www.fgv.br/professor/fholanda/Arquivo/Sistfin.pdf

49 Segundo J. Carlos de Assis em *A Chave do Tesouro*, Editora Paz e Terra, 12 edição, p. 72.

50 Fonte: http://melembro.blogspot.com.br/2008/08/revoluo-de-64-e-os-bancos.html

principais empresas do setor era o Grupo Delfin, de Ronald Levinsohn, um empresário que havia sido sócio de Rodman Rockfeller (bisneto do lendário John D. Rockfeller, um dos homens mais ricos de toda a história). Na época, duas empresas do grupo, Delfin Crédito Imobiliário e Delfin Rio, compravam grande quantidade de terras por meio de operações com construtoras e imobiliárias, que, por sua vez, tomavam empréstimos para comprar as tais letras imobiliárias e estimular o setor. Isso, a despeito de uma proibição que impedia que empresas de crédito imobiliário financiassem coligadas ou controladas, incorporadoras ou construtoras – para evitar um efeito dominó no setor. O tamanho do Grupo Delfin impressionava, já que seus ativos somavam Cr$ 145 bilhões, sendo a segunda maior rede de poupanças depois da Caixa Econômica Federal, com cerca de 3,5 milhões de depositantes.

O dinheiro para a construção vinha do BNH (Banco Nacional da Habitação), que emprestou Cr$ 60 bilhões para o Grupo Delfin. Contudo, os balanços das empresas de crédito imobiliário tinham um nível muito alto de imobilização (ou seja, suas demonstrações financeiras tinham grande volume de recursos empatados em terrenos e terras), o que levou o BNH a pressionar os controladores do grupo para desmobilizar o patrimônio (ou seja, vender o excedente adquirido de terrenos e terras) para quitar parte das suas dívidas. Em 1982, porém, um acordo é feito e o Grupo Delfin disponibilizou dois terrenos para o BNH. Porém, uma reportagem do jornalista José Carlos de Assis mostrou que os terrenos valiam apenas Cr$ 9 bilhões, um sexto do total. Um escândalo se iniciou e, em 20 dias, o grupo quebra, após uma corrida dos depositantes para retirar suas economias, com medo de um desfalque – que eventualmente viria para quem não conseguiu antever e retirar seu dinheiro. O Banco Central decretou uma intervenção, no começo de 1983.

Uma longa briga entre o controlador do Grupo Delfin e o governo se estendeu até 1993, envolvendo até o presidente da República, os ministros da Fazenda e do Interior, o chefe da Ceplan e, enquanto existia, o próprio BNH. Uma grande parte da discussão se prendia em ser lícito ou não que os imóveis oferecidos em garantia (especificamente terras e terrenos) ao BNH fossem avaliados pelo valor potencial e não por uma pesquisa de preços em suas regiões. Chegou-se a cogitar a transferência de tudo que ainda restava do grupo para a Caixa Econômica Federal. Sua quebra só agravou a grave crise que o mercado imobiliário passava na década de 1980.

Ainda existem clientes das empresas de crédito imobiliário do Grupo Delfin que nunca recuperaram o dinheiro aplicado. Ronald Guimarães Levinsohn era reitor da UniverCidade, de sua propriedade e antigamente a terceira maior universidade privada do Rio de Janeiro, até seu descredenciamento em 2014. Até hoje ele processa[51] o Banco Central por todo o ocorrido, ao mesmo tempo que algumas de suas ex-empresas são processadas pela Fazenda Nacional[52].

O caso Halles

O caso do Banco Halles foi um dos maiores da década de 1970. Ele era um conglomerado financeiro, assim como o Audi, tendo sua origem na Financeira Halles, que cresceu pela incorporação de pequenos bancos comerciais, o Ultramarino e o Brenha, acoplados a um banco de investimentos e à Financiar, uma empresa de crédito imobiliário. Haviam comprado ainda o Banco BIN – Banco de Intercâmbio Nacional, o Banco Lowndes e o Banco Andrade Arnaud, todos formando, então, o novo Banco Halles.

O banco de investimentos do grupo gerava recursos para as demais empresas financeiras por operações que consistiam na tomada de empréstimos no exterior, em dólares e conversão em cruzeiros. Era um período em que os "petrodólares" fluíam com abundância. Esse tipo de operação havia sido regulamentado pelo Banco Central por meio da Resolução 63, mas, como qualquer operação cambial, uma movimentação muito brusca no preço do dólar criaria problemas.

A crise começou quando os acionistas principais do grupo perderam dinheiro no mercado de soja via *trading*; a liquidez do mercado financeiro foi muito reduzida com a prolongada queda das ações iniciada em meados de 1971, e o banco comercial estava pendurado no redesconto do Banco Central, precisando de crédito para suprir suas necessidades. A situação foi se agravando

---

51 Processo de número 0608813-03.1900.4.02.5101. Número antigo: 00.0608813-9.

52 Pesquisa feita em http://procweb.jfrj.jus.br/portal/consulta/resconsproc.asp

e o presidente do Banco Central, Paulo Lira, decretou a intervenção, em abril de 1974, em diversas empresas do grupo, gerando pânico no mercado, porque os depósitos do Halles – uma das empresas mais agressivas no mercado –, captados em cem agências, eram superiores a Cr$ 1 bilhão, só ultrapassados pelos do Banco Real e do Banco Brasileiro de Descontos, atual Bradesco.

As agências foram absorvidas pelo Banco do Estado da Guanabara, para liquidar ativos e pagar passivos, e acabou resultando no fim do caso e saneamento dos problemas. Os depositantes com saldo acima de 50 salários mínimos perderam seu dinheiro. Em virtude de ter o Banco do Estado aceitado os ativos do Halles como bons, e sem chance de ganhar uma batalha judicial, pagaram ao acionista majoritário Stanislaw Szaniecki (que havia assumido o banco poucos anos antes) Cr$ 100 milhões. Mas o Banco Central já havia fornecido ao Banco do Estado da Guanabara por volta de Cr$ 3 bilhões, e Cr$ 6 bilhões a outras instituições financeiras atingidas pela questão do Halles. Existem vários processos na Justiça Federal, onde Stanislaw Szaniecki é ora polo ativo ora polo passivo[53].

O cheque do Banco Econômico

Nos anos 1970, as operações de mercado aberto ganharam grande impulso, em especial depois da crise das Bolsas de Valores, iniciada em 1971 e que se prolongou até 1983, e em parte da poupança interna retornou às aplicações de renda fixa.

Com o aumento da inflação (que se transformou em uma hiperinflação na década de 1980), aplicar os saldos de caixa em títulos do governo federal era um negócio aparentemente seguro, que rendia a correção monetária e, eventualmente, mais algum juro positivo. Mas o grande problema dessa fase era a liquidação financeira. Mesmo entre bancos, essa se fazia pelos chamados "Cheques BB". Quando um banco recebia um cheque de outro banco, depositava--o no Banco do Brasil, que fazia a compensação dos débitos e créditos no mesmo dia. Em outros bancos essa compensação tomava um dia, gerando o famoso

---

53 Vide http://procweb.jfrj.jus.br/portal/consulta/resconsproc.asp em nome de Stanislaw Szanieck.

cheque administrativo. Em troca da entrega de cheques, havia uma carta de compromisso de recompra dos títulos que lastreavam a operação.

O sistema informatizado criado pelo Banco Central em 1973, designado Selic[54] (Sistema Especial de Liquidação e de Custódia), atendia inicialmente apenas os bancos com lastro em LTN, as Letras do Tesouro Nacional. As LTNs são títulos eletrônicos emitidos pelo Tesouro Nacional e gerenciados pelo Banco Central, servindo de "lastro", isto é, garantia entre as trocas de dinheiro entre os bancos. Quando a liquidação financeira se dava entre corretoras e distribuidoras de valores, podia-se recorrer ao Banco do Brasil com cheques administrativos.

No "caso Econômico", uma agência do Rio de Janeiro estava fazendo essa liquidação e o gerente, aparentemente sem comunicar aos seus superiores, se comportava como uma *clearing house* (ou caixa de liquidação) de duas distribuidoras de valores, a Proinvest e a Intercontinental, bem como uma corretora de São Paulo, a Socopa[55].

As operações ainda incluíam dois bancos, o Geral do Comércio e o Mercantil de Descontos. Quando a diretoria do Econômico resolveu não honrar um cheque administrativo – de alguns milhões de reais, em valores atuais – emitido no mesmo dia, de outro depositado, como se fosse dinheiro vivo, todas as instituições financeiras envolvidas no esquema ficaram inadimplentes, causando um verdadeiro pânico no mercado, por causa desse efeito dominó, ou seja, o não pagamento de um cheque causou outras inadimplências sucessivas. Explicando melhor, essas operações no *open market* daquela época tinham de ser fechadas "zero a zero" entre bancos devedores e bancos credores até a meia-noite. Não honrando o cheque depositado no Banco Econômico, que estava atuando nesse caso como se fosse o Banco Central hoje, o cheque

---

54 Sobre o sistema SELIC, veja http://www.bcb.gov.br/?SPBSELIC; veja também http://pt.wikipedia.org/wiki/Taxa_SELIC

55 A atual Corretora Socopa nada teve a ver com o caso do Econômico, tendo os seus proprietários de hoje adquirido o controle acionário da antiga empresa em 1980, que estava com o patrimônio líquido negativo, segundo declaração de Álvaro Augusto Vidigal, feita em 22/7/1997, por ocasião do lançamento do "Socopaonline", programa de negociação de ações pela internet pioneiro na América Latina.

ficou descoberto e isso se irradiou para as demais instituições próximas[56]. Esse acontecimento acelerou a implantação do sistema Selic e, em seguida, do sistema Cetip (Central de Custódia e de Liquidação Financeira de Títulos, atualmente Cetip S/A – Mercados Organizados)[57], este último para liquidação de títulos privados.

A criação da Setip (e posteriormente da Cetip) trouxe extraordinárias melhorias ao complexo processo de liquidação financeira das negociações entre bancos, corretoras e distribuidoras de valores, financeiras e demais participantes do mercado financeiro brasileiro. Mas, para isso acontecer, muitos problemas, fraudes, negociatas e golpes financeiros aconteceram, como a ampla cobertuta jornalística (e este estudo) tem destacado ao longo de várias décadas.

O Banco Econômico aparecerá mais à frente, pois, como veremos, a sede ficava em Salvador, na época em que Antônio Carlos Magalhães era um político poderoso e o Banco Central fechou a instituição bruscamente, fazendo com que ACM (como ele era chamado) tentasse intervir diretamente com o presidente da República, na época, Fernando Henrique Cardoso.

As obrigações da Eletrobras

No *open market* dos anos 1970, era necessário que toda a entrega de dinheiro de uma instituição aplicadora (financeira ou não financeira), que repassava suas sobras de caixa para outra (em geral, era uma empresa financeira credenciada a operar no mercado aberto pelo Banco Central, podendo ser um banco, uma corretora de valores ou uma distribuidora de valores), fosse lastreada (isto é, garantida) em títulos: ia o dinheiro, vinham os títulos; voltava

---

56 As operações feitas na época, no chamado *"open market"*, eram em geral de grande porte, equivalentes a dezenas de milhões de dólares cada uma. Tomava-se dinheiro de outros participantes habilitados a operar para financiar títulos federais de um dia para o dia seguinte. E como não existia ainda o sistema Selic, as liquidações se faziam pela troca de cheques administrativos. Foi essa cadeia que o Banco Econômico quebrou ao não honrar as operações dos dois bancos mencionados.

57 Vide sobre Cetip: http://pt.wikipedia.org/wiki/CETIP

o dinheiro, os títulos retornavam à sua possuidora original. Como o dinheiro era de qualidade, era suposto que o lastro deveria ser também, mas isso nem sempre acontecia.

Os melhores lastros eram as Obrigações Reajustáveis do Tesouro Nacional (ORTNs) e as Letras do Tesouro Nacional (LTNs), dois títulos federais. Contudo, quem aceitava esses títulos precisava verificar o preço deles, já que variavam de um dia para o outro, dependendo de seus mercados secundários.

As ORTNs eram títulos federais emitidos pelo Tesouro Nacional, originalmente em papel-moeda, cujos certificados eram ao portador. Rendiam juros e correção monetária e vinham com cupons destacáveis para que os juros fossem recebidos. Eram negociadas de dois tipos, com e sem variação cambial, ou seja, havia um tipo de título que se corrigia pela cotação do dólar, o que permitia grandes lucros em um esquema fraudulento. Na época, a cotação do dólar era fixada periodicamente pelo Banco Central, em intervalos longos, de meses. Quem tivesse a informação de dentro do Banco Central de quando haveria uma desvalorização da moeda brasileira poderia comprar as ORTNs cambiais e, alguns dias depois, ganhar 20% ou 30% repentinamente. Algumas corretoras independentes, nos anos 1970, tinham acesso a essas informações e ganharam fortunas, se transformando em bancos e em bancos de investimentos.

Na época, algum agente do mercado começou a lastrear operações de mercado aberto com Obrigações Reajustáveis da Eletrobras, títulos que não eram emitidos ou controlados pelo Banco Central, que não possuíam um mercado secundário forte (quando os agentes do mercado negociam os títulos entre si. Negociações diárias na Bolsa são uma espécie de mercado secundário) e, portanto, sem preços determinados diariamente. Eram títulos de longas maturações, de 15 e 20 anos. (Nos Estados Unidos, o maior mercado financeiro do mundo, existem cotações diárias para títulos de 30 anos, mas são emitidos e garantidos pelo Tesouro Americano.)

As instituições que começaram a se interessar por esse estranho lastro precisavam estocá-lo para com ele "trabalhar o dinheiro". Alavancadas em até 30 vezes[58], elas precisavam tomar dinheiro emprestado para "carregar", enquanto tais obrigações maturavam ou não eram repassadas como lastro. Ou seja, uma corretora com, em tese, US$ 1 milhão de capital, na verdade poderia possuir até US$ 30 milhões desses títulos. Contudo, como esse dinheiro não era realmente da instituição, havia um pequeno juro que precisava ser pago – e, para isso, era necessário tomar dinheiro emprestado. E se esse "custo de carregamento" fosse menor do que o rendimento dos títulos, a instituição estaria ganhando dinheiro. Ou, ao contrário, estaria se descapitalizando.

Tudo ia bem até que uma subida dos juros e uma atuação restritiva no meio circulante promovida pelo Banco Central estouraram a crise, obrigando o BC a entrar comprando ORTNs. Quem estava estocado com Obrigações da Eletrobras ficou com o "mico" na mão. A Corretora Laureano estava nessa situação[59], mas empregava o filho do general Golbery do Couto e Silva, então influente ministro do governo.

Moral da história: o Banco Central criou um financiamento de emergência para diversas instituições por intermédio do Banespa. Nessa aventura estava até a Bolsa de Valores do Rio de Janeiro, além de mais dez instituições financeiras, das quais diversas desapareceram por causa disso[60]. O destinatário final dessas obrigações acabou sendo a Caixa Econômica Federal, com resgates previstos para prazos variáveis de 12 a 18 anos, a partir de 1976, em montante estimado de US$ 80 milhões[61].

---

58 Explico melhor: O sr. X resolveu abrir uma corretora de valores, comprando um título na Bovespa; em seguida, se habilitou no Banco Central do Brasil para atuar no *open market*. O sr. X tinha um capital de 1 milhão de dólares (na moeda da época), então ele podia comprar até 30 milhões de dólares de títulos públicos, por exemplo LTNs. Ou seja, se alavancava em 30 vezes. Mas precisava tomar dinheiro no mercado diariamente para "carregar" o seu estoque. Se o "custo de carregamento" fosse menor do que o rendimento intrínseco das LTNs, sua instituição estaria ganhando. Ou, ao contrário, estaria se descapitalizando.

59 Conforme conta J. Carlos de Assis, em obra citada na *Folha de S. Paulo* em 1/10/1998 pelo repórter Frederico Vasconcelos.

60 A fonte citada lista a Laureano, a Brandt Ribeiro, Bandeirantes, Global, Godoy, OR, Griffo, Índice, Santa Fé, Supra, BVRJ.

61 Esse montante foi calculado a partir da estimativa de que ele seria suficiente para construir 4 mil casas do BNH, que estimamos em US$ 20.000 cada.

O caso do Sulbrasileiro

A história do Banco Sulbrasileiro começou com o Montepio da Família Militar (MFM), que, fundado em 1963, em pouco tempo conseguiu mais de 100 mil associados[62], número que cresceu de modo contínuo e, por meio do oferecimento de pecúlios (uma espécie de seguro de vida), conseguiu uma vultosa e continuada importância de dinheiro em caixa. Foi esse volume de recursos que fez com que o MFM pudesse adquirir bancos e outras instituições financeiras. Em 1965, foi o Banco Nacional do Comércio; em 1966, a Casa Bancária Brasileira de Descontos; em 1967, o Banco Comercial e Industrial do Sul S/A; em 1968, o Banco da Produção Riograndense; em 1969, o Banco da Província do Rio Grande do Sul. Em 1972, o conjunto de bancos é fundido para formar o Banco Sulbrasileiro.

O Montepio continuava sendo a força de captação, mas, com o decorrer do tempo, as aposentadorias e pensões começaram a ser cobradas e os recursos disponíveis não eram suficientes, o que acarretou um conjunto de ações jurídicas para reaver o que havia sido prometido. Os recursos tinham sido canalizados para um enorme conjunto de empresas, de dificílimo gerenciamento: empresas de participações de negócios, urbanizadoras, companhias de crédito imobiliário, fazendas, empresas de propaganda, atividades comerciais ligadas a imóveis, negócios de importação e exportação, revendas de veículos, corretoras de seguros e até empresas de colonização na Amazônia.

O fim do império começou com a decretação da intervenção do Banco Central no sistema Sulbrasileiro, em 1985, com indisponibilidade de bens de mais de 50 pessoas e intervenção da Superintendência de Seguros Privados no Montepio da Família Militar. Mas, em seguida, o presidente Sarney estatizou o Banco com a aprovação do Senado, transformando seus saldos no Banco Meridional S/A, junto com ativos da Habitasul.

Os investimentos sem foco, problemas de gerenciamento, concentração de recursos em atividades que acabaram não sendo lucrativas, aquisição de empresas em má situação financeira e outros sinais de má gestão resultaram em um desastre financeiro que sumiu com todas as economias financeiras

---

62 Conforme Francisco Oliveira em *O Roubo é Livre*. Editora Tchê, Porto Alegre, 1985.

de milhares de ingênuos aplicadores. Falha terrível da fiscalização do Banco Central, como apontou uma Comissão Parlamentar de Inquérito do Senado Federal iniciada em 1985, mesmo ano da intervenção.

Vale lembrar que, nesse caso, quem perdeu com o caso do Sulbrasileiro foram seus pequenos acionistas que compraram as ações do banco esperando valorização, mas encontraram um banco desorganizado em seu lugar. A CPI do Senado resolveu investigar e analisar as causas que determinaram a intervenção no Banco Sulbrasileiro S/A e Banco Habitasul S/A e encerrou seus trabalhos ao final do ano seguinte, 1986, após ter ouvido dezenas de depoentes, quer do Banco Central do Brasil, quer diretores e acionistas desses dois bancos. Entre esses depoentes estavam dois ex-presidentes do Banco Central, Affonso Celso Pastore e Fernão Bracher, o diretor de fiscalização do BC, Iran Siqueira Lima, o ex-diretor do BC, José Luís Silveira Miranda, o presidente do Grupo Habitasul, Péricles de Freitas Druck, o ex-presidente do Banco Sulbrasileiro, Hélio Prates da Silveira, o jornalista Delmar Marques, autor do livro *Caso MFM Sulbrasileiro – Ascensão e Queda dos Coronéis* e outras dezenas de pessoas. O relatório completo dos trabalhos da comissão, com os depoimentos tomados, foi publicado no *Diário do Congresso Nacional* e pode ser lido na internet[63].

A origem dos problemas dos bancos Sulbrasileiro e Habitasul remonta à gestão dos montepios do Rio Grande do Sul e, em especial, ao MFM, com falhas conhecidas desde 1979 pela Susep. O caso do Sulbrasileiro é um dos mais complexos dos bancos que sofreram intervenção e ainda existem muitos pontos obscuros para ser esclarecidos.

Depois de quase dois anos de investigações e dezenas de depoimentos, a comissão encerrou seus trabalhos, com a enumeração das autoridades que falharam, dos administradores dos dois bancos, Sulbrasileiro e Habitasul, que foram negligentes e/ou cometeram fraudes, e das empresas satélites que eram pertencentes aos administradores e se beneficiaram de um enorme esquema financeiro envolvendo um grande montante de operações "63" – aquelas em que se traz dinheiro do exterior e converte-se em cruzeiros –, que trouxe milhões de dólares do exterior, na maioria das vezes sem garantias reais ou suficientes.

---

63 Vide http://www.senado.gov.br/atividade/materia/getPDF.asp?t=68814&tp=1

Interessante que o relatório final da CPI traz o seguinte trecho: "*[...] Por outro lado, já foi sancionado pelo presidente da República projeto de lei aprovado pelo Congresso estabelecendo severas medidas para conter e punir os chamados 'crimes do colarinho branco'. [...] não excluímos do relatório em pauta o nome de qualquer das autoridades, à época, do Banco Central, que, desde os presidentes até os seus diferentes diretores, envolveram-se nos episódios de uma maneira ou outra. Os fatos estão expostos, irregularidades apontadas e dado o nome de quem aparentemente não deveria cometê--las e de quem deveria impedi-las. Quem tinha de fiscalizá-las, prevenir a ocorrência de certos fatos e coibir irregularidades, não o fez. Inclusive quando escalões inferiores identificaram as situações inadequadas, e os titulares de mando superior silenciaram, parecendo esquivar-se, pelo silêncio, de tomar as decisões punitivas compatíveis, numa omissão incompreensível. Também por esse motivo não excluímos do relatório em pauta o nome de qualquer das autoridades, à época, do Banco Central que, desde os presidentes até os diretores, envolveram-se nos episódios de uma maneira ou outra*". Em outras palavras, acusava as autoridades competentes de terem se envolvido ilegalmente no caso e feito vista grossa, aumentando a irregularidade. Ser diretor do Banco Central é uma posição de poder, mas também de grande risco, pois, certamente, devem existir muitas ações contra muitos deles, com alegações de negligência, pela posição eventualmente incorreta e, possivelmente, ilegal em certas situações.

O destino do Sulbrasileiro? Venda dos ativos que ainda estavam saudáveis. Em 1986, o governo fixa uma data para privatizar os ativos novamente e logo desiste, optando por sanear o Banco primeiro. Esse "saneamento" demorou 11 anos e o Banco finalmente foi privatizado em 1997, no meio de uma grande leva de privatizações do Estado brasileiro. A Caixa Econômica comprou a carteira de créditos imobiliários por R$ 500 milhões e a carteira de crédito comercial por R$ 200 milhões.

O processo de privatização, marcado para dezembro de 1997, definiu o preço mínimo de R$ 210 milhões (90% do pagamento poderia ser feito em "moedas podres", ou seja, de títulos públicos brasileiros antigos que eram negociados com um extremo deságio). O Banco Bozano, Simonsen comprou os ativos por R$ 265,66 milhões. E dois anos depois, o banco comprador foi adquirido pelo Banco espanhol Santander por R$ 1,5 bilhão. Os espanhóis, então, resolvem criar o Banco Santander Meridional, que absorveu todos os ativos do Banco Sulbrasileiro.

Coroa-Brastel

O nome Coroa-Brastel surgiu de duas empresas criadas por Assis Paim Cunha, que, na década de 1970, fundou a Brastel a partir da fusão das lojas Cobrás e Telegeo, aproveitando sua experiência de ex-vendedor da rede Ponto Frio. Uma parte de seu grupo era composta pelas Lojas Brastel (Móveis e Eletrodomésticos), Brascasa (Materiais de Construção) e a Brastel Feijão com Arroz (Supermercados Populares), na época uma rede com 250 lojas em seis estados[64].

Em seguida, Paim criou o braço financeiro, composto pela *holding* Coroa Administração e Participações S/A, uma financeira, uma distribuidora de valores e dois bancos, o Banco de Investimentos Coroa S/A e o Banco de Crédito Comercial S/A.

Apesar de suas lojas venderem bem[65], os seus negócios desandaram em 1981, quando Paim comprou a Laureano Corretora (a mesma que empregava o filho do general Golbery do Couto e Silva), com o dinheiro de um empréstimo na Caixa Econômica Federal. Para o financiamento, ele precisou emitir letras de câmbio sem lastro financeiro, pagando uma taxa muito superior à do mercado. Para cobrir o rombo, cada vez emitia mais títulos, até quebrar completamente, quando, em 1983, o Banco Central interveio. Cerca de 34 mil credores foram lesados, perdendo todo o dinheiro investido na compra das letras de câmbio frias que ele estava emitindo. O caso indignou até Antônio Ermírio de Moraes, controlador do Grupo Votorantim, que pediu mais dureza. "Em dois meses, este último grupo conseguiu faturar em duplicatas frias o faturamento de um ano do Grupo Votorantim, no qual

---

64 Fonte: https://falandodegestao.com/2011/09/27/coroa-brastel-uma-historia-de-sucesso-
   -que-acabou-mal/

65 Fonte: https://falandodegestao.com/about/

existem 55 mil pessoas trabalhando. E o que aconteceu? Estamos num regime de impunidade", afirmou à *Folha de S.Paulo,* em 1984[66].

O acontecimento levou uma grande corretora da época a liquidar operações com essas letras, o que gerou uma inadimplência na instituição financeira, que atuava no financiamento de bens de consumo. As notícias da imprensa falavam em muitas letras frias, sem a correspondente contrapartida de direitos creditícios (como uma espécie de cheque sem fundo), obrigando o Banco Central a aportar um grande volume de recursos para socorrer a instituição de crédito e o próprio banco do grupo, o Banco de Crédito Comercial.

Com a corrida dos portadores de Letras Coroa para resgatar seus papéis, diversas outras empresas financeiras ficaram inadimplentes, produzindo um efeito cascata e obrigando o Governo a agir, decretando, em 27 de junho de 1983, a intervenção, depois de lacrar caixotes de Letras "frias", prontas para serem postas em circulação[67].

O caso Coroa-Brastel teve desdobramentos posteriores. O empresário Assis Paim Cunha[68] seria o responsável por um estouro de Cr$ 500 bilhões[69] do caso Coroa-Brastel, segundo a revista *Veja*[70] de fevereiro de 1984. Inclusive a revista alertava que uma CPI foi instituída para determinar a responsabilidade do ex-chefe do departamento do Mercado de Capitais, Deli Borges, no escândalo, após ter encontrado fortes indícios de irregularidades cometidas por ele.

Após três meses de trabalho, as investigações revelaram que não houve falha na fiscalização do Grupo Coroa, e sim grave omissão nas decisões de Deli Borges, que, de acordo com a acusação, engavetava todas as advertências dos fiscais do Banco Central.

---

66 Antônio Ermírio de Moraes, *Folha de S. Paulo*, 26/2/1984, citado no livro *A Dupla Face da Corrupção*, J. Carlos de Assis, Editora Paz e Terra, 1984.

67 Revista *Veja*, edição de 22/2/1984.

68 Revista *Veja*, edição de 22/2/1984.

69 Convertido pelo BCB usando o IGP DI da FGV– resultou em R$ 6.221.881.287,25, ou seja, mais de 6 bilhões de reais.

70 Revista *Veja*, edição de 22/2/1984.

Mais tarde, em 3 de abril de 1984[71], as conclusões da Comissão de Sindicância do BC vazaram para a imprensa. Nelas, cinco altos funcionários foram acusados de favorecer o Grupo Coroa-Brastel, inclusive um ex--presidente do Banco Central de "ter sido omisso na tumultuada operação de venda da Corretora Laureano ao empresário carioca"[72]; Carlos Langoni, o ex-presidente do BC em questão, alegou que a acusação era absurda e que só não determinou a intervenção porque "surgiu uma solução de mercado". Paim fora convocado em Brasília e lhe foi feito um apelo para que absorvesse a Corretora Laureano, que estava quebrada. "O objetivo era não traumatizar o mercado com novas intervenções[73]", justificou Langoni.

Mais lenha para a polêmica em maio de 1984, Paim diz que subornou autoridades[74], em depoimento gravado pelo então deputado Eduardo Matarazzo Suplicy, do PT de São Paulo.

Em fins de junho de 1984, um ano após o início do caso Coroa-Brastel, a fase administrativa do Banco Central terminou, concluindo que apenas Deli Borges cometeu "negligência e falta de lealdade no exercício de suas funções", tendo sido demitido pelo presidente Afonso Celso Pastore[75]. Langoni foi inocentado pelo Banco Central, embora o relatório tenha concluído que "ele não agiu como seria desejável, mas sem nenhuma intenção dolosa", apesar do prejuízo de Cr$ 30 bilhões que o BC sofreu com os empréstimos concedidos a Paim.

Nesses casos, é o público que fica com a bomba: no caso, quem colocou seu dinheiro comprando as letras frias perdeu o que investiu e, certamente, não conseguiu recuperá-lo. A fiscalização teve grande parte em tais fatos, por não agir com rapidez e logo que os primeiros sinais apareceram. A Justiça também tem culpa, pela morosidade e pelas enormes "chicanas" e recursos que possibilita.

---

71 Segundo a revista *Veja*, de 4 de abril de 1984, p. 76.
72 Revista *Veja*, edição de 22/2/1984.
73 Revista *Veja*, edição de 22/2/1984.
74 Manchete da *Veja*, edição de 16 de maio de 1984, p. 107.
75 Segundo a revista *Veja*, edição de 4 de julho de 1984, p. 96.

Atualmente, parece que as coisas, do ponto de vista da Justiça brasileira, estão melhorando, especialmente graças a um simples juiz criminal de primeira instância, o juiz Sérgio Fernando Moro, que ganhou notoriedade, inclusive internacional, pelas suas atuações condenando empresários milionários por delitos revelados com a Operação Lava Jato.

Em 25 de março de 2014, apareceu no G1[76]a informação de que o STF reexaminou o caso Coroa-Brastel: "Notícia do Supremo Tribunal Federal dá ganho de causa contra o BCB" sobre o caso Coroa-Brastel. Conforme se lê no site do Supremo Tribunal Federal, a Corretora PEBB, que havia comprado as letras de câmbio da Coroa-Brastel, 30 anos após ganhar o processo de indenização contra o Banco Central do Brasil, por falha na fiscalização daquela empresa, conforme se lê abaixo:

> **Notícias STF**
>
> TERÇA-FEIRA, 25 DE MARÇO DE 2014
>
> *A 1ª Turma provê recurso que garante indenização à corretora: por decisão unânime, a Primeira Turma do Supremo Tribunal Federal (STF) deu provimento ao Recurso Extraordinário (RE 666589) interposto pela PEBB Corretora de Valores Ltda. a fim de que o Banco Central seja condenado a indenizá-la. Na década de 1980, a corretora investiu em papéis emitidos pelo Grupo Coroa-Brastel e alegou que o Banco Central foi omisso na fiscalização das empresas.*

O caso do Comind: um banco tradicional paulista

O Comind, Banco do Commércio e Indústria de São Paulo, surgiu em 20 de dezembro de 1889, um mês e cinco dias após a Proclamação da República[77], como resposta à necessidade da criação de um estabelecimento de crédito para acompanhar o surto agrícola e industrial do Estado de São Paulo. Foi

---

76 Segundo http://g1.globo.com/economia/noticia/2014/03/supremo-manda-bc-indenizar-
-corretora-pelo-caso-coroa-brastel.html

77 Segundo relato inserido na publicação de Ribeiro e Mazzei, descritiva dos bancos em atuação, em 1965.

fundado por homens ilustres, como o Marquês de Três Rios, o conselheiro Antônio Prado, homens representativos da agricultura paulista, especialmente da cafeicultura. Dez de seus 14 fundadores são hoje nomes de praças ou de ruas em São Paulo.

O banco colaborou com os governos da União e do Estado de São Paulo para efetuar a liquidação do estoque de café adquirido pelo governo de Altino Arantes, entre 1919 e 1923. Nessa época, avalizou um crédito no mercado de Londres para o governo brasileiro. Em 1929, no auge da crise, foi designado pelos banqueiros estrangeiros financiadores como seu representante fiscal de um empréstimo de 20 milhões de libras esterlinas, tomado pelo governo para defender as cotações de café, permanecendo como tal até 1950.

Próximo de completar 100 anos, o Banco começou a passar apuros. Em 6 de março de 1985, meio ano antes de ser liquidado, o Comind foi atingido por uma onda de boatos de que estava envolvido nas questões e problemas dos bancos Habitasul, Sulbrasileiro e Brasilinvest. Esses boatos repercutiram desfavoravelmente nas quase 300 agências do Comind, então o sexto maior banco privado brasileiro. Levaram o diretor-geral, o banqueiro Paulo Gavião Gonzaga, a uma explosão contra tais boatos[78]: "Foi uma coisa sórdida, escabrosa", acusando o Banco Itaú de ter espalhado tais informações. Foi o início de uma "bela" crise.

A situação ficou ruim em maio de 1985: a suspensão do acordo sobre os termos de pagamento da dívida externa brasileira, na época de US$ 104 bilhões, sobrecarregou o ambiente financeiro de Nova York e isso fez com que o Bank of America se recusasse a renovar um empréstimo de 3 milhões de dólares ao Comind[79]. O Bank of America, no final do governo Figueiredo, estava liquidando aos poucos todos os seus negócios com bancos brasileiros, e resolveu cobrar a agência de Nova York do Comind. O banco brasileiro carregava uma carteira de US$ 500 milhões nessa agência e pretendia refinanciá-la tomando novos empréstimos equivalentes. Os desentendimentos agravaram a questão da liquidez, já afetada pelos boatos no Brasil.

Embora a má gestão seja citada como razão número 1, o banco já se encontrava em uma espécie de guerra política desde 1968, ano da morte de

---

78 Segundo a revista *Veja*, edição de 6/3/1985, p. 85.
79 Segundo a revista *Veja*, edição de 8/5/85, p. 92.

Theodoro Quartim Barbosa, seu presidente. "A desordem no grupo começou com a luta de bastidores, envolvendo acionistas e altos funcionários para saber quem iria suceder Theodoro na presidência. Um grupo despreparado começou o que chamo de guerra de trogloditas, pessoas despreparadas, sem estudo, pouco honestas e que só pensavam no bem-estar próprio, não eram exemplos de honestidade, coisa de '*gangsters*'. Acabaram comprando o banco com o dinheiro do próprio banco", conta Justo Pinheiro, braço direito do presidente falecido. De acordo com ele, o banco havia se metido em péssimos negócios, com empréstimos que não seriam pagos, além de suspeitas de desvios de dinheiro para o exterior e uma frota de aviões para uso próprio – um luxo caríssimo.

Pouco tempo depois do início da crise, o Banco Central emprestou 1,85 trilhão de cruzeiros ao Comind e ao Banco Auxiliar, sendo 1 trilhão para o Comind[80], em um programa de recuperação.

Infelizmente, o programa não deu certo e o Banco Central, em novembro de 1985, interveio e liquidou o Comind, o Auxiliar e o Banco Maisonnave, achando um "rombo de 6,8 trilhões de cruzeiros", o que equivaleria atualmente a cerca de R$ 2,50 bilhões. Amador Aguiar, ex-presidente e controlador do Bradesco, sintetizou as razões da intervenção em uma curta frase: "As causas da quebra destes bancos foram suas más administrações e condução desonesta[81]".

O caso Comind ainda não havia terminado mesmo dez anos depois. Isso ocorreu quando a quarta turma do Tribunal Regional Federal decidiu, em 24 de outubro de 1995, por dois votos a um, manter o ato de liquidação extrajudicial do conglomerado financeiro Comind, dando ganho de causa ao recurso movido pelo Banco Central e pela União pela manutenção da medida. Por não ter sido unânime, a decisão ainda comportava um apelo ao TRF e ao próprio Supremo Tribunal Federal.

Os ex-proprietários do Grupo Comind ajuizaram ação anulatória do ato de liquidação na Justiça Federal, pedindo uma indenização de R$ 1,5 bilhão a ser paga ao banco, aos correntistas e aos acionistas pelos prejuízos decorrentes da liquidação[82]. Em 22 de agosto de 1996, o Banco Central reconheceu que

---

80 Ibidem, 22/5/85, p. 86.
81 Declaração reproduzida pela revista *Veja* de 4/12/1985, p. 121.
82 Conforme jornal *O Estado de S. Paulo*, Caderno de Economia, 24/10/95.

teve de assumir um prejuízo equivalente a R$ 3,4 bilhões com a liquidação dos bancos Comind e Auxiliar, em 1985. O Banco Central perdeu a ação em última instância em maio de 1996, sobre ser ressarcido pelos ex-banqueiros dos valores antecipados aos correntistas. Era o segundo processo que o Banco Central perdia para os ex-controladores do Comind, Carlos Eduardo Quartin Barbosa e Paulo Pompéia Gavião Gonzaga, que ganharam na Justiça a discussão sobre a diferença de US$ 100 milhões de correção monetária sobre o socorro financeiro tomado no próprio Banco Central antes da liquidação.

Há ainda uma terceira ação correndo na Justiça, no valor de US$ 1 bilhão para ressarcimento dos controladores devido à liquidação extrajudicial; essa ação foi perdida por eles no Superior Tribunal de Justiça, mas ainda estava pendente de uma decisão do Supremo Tribunal Federal[83] na época da edição deste livro.

As empresas sucessoras do Comind davam lucro, na década de 1990, para os ex-controladores do banco, como aponta o jornal *O Estado de S. Paulo*, em 11 de julho de 1997, 12 anos depois de o Comind ser liquidado pelo Banco Central. "*Carlos Eduardo Quartin Barbosa e Paulo Pompéia Gavião Gonzaga estão à frente da Imobiliária e Administradora Brooklin S/A e da Comind Participações que, em 1996, registraram lucro líquido de R$ 32,8 milhões e R$ 39,1 milhões, respectivamente*", mostrou a reportagem do jornal.

Em 1999, o procurador propôs que a CPI dos Bancos investigasse o Comind[84]. O jornal *Diário do Grande ABC*, de 26 de abril de 1999, disse que o procurador de Justiça Aírton Florentino de Barros propunha uma nova investigação sobre o Comind e seus ex-diretores. Até hoje o acionista do Comind com ações escriturais quer saber se elas ainda possuem algum valor. Contudo, o Banco Central do Brasil deu a seguinte resposta a eles: "Procure o responsável pela massa falida, a Brooklin Empreendimentos", de propriedade dos ex-controladores. Isso significava, mais uma vez, que os acionistas ficaram "na mão" do Banco Central e da Justiça brasileira, jogados para resolver seus investimentos com a massa falida! Essa situação vai se repetir muitas vezes ainda na história do Brasil.

---

83 Conforme informa o jornal *O Estado de S. Paulo*, de 29 de maio de 1996.

84 Notícia publicada em http://www.dgabc.com.br/Noticia/139970/procurador-propoe--que-cpi-dos-bancos-investigue-comind?referencia=navegacao-lateral-detalhe-noticia

Procurando mais informações sobre o caso do Comind, que é bastante emblemático na história dos bancos no Brasil, achei a tese de mestrado de José Rodrigues da Silva[85]. O estudo é interessante por fazer uma comparação dos fatores que levam um banco à falência, pelo exame de uma grande quantidade de casos de bancos dos Estados Unidos da América e pela comparação das causas lá verificadas e também encontradas no caso do Comind. Vou destacar algumas delas:

1. *Excessiva administração centralizadora do Comind*

FATOS RELEVANTES OCORRIDOS NO COMIND	FATOS SIMILARES OCORRIDOS EM OUTROS BANCOS
1 - Adoção de um tipo de administração excessivamente centralizadora, caracterizada por tomadas de decisões importantes, tanto administrativas, quanto operacionais, restritas a apenas dois diretores: Paulo Pompéia Gavião Gonzaga e Carlos Eduardo Quartim Barbosa.	1 - Na falência do United States National Bank of San Diego (USNB), em 1973, verificou-se que a administração daquele Banco fôra caracterizada como excessivamente centralizadora. Essa característica também foi comum às quatro maiores falências bancárias ocorridas nos E.U.A. na década de 1970.

2. *Aquisições agressivas do Comind e mal investigadas preliminarmente*
   Em 1983, o Comind adquiriu o Banco Residência, pertencente ao grupo imobiliário carioca Veplan, após ter adotado uma política expansionista nos Estados Unidos. O Comind ficou com créditos contra o Grupo Veplan – Residência protegidos por garantias hipotecárias. Essas hipotecas, porém, nada adiantaram ao COMIND, porque esses créditos tornaram-se ilíquidos e o Comind não executou as garantias;

2 - O episódio da aquisição do Banco Residência em 1983 e a política de expansão no exterior implementada a partir de 1977. Além de serem conseqüências de uma administração excessivamente centra	2 - Causas já observadas em falências bancárias ocorridas nos E.U.A.: a) na falência do Hamilton National Bank of Chattanooga, E.U.A., em 1976, o o Comptroller of the Currency julgou

(continua)

---

85 Tese apresentada ao Isec – Instituto Superior de Estudos Contábeis da Fundação Getúlio Vargas em maio de 1990 para a obtenção do Grau de Mestre em Ciências Contábeis (M.Sc).

(continuação)	
FATOS RELEVANTES OCORRIDOS NO COMIND	FATOS SIMILARES OCORRIDOS EM OUTROS BANCOS
lizadora, revestem-se ainda das seguintes características: a) adoção de política agressiva nos negócios do COMIND; b) coincidência com a época precedente ao da quebra do Banco; c) coincidência com a gestão dos mesmos diretores que permaneceram até a decretação da liquidação extrajudicial do Banco; d) decisões administrativas pouco criteriosas ou ineptas.	como causa fundamental a mudança de liberada na sua estratégia administrativa de uma política lenta de negócios para agressiva. Entendeu-se que, se o Banco mantivesse o regime conservador, provavelmente não seria apanhado numa posição de tamanho risco; b) na falência do USNB ocorreu um fator comum a outras falências de bancos de grande porte, que foi a expansão rápida e estratégia gerencial agressiva no período imediatamente precedente a sua quebra; c) nas quatro maiores falências bancárias americanas que ocorreram duran-

Além desses fatos, houve ressalva da auditoria externa ao Banco Comind, citada na tese já referida: no parecer do auditor independente sobre o último balanço semestral do Comind havia a seguinte ressalva: *"As demonstrações não representam adequadamente no seu todo a posição financeira e o resultado do semestre"*. Essa frase de uma empresa de auditoria externa séria corresponde a implicitamente dizer que as demonstrações financeiras estavam fraudadas!

Banco Auxiliar: origens em 1928

Fundado em 1928 pelo comendador Alberto Bonfiglioli, o Banco Auxiliar de São Paulo S/A teve origem na Seção Bancária da Companhia Comissária Alberto Bonfiglioli, que, posteriormente, transformou-se na Casa Bancária Alberto Bonfiglioli, antes de assumir seu último nome. Ele chegou a ter 129 agências e ocupar a 8ª posição em volume de depósitos em 1984, antes de começar a crise.

Em abril de 1985, surgiu o primeiro sinal com o fechamento de 17 agências deficitárias. Em julho, ele já havia recuado para a 22ª posição em volume de depósitos e viu seu patrimônio recuar de 4º maior entre os bancos para a 20ª posição. Uma bela queda.

Em 19 de novembro de 1985, o Banco Central decretou a liquidação extrajudicial do Banco Auxiliar S/A e de algumas *holdings* e principais coligadas depois de comprometer elevada parcela de recursos públicos para sanar a liquidez dessa instituição, ação que já vinha ocorrendo desde maio de 1985.

Tal liquidação atingiu as seguintes empresas do grupo: Banco Auxiliar S/A, Banco Auxiliar de Investimento S/A, Auxilium S/A Financiamento, Crédito e Investimentos, Auxiliar Leasing S/A – Arrendamento Mercantil, Corretora Auxiliar S/A – Câmbio e Títulos Mobiliários, Distribuidora Auxiliar de Títulos Mobiliários S/A, Auxiliar Crédito Imobiliário S/A, Auxiliar Crédito Imobiliário Rio S/A e ainda as coligadas: Finacap S/A – Administração e Comércio, Coirmãos Participações, Incremento Informática S/A, Santo Alberto Participações S/A e Auxiliar S/A Participações.

No dia seguinte à liquidação do banco, seu braço direito, a Corporação Bonfiglioli, solicitou, e dias depois teve deferida, a concordata preventiva – com o intuito de parar a falência –, envolvendo a Companhia Industrial de Conservas Alimentícias (Cica), a mais tradicional empresa do grupo. Em 21 de novembro de 1985, dois dias após a liquidação, a Superintendência de Seguros Privados (Susep) decretou a intervenção na Auxiliar Seguradora e na Auxiliar Previdência Privada S/A, com a intenção de vendê-las nas semanas seguintes, para diminuir o rombo do grupo.

No relatório elaborado pela Comissão de Inquérito do Banco Central, um dos capítulos mais contundentes diz respeito ao aumento de capital feito pelo Auxiliar em dezembro de 1983, no valor de 8,5 milhões de cruzados, a nova moeda de 1986. Por se tratar de ações, a Auxipart – *holding* que controlava as empresas do grupo – teria de comprar 74% dos títulos oferecidos através da operação. Uma operação de aumento de capital serve para trazer novo dinheiro para a empresa, normalmente para financiar um projeto novo ou salvá-la de algum problema financeiro. Essa operação precisava ser feita com o dinheiro dos acionistas controladores (o principal era Bonfiglioli), que aumentariam sua participação no banco em troca de colocar mais recursos nele. Contudo, essa operação foi feita por repasse de recursos do próprio banco e, na prática, não entrou um centavo de dinheiro novo na instituição[86], mas serviu para aumentar o poder dos controladores.

O relatório do Banco Central dá a linha das irregularidades: *"Uma combinação de operações ilícitas, favorecimentos ilegais, empréstimos irregulares de recursos a terceiros e a empresas do próprio controlador do grupo, Rodolfo Bonfiglioli, além de negócios temerários e incompetência administrativa[87]"*. No meio das causas está o chamado escândalo "Sunaman", no qual vários bancos, e entre eles o Auxiliar, aceitaram emprestar dinheiro aos estaleiros, com base nas garantias oferecidas pela Superintendência Nacional da Marinha Mercante, Sunaman. Quando os empréstimos não foram pagos, a Sunaman se recusou a cobrir as perdas. Mas, mesmo com o aval da Sunaman, o Banco Central considerou as operações muito arriscadas.

"Problemas em outro banco levaram o governo a nos punir quando caminhávamos para uma solução", defendeu-se Rodolfo Bonfiglioli na época, admitindo que o Auxiliar estava descapitalizado e que estava sendo perseguido pelo Banco Central. O fato era que o banco estava sem gás para suportar os seguidos desastres de suas aplicações em empresas que foram à falência: usinas de açúcar e álcool do empresário Jorge Wolney Atalla, o Lanifício Albornoz, no Rio Grande do Sul, estaleiros etc.[88].

Mas parece que a questão realmente era mais profunda. Francisco de Oliveira[89] detalhou extensamente as operações do Auxiliar no Sul, especificando as relações entre o Banco Sulbrasileiro e o Auxiliar: *"Além da Centralsul, o Banco Auxiliar também manteve um estranho relacionamento com o Banco Sulbrasileiro. Este financiava as empresas da Corporação Bonfiglioli e o Auxiliar financiava as empresas dos sócios do Sulbrasileiro, especialmente as do Montepio da Família Militar. O relacionamento era tão intenso, que um diretor do Sulbrasileiro chegou a ser deslocado para a diretoria*

---

86 Segundo a revista *Veja*, edição de 23/7/86.
87 *Ibidem*.
88 Conforme relata a revista *Veja* na edição de 27 de novembro de 1985, p. 107.
89 Francisco de Oliveira, *O roubo é livre*, Editora Tchê!, p. 354, 1985.

do Banco Auxiliar; tratou-se de Celso Mário Schmitz, que acabou sendo afastado pouco antes da decretação da liquidação".

Sobre as operações triangulares, proibidas pelo Banco Central, o próprio controlador as reconheceu, em entrevista à revista *Veja*[90], chamando-as pelo seu apelido de mercado. *"Digam-me quem não faz troca de chumbo?"*, indaga. *"Todo mundo faz"*. Com a alegada "troca de chumbo" e prova das fraudes cometidas, quem perdeu foram os correntistas do banco, os investidores em suas ações e os que acreditaram na seriedade do Banco Auxiliar. Na ocasião, ele era um banco importante, considerado de grande porte, mas ficou para a história como mais um a quebrar por causa da "podridão declarada".

Naji Nahas e as Bolsas

O Brasil já teve oito Bolsas de Valores, a Bolsa de Valores do Rio de Janeiro (BVRJ) era a mais importante, até o evento Naji Nahas, quando praticamente faliu e foi absorvida pela Bolsa de Valores de São Paulo (BVSP). De fato, a BCRJ tinha mais volumes e ações do que a BVSP. As demais eram irrelevantes, mas se mantinham com algumas poucas operações diárias, até que, sem volume suficiente para continuar atuantes, foram aos poucos desaparecendo.

No mercado de ações, Nahas sempre chamou atenção por sua estratégia agressiva. Na década de 1980, era acusado de tomar emprestado dinheiro de instituições financeiras para aplicar em ações, manipulando o preço dos ativos realizando negócios consigo mesmo via laranjas ou corretores. Além disso, a acusação alegava que ele comprava grande quantidade de opções sobre ações a um preço muito atraente e, manipulando os preços, as vendia com grandes lucros. Funciona assim: você compra um contrato que obriga outra pessoa a te vender (ou comprar) uma ação pelo preço estipulado em uma data no futuro, e se o preço for interessante, você engloba o lucro. Vamos supor que você adquira cem "opções de compra" sobre ações da Petrobras em julho, com vencimento em agosto, lhe dando direito a comprar as cem ações por R$ 18. Você paga (em julho) cerca de R$ 1 por cada uma dessas cem opções. Em agosto, as ações

---

[90] Depoimento reproduzido pela revista *Veja* de 27 de novembro de 1985, p. 106.

valem R$ 25. Você exerce o direito e as compra por R$ 18 cada uma – gastando R$ 19 por ação. Imediatamente, você vende cada uma por R$ 25 e fica com R$ 6 de lucro. Gasta-se pouco, mas essa é uma estratégia muito arriscada.

Com suas operações, Nahas chegou, sozinho, a controlar 6% das ações da Petrobras e 12% dos papéis da Vale em circulação. Ele foi inocentado das acusações pela Justiça em 2004 (alegou, entre outras coisas, que suas operações eram o que todos os grandes faziam na época), mas chamou a atenção no final da década por ter seu nome envolvido na operação Satiagraha.

Nahas defendeu que o ex-presidente da Bovespa, Eduardo Rocha Azevedo, pressionou os bancos a cortarem seu crédito e isso, por conta de sua alavancagem na Bolsa, levou à sua quebra e a da Bolsa inteira como consequência.

Eduardo Rocha Azevedo alegou em sua biografia que as posições de Nahas eram ilegais. O fato é que, com o estouro da inadimplência de Nahas, sua carteira de ações foi confiscada, gerando um processo judicial em que Nahas pedia uma indenização de R$ 10 bilhões pela perda de seus ativos.

"Não tenho poderes para impedir que um investidor seja financiado por instituições financeiras. O que compete à Bolsa é administrar o mercado para que as corretoras não corram risco que possa comprometer o sistema. Aí, repito que a Bovespa trabalhou com um pouco mais de prudência e evitou esse problema", declarou Rocha Azevedo ao jornal O Globo, em junho de 1989. Por ser grande responsável pela liquidez da Bolsa do Rio, a inadimplência de Nahas acabou matando aquela Bolsa.

Capítulo 4

Do Plano Real (1994) até as intervenções de 1996

O Plano Real, o mais efetivo de todos os planos de estabilização tentados durante os anos de hiperinflação, produziu efeitos profundos no Sistema financeiro brasileiro. Os efeitos foram consequências da redução drástica da inflação, que era um incômodo profundo na sociedade brasileira desde 1970. O Real foi a última tentativa em um mar de moedas que inundaram o Brasil nas últimas duas décadas antes de sua instituição: entre maio de 1970 e julho de 1994, passou sucessivamente de Cruzeiro para Cruzado, de Cruzado para Cruzado Novo, de Cruzado Novo de volta ao Cruzeiro, de Cruzeiro para Cruzeiro Real e, finalmente, de Cruzeiro Real para o Real (que só foi a última por ter dado certo).

Algumas das mudanças estruturais da economia afetaram profundamente os bancos. A principal delas foi a perda do chamado ganho inflacionário, o *float*, com o qual acostumaram a viver durante décadas de inflação. O *float* era a receita que os bancos ganhavam com os depósitos à vista, que não eram reajustados pela inflação e, portanto, geravam um "fundo" para que os bancos os aplicassem e assim produzirem ganhos – devolvendo o dinheiro original para os clientes e mantendo os lucros para si. Quanto maior a inflação, maiores são esses ganhos. Explicando melhor: os chamados "depósitos à vista", aqueles que podem ser sacados a qualquer tempo pelo correntista, por poderem ser retirados do seu banco quando o depositante quiser, não rendem juros. Mas, evidentemente, os bancos aproveitam tais depósitos, fazendo empréstimos ou comprando títulos do governo, que para eles rendem usualmente a inflação mais algum juro. Ou seja, era um ótimo negócio e quanto maior fosse a inflação, maiores os lucros vindos dessa modalidade de depósito.

Com a queda da inflação, perde-se essa receita e os bancos são obrigados a voltar para o crédito, retornando às suas origens funcionais. O problema é que nesse momento são obrigados a pensar como bancos, voltando a emprestar dinheiro. As pessoas deixavam de gastar seus salários no dia do recebimento, como é costume em período de hiperinflação, e deixar parado – gerando um número elevado de depósitos –, e os bancos, por sua vez, emprestavam o dinheiro para ter lucro. Só que não equipados para medir os riscos dos empréstimos, passam a emprestar com critérios duvidosos. Isso faz com que a inadimplência suba, atingindo em certos casos limites insuportáveis. Esse fenômeno produz falta de dinheiro para devolver aos seus clientes (perde-se a liquidez) e leva os bancos, nos casos mais drásticos, a falirem ou a procurarem socorro no Banco Central, quando não tentam desesperadamente achar um comprador.

A história foi assim em outros países que combateram a inflação com sucesso e pode ser encontrada em livros especializados. O papel do governo, neste caso, avisado pelos precedentes históricos, é estar preparado para essa fase. Mas parece que não foi bem isso que aconteceu nos três primeiros anos do Real, quando foram fechadas cerca de 90 instituições financeiras, um provável recorde histórico.

Entre 1994 e 1995, os depósitos cresceram 21%, mostrando que o público mantinha confiança no sistema bancário, tal como aconteceu na estabilização do México e da Argentina. Ao mesmo tempo, aconteceu a expansão de crédito. E com ela, o crescimento dos problemas de créditos duvidosos e de créditos em liquidação. O exemplo do Banco do Brasil realça bem a questão: de US$ 43,7 bilhões de operações de crédito, US$ 6,3 bilhões eram o que na linguagem da imprensa se chama de "crédito podre", ou seja, 13,5%. Um número elevadíssimo para os patamares atuais, que, mesmo em épocas de crise, estão girando em torno de 2% a 3%. No caso do Banco do Brasil, em março de 2016 a sua inadimplência batia apenas 2,24%. Em proporção menor, esse fenômeno ocorreu até para bancos que tomavam um excepcional cuidado no empréstimo. O Bradesco, que tinha

US$ 256 milhões em créditos problemáticos, teve apenas 2,4% do total emprestado em 1994, esse número foi aumentado para US$ 603 milhões, um total de créditos de US$ 13,6 bilhões, com um aumento percentual dos créditos problemáticos para 4,4%.

Os bancos liquidados no Plano Real

Entre julho de 1994, mês do início do Plano Real, e 2016, foram liquidados ou sofreram intervenção extrajudicial do Banco Central dezenas de bancos[91]. Os casos mais delicados foram os do Banco do Estado de São Paulo (Banespa), o do Banco do Estado do Rio de Janeiro (Banerj). Ambos passaram por intervenção a partir do dia 31 de dezembro de 1994, mas não foram fechados pelo Banco Central. O Banco Econômico (que permaneceu fechado por vários meses até ser parcialmente comprado pelo Excel, criando o Excel Econômico), o Banco Nacional e o Banco Bamerindus, adquirido pelo HSBC, também passaram por isso.

O quadro 6 fornece a lista completa, bem como as datas das intervenções. Essa lista teve início em 15 de fevereiro de 1946, quando o Banco Central do Brasil ainda não existia[92]. Naquela data, 1946, o Banco Central Mercantil S/A sofreu intervenção da autoridade federal da época, a Sumoc, Superintendência de Moeda e Câmbio do Brasil.

A lista, obtida em 2014 do BCB[93], cresceu para 227 bancos que sofreram intervenção, terminando com o Banco Mais, cuja liquidação extrajudicial ocorreu em 2 de agosto de 2013. Ela está apresentada em quatro páginas consecutivas e foi obtida pelo autor por filtragem de uma lista completa do BCB com todas as instituições que sofreram intervenção do governo.

---

91 Mais à frente, daremos a listagem completa, não só dos bancos que sofreram intervenção, mas também das corretoras e distribuidoras de valores, dos consórcios e das cooperativas de crédito. Ou seja, o "estrago" não se limitou aos bancos, e sim a todo sistema financeiro.

92 O BCB foi criado em dezembro de 1964 quando é instituída a Lei nº 4.595.O Banco Central do Brasil, autarquia federal integrante do Sistema Financeiro Nacional (SFN), iniciou suas atividades em março de 1965. Fonte: http://www.bcb.gov.br/?HISTORIABC

93 Fonte: http://www4.bcb.gov.br/Lid/Liquidacao/d1946/consulta_form.asp?idpai=REGESP

Quadro 6: 227 Corretoras que sofreram intervenção

Ordem	Nome do Banco	Início	Término
1	Banco Central Mercantil S/A	15/02/1946	11/09/1946
2	Banco Ipanema S/A	30/04/1946	17/06/1946
3	Casa Bancária R. I. Moreira S/A	02/05/1946	26/09/1946
4	Banco Ipanema S/A	17/06/1946	11/07/1947
5	Banco Central do Comércio S/A	07/08/1946	13/12/1947
6	Banco Central Mercantil S/A	11/09/1946	15/10/1946
7	Casa Bancária R. I. Moreira S/A	26/09/1946	24/04/1952
8	Casa Bancária Cavalcanti Comandita Por Ações	21/02/1947	28/07/1947
9	Banco Nacional da Cidade de São Paulo S/A	30/06/1947	19/12/1949
10	Banco Metropolitano do Brasil S/A	06/08/1947	31/03/1948
11	Banco Nacional do Comércio do Rio de Janeiro S/A	05/02/1948	30/01/1951
12	Banco Comércio e Indústria do Rio de Janeiro S/A	10/08/1948	08/01/1951
13	Banco Brasileiro do Comércio S/A	03/12/1948	27/01/1955
14	Casa Bancária de Crédito Central do DF	13/01/1949	16/08/1949
15	Crédito Central do DF S/A Casa Bancária	13/01/1949	16/08/1949
16	Siqueira Cavanti & Cia Casa Bancária	09/02/1949	06/12/1949
17	Banco Progresso do Brasil S/A	07/07/1949	07/07/1949
18	Banco da Barra do Pirai S/A	04/02/1953	15/12/1954
19	Banco Popular de Minas Gerais S/A	09/02/1953	15/05/1953
20	Banco Continental de São Paulo S/A	12/05/1953	20/12/1954
21	Banco Popular de Minas Gerais S/A	15/05/1953	12/03/1954
22	Banco União Mercantil S/A	04/07/1953	13/05/1964
23	Banco Financial do Comércio Limitado	09/07/1953	18/12/1953
24	Banco Mercantil de Minas Gerais S/A	09/07/1953	03/10/1953
25	Banco Meridional de Minas Gerais S/A	09/07/1953	03/10/1953
26	Banco Brasileiro de Crédito S/A	12/08/1953	18/12/1953
27	Banco Comercial S/A	14/08/1953	07/03/1961
28	Casa Bancária Pereira Lima Ltda.	14/08/1953	10/09/1953
29	Banco dos Estados S/A	20/08/1953	03/10/1953
30	Banco Central Brasileiro S/A	21/08/1953	06/04/1954
31	Casa Bancária Pereira Lima Ltda.	10/09/1953	12/08/1954
32	Banco Comercial da Capital da República S/A	03/10/1953	19/01/1956

Dinheiro podre

Ordem	Nome do Banco	Início	Término
33	Banco Crédito Mutuo de Minas Gerais S/A	03/10/1953	07/01/1955
34	Banco dos Estados S/A	03/10/1953	22/02/1957
35	Banco Mercantil de Minas Gerais S/A	03/10/1953	29/04/1960
36	Banco Meridional de Minas Gerais S/A	03/10/1953	29/04/1960
37	Banco Brasileiro de Crédito S/A	18/12/1953	10/12/1960
38	Banco Financial do Comércio Limitado	18/12/1953	31/10/1956
39	Banco Central Brasileiro S/A	06/04/1954	04/09/1963
40	Banco União Comercial S/A	19/05/1954	23/06/1954
41	Banco União Comercial S/A	23/06/1954	15/07/1960
42	Casa Bancária Pinheiro S/A	05/11/1954	26/03/1957
43	Banco Central do Pernambuco S/A	12/11/1954	26/02/1960
44	Banco Imobiliário Brasileiro S/A	01/12/1954	04/05/1959
45	Banco Nacional Interamericano S/A	02/12/1954	27/03/1958
46	Banco Continental de São Paulo S/A	20/12/1954	29/04/1966
47	Banco Credito Mútuo de Minas Gerais S/A	07/01/1955	23/09/1958
48	Banco Mercantil do Espírito Santo S/A	14/02/1955	25/02/1959
49	Banco Comercial de Descontos S/A	25/03/1955	28/03/1955
50	Banco Comercial de Descontos S/A	28/03/1955	27/03/1957
51	Banco Financial da Producao S/A	20/04/1955	30/11/1963
52	Banco Hipotecário Gramacho S/A	23/04/1955	27/04/1955
53	Banco Hipotecário Gramacho S/A	27/04/1955	01/06/1959
54	Banco do Distrito Federal S/A	09/05/1955	22/11/1960
55	Banco Crédito Geral S/A	10/05/1955	15/09/1961
56	Banco Brasileiro Unido S/A	20/05/1955	28/08/1957
57	Banco Industrial Brasileiro S/A	04/07/1955	13/08/1957
58	Banco União do Brasil S/A	03/08/1955	24/02/1958
59	Banco Mercantil da Metropole S/A	23/11/1955	04/06/1958
60	Banco Crédito Manilio Gobbi S/A	18/12/1956	05/03/1959
61	Banco Comércio de São Paulo S/A	24/06/1958	24/08/1959
62	Casa Bancária Paulicea S/A	12/09/1958	01/12/1959
63	Banco Geral do Crédito Comercial S/A	16/09/1958	10/07/1959
64	Banco de Crédito Comercial de São Paulo S/A	18/09/1958	03/09/1959
65	Banco São Bernardo S/A	18/09/1958	25/08/1959

Ordem	Nome do Banco	Início	Término
66	Banco Paulista S/A (1ª fase-Suspensa)	09/10/1958	27/11/1962
67	Banco Paulista da Produção S/A	17/10/1958	05/09/1959
68	Banco Latino-Americano S/A	23/10/1958	26/11/1959
69	Casa Bancária Centenário S/A	27/10/1958	27/07/1959
70	Banco Popular do Brasil S/A	31/10/1958	18/03/1959
71	Casa Bancária de Importação e Exportação S/A	10/01/1959	10/03/1960
72	Banco Financial do Brasil S/A	11/01/1960	19/12/1960
73	Banco Cidade de Salvador S/A	09/10/1961	13/06/1962
74	Banco União S/A	27/07/1964	30/03/1965
75	Banco Comercial do Estado da Guanabara S/A	29/11/1965	30/11/1965
76	Banco Comercial do Estado da Guanabara S/A	30/11/1965	04/06/1971
77	Banco Pan Americano S/A	16/12/1965	02/10/1967
78	Banco Autocastro S/A	17/02/1966	07/02/1968
79	Banco Prolar S/A	17/06/1966	31/05/1967
80	Banco Comercial Brasileiro S/A	14/07/1966	29/02/1968
81	Banco Agropastoril de Minas Gerais S/A	10/11/1966	06/09/1979
82	Banco Paulista S/A (2ª fase-Anul.concor)	19/12/1966	31/03/1970
83	Banco Prolar S/A (2ª vez)	11/03/1969	16/04/1969
84	Banco Comando S/A (Ex-Civia)	29/08/1969	21/01/1971
85	Banco Faro S/A	06/10/1970	24/06/1980
86	Banco Halles de Investimentos S/A	16/04/1974	05/07/1974
87	Banco Halles S/A	16/04/1974	05/07/1974
88	Banco Crecif de Investimentos S/A	24/02/1975	16/02/1976
89	Banco da Economia de São Paulo S/A	24/02/1975	16/02/1976
90	Banco Comercial Ipiranga S/A	25/03/1975	31/03/1975
91	Banco Ipiranga de Investimentos S/A	25/03/1975	15/03/1976
92	Banco Crecif de Investimentos S/A	16/02/1976	26/09/1980
93	Banco da Economia de São Paulo S/A	16/02/1976	25/04/1980
94	Banco Ipiranga de Investimentos S/A	15/03/1976	30/08/1988
95	Financilar Banco de Investimento S/A	22/04/1976	20/10/1989
96	Banco Nacional Brasileiro de Investimentos S/A	25/01/1977	25/01/1978
97	Banco Nacional Brasileiro S/A	25/01/1977	25/01/1978
98	Banco SPI S/A	19/04/1977	23/04/1980

Dinheiro podre

Ordem	Nome do Banco	Início	Término
99	Banco Independência-Decred de Investimento S/A	11/05/1977	10/05/1978
100	Banco Nacional Brasileiro de Investimentos S/A	25/01/1978	26/01/1996
101	Banco Nacional Brasileiro S/A	25/01/1978	26/01/1996
102	Banco Independência-Decred de Investimento S/A	10/05/1978	29/12/1986
103	Banco Regional S/A	21/11/1980	18/05/1981
104	Banco Regional S/A	18/05/1981	25/10/1995
105	Banco de Crédito Comercial S/A	12/08/1983	18/08/2004
106	Banco de Investimento Sul Brasileiro S/A	08/02/1985	04/02/1986
107	Banco Sul Brasileiro S/A	08/02/1985	13/11/1985
108	Banco Habitasul S/A	11/02/1985	31/01/1986
109	Brasilinvest S/A Banco de Investimento	19/03/1985	22/02/1990
110	Banco Auxiliar de Investimentos S/A	19/11/1985	13/04/1989
111	Banco Auxiliar S/A	19/11/1985	13/04/1989
112	Banco do Commercio e Indústria de São Paulo S/A	19/11/1985	14/06/1988
113	Banco Maisonnave de Investimentos S/A	19/11/1985	02/12/1987
114	Banco Maisonnave S/A	19/11/1985	02/12/1987
115	Comind Banco de Investimento S/A	19/11/1985	16/05/1988
116	Banco de Desenvolvimento do Ceará S/A Bandece	26/02/1987	21/07/1988
117	Banco de Desenvolvimento do Estado de Santa Catarina S/A	26/02/1987	27/02/1989
118	Banco de Desenvolvimento do Estado do Maranhao S/A	26/02/1987	16/08/1988
119	Banco de Desenvolvimento do Estado do Rio de Janeiro S/A	26/02/1987	27/04/1987
120	Banco do Estado de Santa Catarina S/A	26/02/1987	27/02/1989
121	Banco do Estado do Ceará S/A	26/02/1987	30/12/1988
122	Banco do Estado do Maranhão S/A	26/02/1987	22/09/1988
123	Banco do Estado do Mato Grosso S/A	26/02/1987	27/02/1989
124	Banco do Estado do Rio de Janeiro S/A	26/02/1987	27/02/1989
125	Banerj Banco de Investimentos S/A	26/02/1987	27/02/1989
126	Banco do Estado da Bahia S/A	18/03/1987	17/03/1989
127	Banco de Desenvolvimento do Estado do Rio de Janeiro S/A	27/04/1987	28/06/1989
128	Banco de Crédito Real de Minas Gerais S/A	15/05/1987	15/05/1989
129	Caixa Econômica do Estado de Minas Gerais - Minascaixa	15/05/1987	15/05/1989
130	Banco do Estado do Pará S/A	29/05/1987	29/05/1989
131	Banco de Desenvolvimento do Ceará S/A Bandece	21/07/1988	30/12/1988

Ordem	Nome do Banco	Início	Término
132	Agrobanco Banco Comercial S/A	29/07/1988	22/02/1990
133	Banco de Desenvolvimento do Estado do Maranhão S/A	16/08/1988	28/11/1988
134	Banco do Estado de Alagoas S/A	16/11/1988	05/09/1989
135	Banco Regional de Desenvolvimento do Extremo Sul	07/03/1989	14/03/1990
136	Banco do Estado do Acre S/A	07/06/1989	31/07/1990
137	Banco do Estado do Piauí S/A	07/06/1989	20/09/1990
138	Banco do Estado de Alagoas S/A	05/09/1989	04/09/1991
139	Banco Regional de Desenvolvimento do Extremo Sul	14/03/1990	31/01/1992
140	Banco Sibisa S/A Comercial, de Investimento, de Cred. ao Consumidor e Cred. Imob.	14/09/1990	27/03/1992
141	Banco do Estado do Piauí S/A	20/09/1990	27/01/1994
142	Banco do Estado do Rio Grande do Norte S/A	20/09/1990	20/01/2000
143	Caixa Economica do Estado de Goiás - Caixego	20/09/1990	21/10/1997
144	Paraiban - Banco do Estado da Paraíba S/A	20/09/1990	18/03/1994
145	Banco Columbia de Investimento S/A	13/11/1990	25/04/1997
146	Banco Columbia S/A	13/11/1990	15/05/1996
147	Banco Grande Rio S/A	21/01/1991	19/09/1996
148	Banco de Desenvolvimento do Paraná S/A - Badep	05/02/1991	08/08/1994
149	Caixa Econômica do Estado de Minas Gerais - Minascaixa	15/03/1991	24/08/1998
150	Banco do Estado de Pernambuco S/A	27/09/1991	17/03/1992
151	Banco Garavelo S/A	20/07/1994	27/12/1996
152	Banco Hércules S/A	28/07/1994	13/05/2004
153	Brasbanco S/A Banco Comercial	16/09/1994	23/01/1996
154	Banco Adolpho Oliveira & Associados S/A	14/11/1994	09/07/1996
155	Banco Seller S/A	18/11/1994	20/11/1996
156	Banco Atlantis S/A	21/11/1994	18/09/1997
157	Banco Bancorp S/A	22/11/1994	23/01/1997
158	Banco de Desenvolvimento do Rio Grande do Norte S/A	30/12/1994	20/01/2000
159	Banco do Estado de São Paulo S/A	30/12/1994	26/12/1997
160	Banco do Estado do Rio de Janeiro S/A	30/12/1994	30/12/1996
161	Banco do Estado de Alagoas S/A	23/01/1995	22/07/1997
162	Banco Open S/A	23/01/1995	21/06/2001
163	Banco do Estado do Mato Grosso S/A	02/02/1995	28/01/1998

Ordem	Nome do Banco	Início	Término
164	Banco Comercial Bancesa S/A	13/02/1995	05/03/2003
165	Banco do Estado de Rondônia S/A	20/02/1995	14/08/1998
166	Banco São Jorge S/A	01/03/1995	Ativo
167	Banco Rosa S/A	03/03/1995	27/08/1997
168	Banco Agrimisa S/A	12/04/1995	18/03/2004
169	Banco Banerj S/A (Ex-Banerj DTVM S/A)	07/06/1995	14/07/1997
170	Banco Comercial de São Paulo S/A	11/08/1995	09/08/1996
171	Banco Econômico S/A	11/08/1995	09/08/1996
172	Banco Mercantil S/A	11/08/1995	09/08/1996
173	Big S/A - Banco Irmãos Guimarães	25/08/1995	18/03/2004
174	Banco Nacional de Investimentos S/A	18/11/1995	18/11/1997
175	Banco Nacional S/A	18/11/1995	13/11/1996
176	BFC Banco S/A	04/12/1995	19/08/2009
177	Banco GNPP S/A	05/12/1995	27/11/2003
178	Banco Investcorp S/A	05/12/1995	03/09/1998
179	Banco Dracma S/A	21/03/1996	03/06/1998
180	BFI - Banco de Financiamento Internacional S/A	17/04/1996	15/07/1997
181	Banco Banorte S/A	24/05/1996	19/12/1996
182	Banco Universal S/A	20/06/1996	08/07/1998
183	Banco Comercial de São Paulo S/A	09/08/1996	20/01/1997
184	Banco Econômico S/A	09/08/1996	Ativo
185	Banco Mercantil S/A	09/08/1996	29/03/2012
186	Banco Nacional S/A	13/11/1996	Ativo
187	Banco Banorte S/A	19/12/1996	Ativo
188	Banco do Estado do Rio de Janeiro S/A	30/12/1996	06/02/2002
189	Banco Interunion S/A	30/12/1996	06/02/2007
190	Banco do Progresso S/A	21/02/1997	18/11/1999
191	Banco Sheck S/A	21/02/1997	28/11/1997
192	Banco Vetor S/A	21/02/1997	15/07/1998
193	Banco Bamerindus do Brasil S/A	26/03/1997	26/03/1998
194	Banco Empresarial S/A	15/05/1997	09/07/2002
195	Banco Vega S/A	15/05/1997	Ativo
196	Banfort - Banco Fortaleza S/A	15/05/1997	05/03/2003

Ordem	Nome do Banco	Início	Término
197	Banco do Estado de Alagoas S/A	22/07/1997	30/12/2002
198	Banco Interfinance S/A	11/08/1997	28/11/1997
199	Banco Porto Seguro S/A	11/08/1997	06/06/2012
200	Banco do Estado do Amapá S/A	03/09/1997	28/07/1999
201	Banco Nacional de Investimentos S/A	18/11/1997	Ativo
202	Banco do Estado do Mato Grosso S/A	28/01/1998	02/06/1999
203	Banco Aplicap S/A	16/02/1998	14/12/2005
204	Milbanco S/A	16/02/1998	10/10/2000
205	Banco Bamerindus do Brasil S/A	26/03/1998	Ativo
206	Banco BMD S/A	15/05/1998	31/05/2011
207	Banco Brasileiro Comercial S/A	15/05/1998	03/07/2003
208	Banco Martinelli S/A	30/10/1998	29/10/1999
209	Banco Pontual S/A	30/10/1998	29/10/1999
210	Banco Crefisul S/A	23/03/1999	24/10/2002
211	Banco Martinelli S/A	29/10/1999	09/07/2002
212	Banco Pontual S/A	29/10/1999	04/02/2010
213	Banco Lavra S/A	13/04/2000	05/03/2003
214	Banco Hexabanco S/A	13/07/2000	11/06/2003
215	Banco Interior de São Paulo S/A	07/02/2001	Ativo
216	Banco Araucária S/A	27/03/2001	05/03/2003
217	Banco Interpart S/A	28/03/2001	24/10/2002
218	Banco Santos Neves S/A	01/08/2001	01/06/2011
219	Banco Royal de Investimento S/A	22/05/2003	24/09/2008
220	Banco Santos S/A	12/11/2004	04/05/2005
221	Banco Santos S/A	04/05/2005	28/09/2005
222	Banco Morada S/A	28/04/2011	25/10/2011
223	Banco Morada S/A	25/10/2011	Ativo
224	Banco Cruzeiro do Sul S/A	04/06/2012	14/09/2012
225	Banco Cruzeiro do Sul S/A	14/09/2012	Ativo
226	Banco Prosper S/A	14/09/2012	Ativo
227	Banco BVA S/A	19/10/2012	Ativo

Fizemos uma atualização em abril de 2016 apenas para os casos mais importantes de bancos que sofreram algum tipo de intervenção, consultando o site do Banco Central do Brasil, resultando no quadro abaixo:

Quadro 7: Lista das intervenções adicionais em bancos até 2016

Nome	Tipo	Início do regime	Data do encerramento	Regime atual	Situação do Regime
Banco BVA S/A	Banco Múltiplo	19/06/2013	15/10/2014	Liquidação Extrajudicial	ENCERRADO
Banco Mais S/A	Banco Múltiplo	02/08/2013		Liquidação Extrajudicial	ATIVO
Banco Rural S/A	Banco Múltiplo	02/08/2013		Liquidação Extrajudicial	ATIVO
Banco Simples S/A	Banco Múltiplo	02/08/2013		Liquidação Extrajudicial	ATIVO
Banco BRJ S/A	Banco Múltiplo	13/08/2015		Liquidação Extrajudicial	ATIVO
Banco Azteca do Brasil S/A	Banco Múltiplo	08/01/2016		Liquidação Extrajudicial	ATIVO

Fonte: http://www4.bcb.gov.br/Lid/Liquidacao/d1946/consulta_lista.asp

O leitor pode notar que vários bancos, cujos problemas foram noticiados pelos jornais, não constam nem da listagem do quadro 6 nem da complementar do quadro 7, como, por exemplo, os casos dos bancos Panamericano e Schahin. Isso se deve ao fato de que diversos bancos que "quebraram" não foram fechados e, sim, absorvidos por outros, como veremos em cada caso.

Corretoras que sofreram intervenção após o Plano Real

Muitos bancos que foram atingidos pelo Banco Central do Brasil possuíam também corretoras de valores no grupo financeiro (às vezes, também distribuidoras de valores). Nesses casos, ao atingir o banco, o BCB atingia também as demais empresas financeiras do grupo e, às vezes, até empresas não financeiras coligadas. No caso de corretoras independentes que tinham irregularidades, o BC também não as poupou.

O quadro 8 mostra as corretoras de valores que sofreram liquidação ou passaram ao regime de administração especial temporária monitorada pelo Banco Central. **Muitas** delas pertenciam ou tinham ligação com pequenos bancos. As **intervenções** pelo BCB são de diferentes tipos, sendo a mais frequente a **liquidação** extrajudicial, seguida pela intervenção, pelo regime de administração temporária (designada de Raet) e outros tipos menos frequentes.

As corretoras de valores, hoje (2016), operam na Bolsa de Valores de São Paulo, a Bovespa, que se fundiu com a BM&F, a Bolsa de futuros do Brasil, formando uma única entidade. Originalmente, as corretoras tinham uma "carta patente" outorgada pelo governo. A partir de 1969, foram transformadas em títulos patrimoniais das Bolsas, que então não eram entidades destinadas a distribuir seus lucros e que os capitalizavam, na medida em que gerassem superávits.

Quadro 8: 131 corretoras que sofreram intervenção

Ordem	Corretoras que sofreram intervenção	Início	Término
1	Financial Corretora de Valores Ltda.	16/06/1969	01/09/1970
2	Vitoria S/A Investimentos Sociedade Corretora de Títulos e Valores Mobiliários	2	07/11/1979
3	Credival S/A Corretora de Câmbio e Valores	31/12/1969	05/06/1979
4	Aplitec S/A Corretora de Valores	05/02/1974	16/01/1975
5	Adivel S/A - Corretora de Valores Mobiliários e Câmbio	25/03/1974	10/12/1974
6	Halles Corretora de Câmbio e Valores Mobiliários S/A	16/04/1974	05/07/1974
7	Meridional Corretora de Câmbio e Títulos S/A	03/10/1974	03/10/1975
8	Acinvest S/A - Corretora de Câmbio e Valores Mobiliários	03/10/1974	12/03/1981

Dinheiro podre

Ordem	Corretoras que sofreram intervenção	Início	Término
9	Lincoln Rodrigues S/A Sociedade Corretora de Títulos e Valores Mobiliários	03/10/1974	29/03/1982
10	Soval - Corretora de Câmbio e Valores Mobiliários Ltda.	08/10/1974	09/04/1980
11	Flávio Fonseca - Sociedade Corretora de Valores Ltda.	08/10/1974	06/03/1981
12	Sociedade Corretora João de Carvalho Ltda.	11/12/1974	30/01/1980
13	Marigny S/A Corretora de Valores Mobiliários e Câmbio	11/12/1974	18/06/1980
14	Escritório Godoy Corretagem de Valores e Câmbio Ltda.	11/12/1974	02/10/1981
15	Aplitec S/A Corretora de Valores	16/01/1975	17/03/1980
16	Montenegro Serur - Corretagem de Títulos e Valores Mobiliários S/A	24/02/1975	16/02/1976
17	C.B.V. - Corretora Brasileira de Valores Mobiliários S/A	25/03/1975	15/03/1976
18	Cia Ipiranga Corretora de Câmbio e Títulos	25/03/1975	15/03/1976
19	Corretora Centro-Oeste de Títulos Mobiliários Ltda.	25/03/1975	15/03/1976
20	Ipiranga - Corretagem e Administração de Seguros S/A	25/03/1975	15/03/1976
21	ATB S/A Corretora de Câmbio e Valores Mobiliários	10/04/1975	04/08/1980
22	S G Corretora de Valores Mobiliários S/A	10/04/1975	04/12/1984
23	Mohr Corretora de Valores Ltda.	13/08/1975	04/08/1980
24	Meridional Corretora de Câmbio e Títulos S/A	03/10/1975	25/09/1980
25	Montenegro Serur - Corretagem de Títulos e Valores Mobiliários S/A	16/02/1976	25/04/1980
26	Cia. Ipiranga Corretora de Câmbio e Títulos	15/03/1976	14/02/1980
27	Nacional Brasileiro São Paulo Sociedade Corretora de Câmbio T.V.M Ltda.	25/01/1977	25/01/1978
28	Nacional Brasileiro Sociedade Corretora de Câmbio Tít. e Valores Mobiliários Ltda.	25/01/1977	25/01/1978
29	Godoy Recife S/A Corretora de Títulos e Valores Mobiliários	25/01/1977	25/04/1980
30	Godoy S/A Corretora de Valores	25/01/1977	20/08/1980
31	Sofinal S/A - Corretora de Câmbio e Valores	19/04/1977	21/05/1980
32	CVM - Corretora de Valores Mobiliários Ltda.	19/04/1977	15/06/1981
33	Pinho Corretora de Valores Mobiliários Ltda.	19/04/1977	15/06/1981
34	Hodson Menezes - Corretora de Títulos e Valores Ltda.	19/04/1977	30/06/1981
35	Nelson Bergamo - Corretor de Títulos e Valores Mobiliários	19/04/1977	07/07/1981
36	Ferraz de Campos - Sociedade Corretora de Câmbio e Valores Mobiliários Ltda.	19/04/1977	29/09/1981
37	Scultada S/A - Corretora de Câmbio e Valores	19/04/1977	17/11/1981

Ordem	Corretoras que sofreram intervenção	Início	Término
38	Sociedade Corretora Vanildo Antunes - Câmbio e Títulos Mobiliários Ltda.	19/04/1977	06/09/1985
39	Alterosa Corretora de Valores S/A	21/07/1977	06/07/1978
40	Sociedade Corretora Townsend - Títulos e Valores Mobiliários Ltda.	06/12/1977	21/12/1978
41	Nacional Brasileiro São Paulo Sociedade Corretora de Câmbio T.V.M Ltda.	25/01/1978	02/01/1980
42	Nacional Brasileiro Sociedade Corretora de Câmbio Tit. e Valores Mobiliários Ltda.	25/01/1978	14/02/1980
43	Terra Corretora de Câmbio, Títulos e Valores Mobiliários Ltda.	10/08/1979	02/01/1980
44	Cabral de Menezes, São Paulo - Corretora de Câmbio e Valores Mobiliários S/A	25/11/1980	30/10/1981
45	Eugenio - Corretora de Câmbio e Valores Mobiliários Ltda.	08/12/1980	07/12/1981
46	Tieppo S/A Corretora de Câmbio e Títulos	12/12/1980	04/02/1981
47	Multival S/A Corretora de Valores Mobiliários	12/12/1980	20/05/1981
48	Mazza S/A Corretora de Câmbio e Valores	03/02/1981	26/03/1981
49	Tieppo S/A Corretora de Câmbio e Títulos	04/02/1981	10/02/1982
50	Denario Corretora Corretora de Valores Mobiliários Ltda.	24/02/1981	16/02/1982
51	Valcam - Corretora de Câmbio, Títulos e Valores Mobiliários Ltda.	19/01/1982	02/09/1982
52	Codira - Corretora de Câmbio, Títulos e Valores Mobiliários Ltda.	07/03/1983	12/12/1984
53	Trans-Acão Corretora de Câmbio e Títulos Ltda.	17/05/1983	19/12/1983
54	Multicred Corretora de Títulos Mobiliários e Câmbio S/A	23/06/1983	18/03/1992
55	Coroa S/A Corretora de Valores	27/06/1983	12/08/1983
56	Coroa-Fortaleza Corretora de Câmbio, Títulos e Valores Mobiliários Ltda.	27/06/1983	12/08/1983
57	Carvalho e Carvalho Corretores de Títulos e Valores Mobiliários S/A	28/06/1983	18/12/1984
58	Sociedade Corretora de Câmbio e Valores Mobiliários Lima, Lima Ltda.	08/07/1983	14/03/1985
59	Maranghello, Barcellos Corretora de Valores Mobiliários e Câmbio Ltda.	08/07/1983	14/07/1987
60	Coroa-Fortaleza Corretora de Câmbio, Títulos e Valores Mobiliários Ltda.	12/08/1983	17/09/1984
61	Coroa S/A Corretora de Valores	12/08/1983	27/12/1990
62	Queiroz Vieira S/A - Corretora de Valores Mobiliários e Câmbio	06/09/1983	14/03/1985
63	Almeida e Silva S/A Corretora de Títulos e Valores Mobiliários	13/03/1984	12/08/1986
64	Haspa Corretora de Câmbio e Valores S/A	22/05/1984	17/08/1989
65	Jofran Corretora de Valores Mobiliários e Câmbio Ltda.	20/06/1984	04/12/1984
66	Real Sociedadde Corretora de Títulos Mobiliários e Câmbio Ltda.	05/10/1984	27/09/1985
67	Sul Brasileiro S/A Corretora de Valores Mobiliários e Câmbio	08/02/1985	13/11/1985

Dinheiro podre

Ordem	Corretoras que sofreram intervenção	Início	Término
68	Habitasul Corretora de Títulos e Valores Mobiliários S/A	11/02/1985	31/01/1986
69	Coelho Corretora Câmbio e Valores Ltda.	05/09/1985	16/02/1990
70	Comind S/A Corretora de Câmbio e Valores Mobiliários	19/11/1985	06/03/1986
71	Maisonnave Corretora de Valores Mobiliários Ltda.	19/11/1985	02/12/1987
72	Corretora Auxiliar S/A Câmbio e Títulos Mobiliários	19/11/1985	13/04/1989
73	Dolnig Corretora de Câmbio Ltda.	10/01/1986	21/06/1993
74	Embracor S/A Corretora de Câmbio e Valores Mobiliários	13/02/1987	05/11/1990
75	Alves Meyer Corretora de Títulos Ltda.	24/02/1987	04/10/1988
76	Besc S/A - Corretora de Títulos, Valores e Câmbio - Bescam	26/02/1987	27/02/1989
77	Baneb Corretora de Câmbio e Valores Mobiliários S/A	18/03/1987	17/03/1989
78	Behrmann Corretora de Câmbio e Valores Mobiliários Ltda.	26/03/1987	19/12/1989
79	Credireal S/A Corretora de Câmbio e Valores	15/05/1987	15/05/1989
80	Plena S/A Corretora de Valores Mobiliários	02/06/1987	01/06/1988
81	Lojicred Corretora Câmbio e Títulos S/A	04/06/1987	Ativo
82	Supra S/A Corretora de Câmbio e Valores Mobiliários	28/08/1987	15/03/1988
83	Plena S/A Corretora de Valores Mobiliários	01/06/1988	24/03/1993
84	Agrobanco Corretora de Valores Mobiliários e Câmbio S/A	29/07/1988	22/02/1990
85	Ética Corretora de Câmbio, Títulos e Valores Mobiliários Ltda.	02/08/1988	04/10/1988
86	Neycarvalho Corretores de Valores S/A	21/06/1989	01/12/1989
87	Progresso S/A Corretora de Câmbio e Títulos	21/06/1989	12/06/1990
88	Celton Corretora de Títulos e Valores Mobiliários Ltda.	21/06/1989	31/01/2007
89	Beta Corretora de Câmbio e Valores Mobiliários S/A	21/06/1989	04/07/2008
90	Tamoyo Investimentos S/A Corretora de Títulos e Valores Mobiliários	10/07/1989	18/12/1989
91	Argos Corretora de Câmbio e Valores Mobiliários S/A	14/09/1990	04/04/1991
92	Codepe - Corretora de Valores de Pernambuco S/A	18/09/1990	21/02/1991
93	Grande Rio S/A Corretora de Câmbio, Títulos e Valores Mobiliários	21/01/1991	19/09/1996
94	Operacional - Corretora de Valores e Câmbio Ltda.	05/02/1991	25/01/1993
95	Escotal Escritorio de Corretagem de Valores e Câmbio Ltda.	14/04/1993	29/04/1994
96	Gave Corretora de Câmbio, Títulos e Valores Mobiliários S/A	20/07/1994	23/02/2006
97	Hércules Corretora de Valores Ltda.	28/07/1994	11/08/1997
98	Adolpho Oliveira & Associados Corretora de Valores e Câmbio S/A	14/11/1994	14/03/1997
99	Seller Corretora de Câmbio, Títulos e Valores Mobiliários S/A	18/11/1994	14/03/1997

Ordem	Corretoras que sofreram intervenção	Início	Término
100	Atlantis S/A Corretora de Câmbio, Títulos e Valores Mobiliários	21/11/1994	18/09/1997
101	Open S/A Corretora de Câmbio e Valores Mobiliários	23/01/1995	21/06/2001
102	Bancesa - Corretora de Câmbio, Títulos e Valores Mobiliários Ltda.	13/02/1995	06/07/2000
103	Duarte Rosa S/A Corretora de Câmbio e Valores	03/03/1995	08/08/2001
104	Econômico S/A Corretora de Câmbio e Valores Mobiliários	11/08/1995	13/05/1996
105	Mercantil Corretora de Câmbio, Títulos e Valores Mobiliários Ltda.	11/08/1995	30/05/1996
106	Irmaos Guimaraes - Corretora de Câmbio, Títulos e Valores Mobiliários Ltda.	25/08/1995	23/12/1997
107	Sinal S/A Sociedade Corretora de Valores	18/11/1995	18/11/1997
108	Interunion S/A Corretora de Títulos, Valores e Câmbio	30/12/1996	06/02/2007
109	Sheck Corretora de Títulos e Valores Mobiliários Ltda.	21/02/1997	28/11/1997
110	Vetor Corretora de Valores e Câmbio S/A	21/02/1997	15/07/1998
111	Perfil Corretora de Câmbio, Títulos e Valores Mobiliários Ltda.	21/02/1997	Ativo
112	Corretora Banfort de Câmbio e Valores S/A	15/05/1997	23/08/2000
113	Vega S/A Corretora de Câmbio e Valores Mobiliários	15/05/1997	Ativo
114	Valor Corretora de Câmbio Títulos e Valores Mobiliários Ltda.	11/08/1997	29/01/2003
115	Sinal S/A Sociedade Corretora de Valores	18/11/1997	Ativo
116	Milbanco Corretora de Câmbio e Valores S/A	16/02/1998	10/10/2000
117	Aplicap S/A Corretora de Valores Mobiliários	16/02/1998	14/12/2005
118	Bmd S/A Corretora de Câmbio e Valores Mobiliários	15/05/1998	31/05/2011
119	Araucária Corretora de Câmbio, Títulos e Valores Mobiliários S/A	27/03/2001	19/05/2004
120	Corretora de Câmbio e Valores Mobiliários Cesar Santos Neves S/A	01/08/2001	03/09/2010
121	Marlin S/A Corretora de Câmbio, Títulos e Valores Mobiliários	02/08/2001	27/11/2003
122	Santos Corretora de Câmbio e Valores S/A	12/11/2004	04/05/2005
123	Santos Corretora de Câmbio e Valores S/A	04/05/2005	30/11/2009
124	Caravello S/A - Corretora de Câmbio	07/02/2007	06/08/2010
125	Investnorte - Corretora de Valores Mobiliários e Câmbio Ltda.	22/08/2007	Ativo
126	Agente Br Sociedade Corretora de Câmbio Ltda.	09/01/2009	19/08/2010
127	Bancom Sociedade Corretora de Câmbio S/A	17/02/2011	03/10/2012
128	São Paulo Corretora de Valores Ltda.	02/12/2011	Ativo
129	Cruzeiro do Sul S/A Corretora de Valores e Mercadorias	04/06/2012	14/09/2012
130	Diferencial Corretora de Títulos e Valores Mobiliários S/A	09/08/2012	Ativo
131	Cruzeiro do Sul S/A Corretora de Valores e Mercadorias	14/09/2012	Ativo

Dinheiro podre

Distribuidoras que sofreram intervenção após o Plano Real

Após o Plano Real, o Banco Central também interveio em 56 distribuidoras de valores, liquidando boa parte, conforme mostra o quadro 9, construído de 25/3/1969 até 2/8/2013, em um total de 241 intervenções, iniciadas em 1969. A quantidade de distribuidoras que sofreram intervenção, na época, é tão grande que foram necessárias quatro páginas para reproduzir toda a lista. Importante destacar para o leitor que as distribuidoras de valores são a mais simples modalidade de instituição financeira, destinadas a intermediar negócios entre pessoas jurídicas ou pessoas físicas e bancos, corretoras de valores e outras instituições financeiras.

Apesar dessa simplicidade, elas estão sujeitas às mesmas leis e normas aplicadas aos bancos ou às corretoras de valores e não escapam de ser autuadas por irregularidades constatadas pela fiscalização do BCB. Uma Distribuidora de Títulos e Valores Mobiliários (DTVM) fatura comissões e *spreads* das intermediações que faz. Muitos bancos possuem suas DTVMs para ter um instrumento a mais para seus negócios. Quando um banco sofre intervenção, sua Corretora de Valores e sua DTVM (se existirem) usualmente sofrem intervenção também. A DTVM não pode operar diretamente nas Bolsas, o que tem de fazer através de uma corretora de valores, usualmente com um contrato de representação ou de negócios. A seguir, as tabelas das DTVMs que sofreram intervenção:

Quadro 9: 241 Distribuidoras que sofreram intervenção

Ordem	Nome da IF	Início	Término
1	Rentasul Distribuidora de Títulos e Valores Mobiliários Ltda.	25/03/1969	01/09/1970
2	Real Rio S/A Distribuidora de Títulos Evalores Mobiliários	08/04/1969	29/08/1980
3	Atlântico Distribuidora de Títulos e Valores Mobiliários Ltda.	28/07/1969	07/11/1979
4	Ficrei S/A - Distribuidora de Títulos e Valores Mobiliários	11/08/1969	13/03/1974
5	Moeda S/A - Distribuidora de Títulos e Valores Mobiliários	20/08/1969	11/03/1980
6	Renda S/A - Distribuidora de Títulos e Valores Mobiliários	20/08/1969	11/03/1980
7	Cofre Distribuidora de Títulos e Valores Mobiliários Ltda.	16/09/1969	18/04/1978
8	Rubens Teixeira - Distibuidora de Títulos e Valores Mobiliários	06/11/1969	23/01/1980
9	Distribuidora de Títulos e Valores Mobiliários Imigrante Ltda.	17/11/1972	16/01/1975

Ordem	Nome da IF	Início	Término
10	Prisma - Distribuidora de Títulos e Valores Mobiliários Ltda.	13/12/1973	15/09/1977
11	Aplitec Nacional Cia. Distribuidora de Valores Mobiliários	05/02/1974	16/01/1975
12	Halles Distribuidora Nacional de Valores Mobiliários S/A	16/04/1974	05/07/1974
13	Aplitec Nacional Cia. Distribuidora de Valores Mobiliários	16/01/1975	17/03/1980
14	Distribuidora de Títulos e Valores Mobiliários Imigrante Ltda.	16/01/1975	21/10/1980
15	Nobre S/A Distribuidora de Títulos e Valores Mobiliários	07/02/1975	11/06/1980
16	Crecif - Distribuidora de Títulos e Valores Mobiliários S/A	24/02/1975	16/02/1976
17	Distribuidora de Títulos e Valores Mobiliários Ipiranga S/A	25/03/1975	15/03/1976
18	Omnium - Distribuidora de Títulos e Valores Mobiliários S/A	25/03/1975	15/03/1976
19	Piratininga - Distribuidora de Títulos e Valores Mobiliários Ltda.	25/03/1975	15/03/1976
20	ATB Aplicações Técnicas Brasileiras Distribuidores Associados de T.V.M. Ltda.	10/04/1975	04/08/1980
21	Crecif - Distribuidora de Títulos e Valores Mobiliários S/A	16/02/1976	25/04/1980
22	Distribuidora de Títulos e Valores Mobiliários Ipiranga S/A	15/03/1976	10/03/1980
23	Omnium - Distribuidora de Títulos e Valores Mobiliários S/A	15/03/1976	23/06/1978
24	Piratininga - Distribuidora de Títulos e Valores Mobiliários Ltda.	15/03/1976	13/06/1978
25	Financilar-Lume Distribuidora de Títulos e Valores Mobiliários S/A	22/04/1976	24/02/1981
26	Rio S/A Distribuidora de Títulos e Valores Mobiliários	18/08/1976	02/10/1979
27	Apolice Distribuidora de Títulos e Valores Mobiliários Ltda.	18/11/1976	25/04/1980
28	Aragao e Mattar Distribuidora de Títulos e Valores Mobiliários Ltda.	18/11/1976	09/04/1980
29	Compacta Distribuidora de Títulos e Valores Mobiliários S/A	18/11/1976	06/03/1979
30	Edgard Estrella Distribuidor de Títulos e Valores Mobiliários	18/11/1976	25/04/1980
31	Faroval Distribuidora de Títulos e Valores Mobiliários Ltda.	18/11/1976	06/04/1979
32	Rodac Distribuidora de Títulos e Valores Mobiliários Ltda.	18/11/1976	28/05/1980
33	A Ideal Promotora de Vendas Ltda.	06/12/1976	05/12/1977
34	Sacha Distribuidora de Títulos e Valores Mobiliários Ltda.	06/12/1976	05/12/1977
35	Creditum Distribuidora de Títulos e Valores Mobiliários Ltda.	25/01/1977	06/10/1980
36	Fivap Distribuidora de Títulos e Valores Mobiliários S/A	25/01/1977	23/01/1980
37	Godoy S/A Distribuidora de Títulos e Valores Mobiliários	25/01/1977	25/04/1980
38	Nacional Brasileira S/A - Distribuidora de Títulos e Valores Mobiliários	25/01/1977	25/01/1978
39	SPI Distribuidora de Títulos e Valores Mobiliários S/A	25/01/1977	22/09/1980
40	Gehra Valores S/A - Sociedade Distribuidora de Títulos e Valores Mobiliários	19/04/1977	09/04/1980
41	Norval - Distribuidora de Títulos e Valores Mobiliários Ltda.	19/04/1977	15/10/1981
42	Sofinal S/A - Distribuidora de Títulos e Valores Mobiliários	19/04/1977	21/05/1980

Dinheiro podre

Ordem	Nome da IF	Início	Término
43	Independencia S/A - Distribuidora de Títulos e Valores Mobiliários	11/05/1977	10/05/1978
44	Sacha Distribuidora de Títulos e Valores Mobiliários Ltda.	05/12/1977	07/10/1980
45	Nacional Brasileira S/A - Distribuidora de Títulos e Valores Mobiliários	25/01/1978	26/01/1996
46	Independência S/A - Distribuidora de Títulos e Valores Mobiliários	10/05/1978	29/04/1987
47	Trade - Distribuidora de Títulos e Valores Mobiliários Ltda.	05/10/1978	10/04/1980
48	Tema - Distribuidora de Títulos e Valores Mobiliários S/A	13/10/1978	10/04/1980
49	Federal São Paulo Distribuidora de Títulos e Valores Mobiliários Ltda.	13/06/1979	12/06/1980
50	Previdência - Distribuidora de Títulos e Valores Mobiliários Ltda.	07/02/1980	30/09/1980
51	Giamar S/A - Distribuidora de Títulos e Valores Mobiliários	11/03/1980	06/03/1981
52	Adempar S/A - Distribuidora de Títulos e Valores Mobiliários	29/05/1980	23/11/1981
53	Enrique - Distribuidora de Títulos e Valores Mobiliários Ltda.	20/11/1980	19/11/1981
54	Rio de Janeiro - Distribuidora de Títulos e Valores Mobiliários S/A	25/11/1980	30/09/1981
55	Eugênio - Distribuidora de Títulos e Valores Mobiliários Ltda.	08/12/1980	07/12/1981
56	Eugênio Rio - Distriuidora de Títulos e Valores Mobiliários S/A	08/12/1980	07/12/1981
57	São Luiz Distribuidora de Títulos e Valores Mobiliários Ltda.	14/01/1981	13/01/1982
58	Seval - Distribuidora de Títulos e Valores Mobiliários Ltda.	21/01/1981	18/05/1981
59	Depac - Distribuidora de Títulos e Valores Mobiliários S/A	29/01/1981	26/01/1982
60	Star - Distribuidora de Títulos e Valores Mobiliários S/A	06/02/1981	10/09/1982
61	Esquema - Distribuidora de Títulos e Valores Mobiliários Ltda.	18/05/1981	10/09/1982
62	Seval - Distribuidora de Títulos e Valores Mobiliários Ltda.	18/05/1981	16/02/1982
63	BZRA - Distribuidora de Títulos e Valores Mobiliários Ltda.	29/05/1981	08/11/1982
64	Cresce S/A Distribuidora de Títulos e Valores Mobiliários	29/05/1981	29/10/1982
65	Kapitale - Distribuidora de Títulos e Valores Mobiliários Ltda.	29/05/1981	31/03/1982
66	Capuava Distribuidora de Títulos e Valores Mobiliários Ltda.	31/07/1981	10/10/1983
67	Delta Distribuidora de Títulos e Valores Mobiliários Ltda.	11/08/1981	15/12/1982
68	Jawea S/A - Distribuidora de Títulos e Valores Mobiliários	18/09/1981	28/07/1982
69	Enrique - Distribuidora de Títulos e Valores Mobiliários Ltda.	19/11/1981	22/05/1985
70	São Luiz Distribuidora de Títulos e Valores Mobiliários Ltda.	13/01/1982	07/05/1985
71	Depac - Distribuidora de Títulos e Valores Mobiliários S/A	26/01/1982	06/10/1983
72	Lideranca Distribuidora de Títulos e Valores Mobiliários Ltda.	05/03/1982	30/08/1982
73	Tecvendas S/A Distribuidora de Títulos e Valores Mobiliários	05/03/1982	29/02/1984
74	Ziegert - Distribuidora de Títulos e Valores Mobiliários Ltda.	08/07/1982	26/10/1982
75	Bluval - Distribuidora de Títulos e Valores Mobiliários Ltda.	19/10/1982	13/04/1983

Ordem	Nome da IF	Início	Término
76	Giro S/A Distribuidora de Títulos e Valores Mobiliários	26/10/1982	16/05/1983
77	Ziegert - Distribuidora de Títulos e Valores Mobiliários Ltda.	26/10/1982	14/02/1990
78	Circuito Financeiro - Distribuidora de Títulos e Valores Mobiliários Ltda.	21/01/1983	10/01/1984
79	Delfin-Rio Distribuidora de Títulos e Valores Mobiliários S/A	21/01/1983	10/01/1984
80	Finadisa Distribuidora S/A - Títulos e Valores Mobiliários	21/01/1983	10/01/1984
81	Flaval - Distribuidora de Títulos e Valores Mobiliários Ltda.	21/01/1983	10/01/1984
82	Marina - Distribuidora de Títulos e Valores Mobiliários Ltda.	21/01/1983	10/01/1984
83	Patrimônio - Distribuidora de Títulos e Valores Mobiliários Ltda.	21/01/1983	10/01/1984
84	Talento - Distribuidora de Títulos e Valores Mobiliários Ltda.	21/01/1983	10/01/1984
85	Vila Rica - Distribuidora de Títulos e Valores Mobiliários Ltda.	21/01/1983	10/01/1984
86	R Duarte Distribuidora de Títulos e Valores Mobiliários Ltda.	23/03/1983	19/01/1984
87	Coroa SA Distribuidora de Títulos e Valores Mobiliários	27/06/1983	12/08/1983
88	Coroa-Porto Alegre Distribuidora de Títulos e Valores Mobiliários Ltda.	27/06/1983	12/08/1983
89	Opção Distribuidora de Títulos e Valores Mobiliários Ltda.	27/06/1983	12/08/1983
90	Nota - Distribuidora de Títulos e Valores Mobiliários Ltda.	04/07/1983	12/08/1983
91	Pirâmide - Distribuidora de Títulos e Valores Mobiliários Ltda.	11/07/1983	06/04/1984
92	Coroa SA Distribuidora de Títulos e Valores Mobiliários	12/08/1983	18/08/2004
93	Coroa-Porto Alegre Distribuidora de Títulos e Valores Mobiliários Ltda.	12/08/1983	20/12/1989
94	Nota - Distribuidora de Títulos e Valores Mobiliários Ltda.	12/08/1983	16/01/1986
95	Opcao Distribuidora de Títulos e Valores Mobiliários Ltda.	12/08/1983	06/02/1985
96	Futura - Distribuidora de Títulos e Valores Mobiliários Ltda.	04/10/1983	03/04/1984
97	Segurança - Distribuidora de Títulos e Valores Mobiliários Ltda.	07/12/1983	28/11/1984
98	Circuito Financeiro - Distribuidora de Títulos e Valores Mobiliários Ltda.	10/01/1984	20/12/1989
99	Delfin-Rio Distribuidora de Títulos e Valores Mobiliários S/A	10/01/1984	20/12/1989
100	Finadisa Distribuidora S/A - Títulos e Valores Mobiliários	10/01/1984	20/12/1989
101	Flaval - Distribuidora de Títulos e Valores Mobiliários Ltda.	10/01/1984	20/12/1989
102	Marina - Distribuidora de Títulos e Valores Mobiliários Ltda.	10/01/1984	13/08/1987
103	Patrimonio - Distribuidora de Títulos e Valores Mobiliários Ltda.	10/01/1984	20/12/1989
104	Talento - Distribuidora de Títulos e Valores Mobiliários Ltda.	10/01/1984	20/12/1989
105	Vila Rica - Distribuidora de Títulos e Valores Mobiliários Ltda.	10/01/1984	20/12/1989
106	Ipanema S/A Distribuidora de Títulos e Valores Mobiliários	14/02/1984	06/08/1984
107	Valtec Distribuidora de Títulos e Valores Mobiliários Ltda.	09/03/1984	17/01/1985
108	Futura - Distribuidora de Títulos e Valores Mobiliários Ltda.	03/04/1984	25/06/1984

Ordem	Nome da IF	Início	Término
109	Continental S/A Distribuidora de Títulos e Valores Mobiliários	05/04/1984	04/01/1995
110	Distribuidora São Paulo Minas S/A de Títulos e Valores Mobiliários	11/04/1984	09/10/1984
111	Economisa - Economia Distribuidora de Títulos e Valores Mobiliários Ltda.	03/05/1984	04/10/1988
112	Haspa Distribuidora de Títulos e Valores Mobiliários S/A	22/05/1984	08/02/1990
113	Letra S/A Distribuidora de Títulos e Valores Mobiliários	22/05/1984	14/03/1985
114	Duplicap Distribuidora de Títulos e Valores Mobiliários Ltda.	29/05/1984	28/05/1985
115	Spac Distribuidora de Títulos e Valores Mobiliários Ltda.	15/06/1984	16/05/1985
116	União - Distribuidora de Títulos e Valores Mobiliários Ltda.	15/06/1984	11/06/1985
117	Jofran Distribuidora de Títulos e Valores Mobiliários Ltda.	20/06/1984	14/03/1985
118	Omicron - Distribuidora de Títulos e Valores Mobiliários Ltda.	02/07/1984	15/09/1988
119	Dealer Distribuidora de Títulos e Valores Mobiliários S/A	03/08/1984	26/07/1985
120	Ipanema S/A Distribuidora de Títulos e Valores Mobiliários	06/08/1984	06/03/1986
121	Brascred Distribuidora de Títulos e Valores Mobiliários S/A	05/10/1984	27/09/1985
122	Sul Brasileiro S/A Distribuidora de Títulos e Valores Mobiliários	08/02/1985	27/12/1985
123	Habitasul Distribuidora de Títulos e Valores Mobiliários S/A	11/02/1985	31/01/1986
124	Brasilinvest Distribuidora de Títulos e Valores Mobiliários Ltda.	19/03/1985	13/11/1987
125	Sherbank Distribuidora de Títulos e Valores Mobiliários Ltda.	19/03/1985	18/03/1986
126	Valorama S/A Distribuidora de Títulos e Valores Mobiliários	21/03/1985	20/03/1986
127	Spac Distribuidora de Títulos e Valores Mobiliários Ltda.	16/05/1985	12/03/1991
128	União - Distribuidora de Títulos e Valores Mobiliários Ltda.	11/06/1985	03/10/1988
129	Jofran Distribuidora de Títulos e Valores Mobiliários Ltda.	05/07/1985	23/06/1989
130	Dealer Distribuidora de Títulos e Valores Mobiliários S/A	26/07/1985	25/03/1996
131	Comind S/A Distribuidora de Títulos e Valores Mobiliários	19/11/1985	16/03/1988
132	Distribuidora Auxiliar de Títulos e Valores Mobiliários S/A	19/11/1985	22/04/1988
133	Maisonnave Distribuidora de Títulos e Valores Mobiliários S/A	19/11/1985	02/12/1987
134	Itapuã Distribuidora de Títulos e Valores Mobiliários Ltda.	26/12/1985	05/04/1989
135	Sherbank Distribuidora de Títulos e Valores Mobiliários Ltda.	18/03/1986	25/09/1986
136	Valorama S/A Distribuidora de Títulos e Valores Mobiliários	20/03/1986	30/09/1987
137	Perona Distribuidora de Títulos e Valores Mobiliários Ltda.	07/08/1986	02/08/1988
138	Valorsyl - Distribuidora de Títulos e Valores Mobiliários S/A	29/09/1986	16/05/1988
139	Banerj Distribuidora de Títulos e Valores Mobiliários S/A	26/02/1987	27/02/1989
140	BEC - Distribuidora de Títulos e Valores Mobiliários Ltda.	26/02/1987	30/12/1988
141	Bem Distribuidora de Títulos e Valores Mobiliários Ltda. (Ex-CPM DTVM)	26/02/1987	22/09/1988

Ordem	Nome da IF	Início	Término
142	Besc Distribuidora de Títulos e Valores Mobiliários S/A - Bescval	26/02/1987	27/02/1989
143	Baneb Distribuidora de Títulos e Valores Mobiliários da Bahia S/A	18/03/1987	17/03/1989
144	Sudeste Distribuidora de Títulos e Valores Mobiliários Ltda.	23/03/1987	13/03/1990
145	America - Distibuidora de Títulos e Valores Mobiliários Ltda.	15/05/1987	05/04/1988
146	Credireal Distribuidora de Títulos e Valores Mobiliários S/A	15/05/1987	15/05/1989
147	Lojicred Distribuidora de Títulos e Valores S/A	04/06/1987	Ativo
148	Conte - Distribuidora de Títulos e Valores Mobiliários Ltda.	05/06/1987	14/02/1990
149	Certa Distribuidora de Títulos e Valores Mobiliários Ltda.	15/07/1987	16/05/1988
150	Alianca Distribuidora de Títulos e Valores Mobiliários Ltda.	20/07/1987	13/03/1990
151	Multicorp Distribuidora de Títulos e Valores Mobiliários Ltda.	30/07/1987	16/04/1993
152	Supra S/A Distribuidora de Títulos e Valores Mobiliários	28/08/1987	15/03/1988
153	Bonanca Distribuidora de Títulos e Valores Mobiliários Ltda.	31/08/1987	16/03/1988
154	Brooklin Distribuidora de Títulos e Valores Mobiliários Ltda.	09/11/1987	03/07/1991
155	Midas Distribuidora de Títulos e Valores Mobiliários S/A	13/04/1988	01/02/1989
156	Spot - Distribuidora de Títulos e Valores Mobiliários Ltda.	27/07/1988	21/03/1989
157	CMI - Distribuidora de Títulos e Valores Mobiliários Ltda.	29/07/1988	22/02/1990
158	Etica Distribuidora de Títulos Valores Mobiliários Ltda.	02/08/1988	30/09/1988
159	Ética Distribuidora de Títulos Valores Mobiliários Ltda.	30/09/1988	07/11/1995
160	Produban - Distribuidora de Títulos e Valores Mobiliários S/A	16/11/1988	05/09/1989
161	Credimus Distribuidora de Títulos e Valores Mobiliários S/A	30/01/1989	07/12/1989
162	Fórmula Distribuidora de Títulos e Valores Mobiliários Ltda.	30/01/1989	20/12/1989
163	Price Distribuidora de Títulos e Valores Mobiliários Ltda.	30/01/1989	27/08/1993
164	Capitanea Distribuidora Títulos e Valores Mobiliários	21/06/1989	24/05/2011
165	Titular Distribuidora de Títulos e Valores Mobiliários Ltda.	21/06/1989	18/03/1997
166	Winner Distribuidora de Títulos e Valores Mobiliários Ltda.	18/07/1989	25/06/1992
167	Senso Distribuidora de Títulos e Valores Mobiliários S/A	02/08/1989	26/09/1989
168	Dinâmica S/A Distribuidora de Títulos e Valores Mobiliários	24/08/1989	21/06/1993
169	Tec-Invest Distribuidora de Títulos e Valores Mobiliários Ltda.	24/08/1989	24/03/2000
170	Produban - Distribuidora de Títulos e Valores Mobiliários S/A	05/09/1989	04/09/1991
171	Loba Distribuidora de Títulos e Valores Mobiliários Ltda.	02/01/1990	22/04/1991
172	Camargo Distribuidora de Títulos e Valores Mobiliários Ltda.	12/09/1990	17/01/1992
173	Tiara Distribuidora de Títulos e Valores Mobiliários Ltda.	12/09/1990	29/07/1991
174	LOR S/A - Distribuidora de Títulos e Valores Mobiliários	28/05/1991	03/11/1995
175	Divalores Distribuidora de Títulos e Valores Mobiliários Ltda.	26/06/1991	30/07/1998

Ordem	Nome da IF	Início	Término
176	Rumo Distribuidora de Títulos e Valores Mobiliários S/A	26/06/1991	18/10/1995
177	Florin Distribuidora de Títulos e Valores Mobiliários Ltda.	28/06/1991	20/12/1995
178	Mercante Distribuidora de Títulos e Valores Mobiliários Ltda.	18/07/1991	18/08/1995
179	Bandepe - Distribuidora de Títulos e Valores Mobiliários S/A	27/09/1991	17/03/1992
180	Dileta Distribuidora de Títulos e Valores Mobiliários Ltda.	01/11/1991	09/06/1994
181	Spread Distribuidora de Títulos e Valores Mobiliários Ltda.	02/07/1992	09/11/1994
182	Abono Distribuidora de Títulos e Valores Mobiliários Ltda.	04/11/1992	21/07/1993
183	Wall Street Distribuidora de Títulos e Valores Mobiliários Ltda.	04/11/1992	26/08/1993
184	Novobanc - Distribuidora de Títulos e Valores Mobiliários Ltda.	02/12/1992	22/03/1994
185	FBC Distribuidora de Títulos e Valores Mobiliários Ltda.	27/01/1993	17/01/1995
186	Padrao S/A Distribuidora de Títulos e Valores Mobiliários	18/11/1993	16/09/1994
187	C.R. 500 Distribuidora de Títulos e Valores Mobiliários Ltda.	11/07/1994	15/02/1996
188	Garavelo - Distribuidora de Títulos e Valores Mobiliários	20/07/1994	20/02/1995
189	Hércules Distribuidora de Títulos e Valores Mobiliários Ltda.	28/07/1994	11/08/1997
190	Brasbanco Distribuidora de Títulos e Valores Mobiliários Ltda.	16/09/1994	23/01/1996
191	Adolpho Oliveira & Associados Distribuidora de Títulos e Valores Mobiliários S/A	14/11/1994	14/03/1997
192	Seller Distribuidora de Títulos e Valores Mobiliários S/A	18/11/1994	25/04/1997
193	Produban - Distribuidora de Títulos e Valores Mobiliários S/A	25/01/1995	22/01/1996
194	Agrimisa Distribuidora - Títulos e Valores Mobiliários S/A	12/04/1995	18/03/2004
195	Nucleo Distribuidora de Títulos e Valores Mobiliários Ltda.	15/05/1995	07/03/1996
196	Econômico S/A Distribuidora de Títulos e Valores Mobiliários	11/08/1995	13/05/1996
197	Nacional Distribuidora de Títulos e Valores Mobiliários Ltda.	18/11/1995	18/11/1997
198	BFC Distribuidora de Títulos e Valores Mobiliários S/A	04/12/1995	19/08/2009
199	GNPP - Distribuidora de Títulos e Valores Mobiliários Ltda.	05/12/1995	19/03/2008
200	Investcorp Distribuidora de Títulos e Valores Mobiliários Ltda.	05/12/1995	15/07/1997
201	Lastro S/A Distribuidora de Valores Mobiliários	09/02/1996	06/09/1996
202	BFI - Distribuidora de Títulos e Valores Mobiliários S/A	17/04/1996	17/06/1997
203	Nova Distribuidora de Títulos e Valores Mobiliários Ltda.	17/04/1996	15/07/1997
204	TAS Distribuidora de Títulos e Valores Mobiliários Ltda.	20/06/1996	21/05/1998
205	VM Distribuidora de Títulos e Valores Mobiliários Ltda.	21/06/1996	19/08/1997
206	Arjel Distribuidora de Títulos e Valores Mobiliários Ltda.	21/02/1997	Ativo
207	Ativacao Distribuidora de Títulos e Valores Mobiliários Ltda.	21/02/1997	10/12/1997
208	Contrato Distribuidora de Títulos e Valores Mobiliários Ltda.	21/02/1997	28/06/1999

Ordem	Nome da IF	Início	Término
209	Mercado Distribuidora de Títulos e Valores Mobiliários Ltda.	21/02/1997	24/10/2002
210	Negocial S/A Distribuidora de Títulos e Valores Mobiliários	21/02/1997	14/12/2005
211	Olímpia Distribuidora de Títulos e Valores Mobiliários Ltda.	21/02/1997	27/01/1998
212	Split Distribuidora de Títulos e Valores Mobiliários Ltda.	21/02/1997	09/06/1999
213	Tibagi Distribuidora de Títulos e Valores Mobiliários Ltda.	21/02/1997	28/11/1997
214	Vitória Distribuidora de Títulos e Valores Mobiliários S/A	21/02/1997	07/01/1998
215	Empresarial Distribuidora de Títulos e Valores Mobiliários Ltda.	15/05/1997	09/07/2002
216	Convicta Distribuidora de Títulos e Valores Mobiliários Ltda.	26/05/1997	25/03/1998
217	Astra Distribuidora de Títulos e Valores Mobiliários Ltda.	11/08/1997	29/10/1998
218	Cedro Distribuidora de Títulos e Valores Mobiliários Ltda.	11/08/1997	07/08/1998
219	Distribuidora Interfinance de Títulos e Valores Mobiliários Ltda.	11/08/1997	28/11/1997
220	Hot Distribuidora de Títulos e Valores Mobiliários S/A	11/08/1997	24/06/2005
221	Trader Distribuidora de Títulos e Valores Mobiliários Ltda.	11/08/1997	22/10/1998
222	Nacional Distribuidora de Títulos e Valores Mobiliários Ltda.	18/11/1997	Ativo
223	BBC Distribuidora de Títulos e Valores Mobiliários Ltda.	15/05/1998	03/07/2003
224	BMD S/A Distribuidora de Títulos e Valores Mobiliários	15/05/1998	31/05/2011
225	Mafra Distribuidora de Títulos e Valores Mobiliários Ltda.	07/01/1999	24/10/2000
226	Banqueiroz Distribuidora de Títulos e Valores Mobiliários Ltda.	23/03/1999	30/12/2002
227	Distribuidora United de Títulos e Valores Mobiliários Ltda.	23/03/1999	04/12/2008
228	Girobank Distribuidora de Títulos e Valores Mobiliários Ltda.	10/05/1999	05/03/2003
229	Campanholi Distribuidora de Títulos e Valores Mobiliários Ltda.	02/06/1999	15/06/2000
230	Frota Distribuidora de Títulos e Valores Mobiliários Ltda.	02/06/1999	04/10/2001
231	Lavra Distribuidora de Títulos e Valores Mobiliários S/A	13/04/2000	05/03/2003
232	Objetiva - Distribuidora de Títulos e Valores Mobiliários Ltda.	17/04/2002	Ativo
233	Caravello S/A - Distribuidora de Títulos e Valores Mobiliários	07/02/2007	06/08/2010
234	Euro Distribuidora de Títulos e Valores Mobiliários S/A	16/06/2009	Ativo
235	Atrium S/A Distribuidora de Títulos e Valores Mobiliários	04/03/2011	25/07/2012
236	Equipe S/A Distribuidora de Títulos e Valores Mobiliários	24/08/2011	Ativo
237	Oboe Distribuidora de Títulos e Valores Mobiliários S/A	15/09/2011	09/02/2012
238	Oboe Distribuidora de Títulos e Valores Mobiliários S/A	09/02/2012	Ativo
239	Cruzeiro do Sul S/A Distribuidora de Títulos e Valores Mobiliários	04/06/2012	14/09/2012
240	Quantia Distribuidora de Títulos e Valores Mobiliários Ltda.	09/08/2012	Ativo
241	Cruzeiro do Sul S/A Distribuidora de Títulos e Valores Mobiliários	14/09/2012	Ativo

Consórcios que sofreram intervenção desde 1979

A lista dos chamados "consórcios" (formalmente designados "Empresas de Administração de Consórcios") também é grande e começou em 1979, quando o Ministério da Fazenda era o responsável pela fiscalização dessas entidades. A partir de 2002, a tarefa passou a ser feita pelo Banco Central do Brasil, cujos fiscais visitam regularmente os consórcios e monitoram suas contas. As administradoras de consórcios possuem duas contabilidades segregadas entre si: uma conta dos grupos de compradores das cotas do consórcio e outra conta da administradora. Na primeira, os ativos são constituídos pelas contribuições mensais e os passivos pelas parcelas devidas pendentes. Na segunda, os ativos são constituídos pelas entradas das taxas que cada grupo paga para a administradora gerenciar os consórcios e os passivos com os compromissos de entregar os objetos do "consórcio". Esses objetos, que inicialmente eram restritos a automóveis, hoje podem ser qualquer item material ou mesmo os serviços a serem contratados, ou ainda dinheiro para ser usado pelo consorciado, imaginado como se fosse uma poupança.

Os consórcios têm uma entidade de classe que os reúne (a filiação não é obrigatória), a Abac[94] (Associação Brasileira das Administradoras de Consórcios), que possui cerca de 300 consórcios espalhados pelo Brasil todo. Os consórcios têm rígidas obrigações contábeis, que usualmente são atendidas e cumpridas por algumas poucas empresas especializadas, visto que os *softwares* são extremamente complexos. De qualquer modo, o controle desses programas de computação, ainda que executado por terceiros, não inibe a responsabilidade dos gestores desses consórcios por sua acurácia. Sabemos que eles têm de enviar informações *online* para o Banco Central do Brasil e, portanto, para o órgão de fiscalização do Banco Central, com, também, sofisticados programas que apuram as falhas que porventura possam existir e que venham a comprometer a idoneidade do consórcio, ou seja, da administradora, de modo a não prejudicar seus consorciados.

---

94 Vide o site da ABAC em: http://abac.org.br/?p=home

As obrigações importantes das administradoras de consórcios[95] são a função de controles internos e a exigência de manter um manual desses controles internos atualizado. O BCB fiscaliza esse manual periodicamente e é conveniente mantê-lo em ordem, quer em papel, impresso, quer eletrônico e distribuído por toda a estrutura organizacional.

A seguir, será apresentada a relação das Administradoras de Consórcios que sofreram intervenção do Banco Central do Brasil e também do órgão do Ministério da Fazenda anteriormente encarregado de fiscalizá-las. A fonte é a mesma da qual o autor retirou a listagem dos bancos, das corretoras de valores e das distribuidoras de valores, do próprio Banco Central do Brasil. Os dados mais recentes referem-se a 2013.

Infelizmente, a falta de fiscalização permanente e atuante causou perdas a milhares de pessoas que investiram seu sofrido dinheiro nos consórcios, pagando as parcelas de seus "carnês" durante muitos meses, até que o seu consórcio "quebrasse", por fraudes, negligências, imperícia na sua gestão. Nossa listagem enumera mais de 200 consórcios que sofreram intervenção, sem que existissem processos eficazes de ressarcimento a quem investiu seu precioso dinheiro comprando cotas consorciais.

Isso não quer dizer que esse tipo de aplicação não seja interessante, pelo contrário, pois existem ótimas administradoras de consórcios que trabalham bem, possuem ótimos controles computadorizados e atendem bem seus clientes. Então, quem faz essas aplicações, precisa saber escolher onde vai colocar o dinheiro e ter certeza da seriedade da empresa escolhida, investigando bastante antes de decidir.

---

95 O autor é altamente especializado em sistemas de controles internos para todos os tipos de instituições financeiras e não financeiras que sejam controladas pelo Banco Central do Brasil, tais como bancos, corretoras de valores, distribuidoras de valores, consórcios e cooperativas de crédito.

Quadro 10: 164 Administradoras de consórcios com intervenção

Ordem	Administradoras de consórcios que sofreram intervenção	Início	Término
1	Sociedade Civil Administradora de Consórcios Almeida Prado	11/12/1979	28/10/1992
2	Auto Credi Sociedade Civil de Empreendimentos Ltda.	27/02/1981	06/02/1985
3	União Administradora e Consórcio Ltda. S/C	08/09/1982	07/03/1983
4	San Remo Administração de Negócios S/C Ltda.	05/01/1983	06/02/1985
5	Consórcio Capital Automotores S/C Ltda.	29/11/1984	09/11/1989
6	Consobrave - Administradora de Consórcios S/C Ltda.	26/06/1985	25/09/1986
7	Barros & Barros - Administração de Consórcios S/C Ltda.	12/11/1987	18/12/1987
8	Barros & Barros - Administração de Consórcios S/C Ltda.	18/12/1987	11/08/1995
9	Andorfato Assessoria Financeira Ltda.	08/01/1988	14/03/1989
10	Consórcio Real de Veículos S/C Ltda.	08/01/1988	14/03/1989
11	Fenix Empreendimentos S/C Ltda.	08/01/1988	08/07/1988
12	Villarandorfato Arrendamento de Bens e Consórcio Ltda.	08/01/1988	14/03/1989
13	Iguaçu Administradora de Consórcios S/C Ltda.	05/02/1991	05/02/1993
14	Savive Administradora de Consórcios S/C Ltda.	30/08/1991	10/06/1992
15	Sant Ana Administradora de Consórcios S/C Ltda.	17/10/1991	Ativo
16	Consorluna Administradora de Consórcios S/C	03/12/1991	25/01/1993
17	Tupa Empreendimentos S/C Ltda.	17/12/1991	26/02/1993
18	Itapemirim Empreendimentos e Consórcios S/C Ltda.	19/12/1991	31/03/1999
19	Planauto Administradora de Consórcios Ltda.	16/01/1992	Ativo
20	Líder Administradora de Consórcios S/C Ltda.	27/02/1992	11/07/1994
21	Universal Representações e Administrações S/C Ltda.	24/06/1992	10/03/1993
22	Unicon Consórcios Ltda.	01/07/1992	16/05/1995
23	Condecar S/C Administração de Negócios Ltda.	08/09/1992	24/11/1993
24	Nosso Administradora e Empreendimentos S/C Ltda.	08/09/1992	17/05/1994
25	Treisa Administradora de Consórcios S/C Ltda.	08/09/1992	28/09/1994
26	Consórcio Bandeirante S/C Ltda.	15/10/1992	03/11/1999
27	Reunidas Administradora de Consórcios S/C Ltda.	15/10/1992	18/03/2009
28	Credicon - Administradora de Consórcios S/C Ltda.	02/12/1992	10/06/1994
29	Novoinvest Consórcios S/C Ltda.	02/12/1992	10/02/1994
30	Administradora Itauto Ltda.	04/12/1992	21/01/1994
31	Newwcar - Administração Consórcios S/C Ltda.	28/12/1992	31/08/1994
32	SBC - Sociedade Brasileira de Consórcios Administradora de Bens Ltda.	09/02/1993	16/05/1996

Ordem	Administradoras de consórcios que sofreram intervenção	Início	Término
33	Feres Empreendimentos Sociais Ltda.	25/02/1993	24/11/1994
34	Belauto Administradora Ltda.	05/03/1993	21/11/1994
35	O Rei Administradora de Consórcios S/C Ltda.	20/05/1993	25/08/1994
36	Panorama Administração de Consórcio Ltda.	08/06/1993	17/11/1994
37	Ademe Administradora de Consórcios S/C Ltda.	13/10/1993	06/12/1994
38	Conpen Empreendimentos S/C Ltda.	13/10/1993	28/10/1994
39	Financon Administradora de Consórcio Ltda.	09/11/1993	09/09/1994
40	Consórcio BH Minas S/C Ltda.	06/12/1993	27/09/2000
41	Ricca Administradora de Investimentos S/C Ltda.	06/12/1993	19/10/1994
42	Realbras Administradora Brasileira de Serviços S/C Ltda.	17/01/1994	11/11/1994
43	Consórcio Nasser S/C Ltda.	17/02/1994	28/09/1994
44	Guajara Administradora de Consórcio S/C Ltda.	04/03/1994	04/06/1997
45	Administradora de Consórcio Nordeste S/C Ltda.	25/03/1994	24/06/1996
46	Dandauto Administradora de Consórcios S/C Ltda.	28/03/1994	13/02/1996
47	S/C Administradora Paulista de Consórcio Ltda.	16/06/1994	09/06/1995
48	Uniplan Administração e Consórcios Ltda.	16/06/1994	25/09/1997
49	Multicon Administradora de Consórcios S/C Ltda.	21/06/1994	23/02/1995
50	Garavelo & Cia.	20/07/1994	21/05/1996
51	Sakakura Administradora de Consórcios S/C Ltda.	21/07/1994	23/04/1996
52	Exacta Administradora Ltda.	28/07/1994	17/06/1997
53	Consórcio Mercantil S/C Ltda.	12/08/1994	26/07/2012
54	Satecar Administração de Consórcios Ltda.	23/09/1994	13/03/1996
55	Techcon Consórcio Nacional Ltda.	26/09/1994	03/04/1997
56	Commander - Administradora de Investimentos S/C Ltda.	11/10/1994	09/08/1995
57	Conroda - Administradora e Organizadora de Consórcios S/C Ltda.	11/10/1994	12/07/1995
58	Consórcio Nacional Garibalddi - Administradora de Consórcios S/C Ltda.	14/10/1994	19/06/1995
59	Conaben Administradora de Consórcios S/C Ltda.	08/11/1994	21/05/1996
60	Ban Consórcio Administração de Bens S/C Ltda.	17/11/1994	25/09/1996
61	Realcar Administradora de Consórcio Ltda.	17/11/1994	27/09/1996
62	Silva & Cia. Ltda.	17/11/1994	25/09/1996
63	Conven Consórcio de Veículos Nacionais S/C Ltda.	30/11/1994	01/10/1996
64	Conmovel - Consórcio Nacional de Moto Veículos e Eletrodomésticos S/C Ltda.	02/12/1994	01/10/1996
65	Administradora de Bens Belenense Ltda. S/C	15/12/1994	12/03/1996

Dinheiro podre

Ordem	Administradoras de consórcios que sofreram intervenção	Início	Término
66	Transvel Administradora de Consórcios S/C Ltda.	15/12/1994	04/07/1995
67	Trevo Administradora de Consórcios Ltda.	15/12/1994	23/04/1996
68	Brasilar Administração e Consórcios S/C Ltda.	16/12/1994	28/05/1996
69	Diniz Administradora de Consórcios Ltda.	16/03/1995	08/05/1996
70	Trans-Americana Consórcio Nacional Ltda.	16/03/1995	08/05/1996
71	Uniplan Administradora de Consórcios S/C Ltda.	20/03/1995	18/04/1996
72	AF Administradora de Consórcio Ltda.	05/04/1995	04/12/2007
73	Realbras Administradora Brasileira de Serviços S/C Ltda.	07/04/1995	03/11/1995
74	Mapel Massignan Empreendimentos e Participações S/C Ltda.	25/04/1995	18/03/1996
75	Consorte Administradora de Consórcios Ltda.	21/06/1995	12/03/1996
76	Fyber Administradora de Consórcios S/C Ltda.	21/06/1995	20/11/1996
77	Administradora Ubaense de Consórcios Ltda.	10/07/1995	04/06/1997
78	Brasicon Brasil Administradora de Sistema de Consórcio Ltda.	18/10/1995	01/10/1996
79	Expansão Administradora de Investimentos S/C Ltda.	26/10/1995	30/07/1996
80	Administradora de Consórcios Caxiense Ltda.	28/05/1996	20/05/1997
81	Consórcio Norte Sul Ltda.	23/12/1996	30/07/1998
82	Cavesa Administradora de Consórcio S/C Ltda.	15/01/1997	11/11/1997
83	Consórcio Nacional Tapajos Ltda.	15/01/1997	19/01/2005
84	Quinan Administradora de Consórcios Ltda.	18/03/1997	24/03/2000
85	Sequevel Administradora de Consórcios S/C Ltda.	21/05/1997	09/07/2002
86	Andorfato Assessoria Financeira Ltda.	03/09/1997	03/12/1998
87	Auto Plan Lar Empreendimentos Participações Negócios S/C Ltda.	03/09/1997	13/08/1998
88	Geraes Administradora de Consórcios Ltda.	07/01/1999	27/09/2000
89	Consórcio 'M' Ltda.	23/03/1999	22/05/2003
90	Girobank Administradora de Consórcios Ltda.	10/05/1999	05/03/2003
91	Marvel Administração de Consórcios S/C Ltda.	22/06/1999	20/03/2003
92	Assahi Serviços S/C Ltda.	15/10/1999	20/11/2002
93	Conauto Administradora de Consórcios S/C Ltda.	15/10/1999	05/11/2003
94	Consórcio Nacional Apis S/C Ltda.	15/10/1999	15/05/2002
95	Consórcio Nacional Ouro Fino S/C Ltda.	15/10/1999	13/11/2001
96	Consórcio Mineiro Ltda.	28/03/2001	13/12/2007
97	HM Administradora de Consórcios S/C Ltda.	28/03/2001	17/11/2004
98	Mappin Administradora de Consórcio S/C Ltda.	28/03/2001	24/10/2002

Ordem	Administradoras de consórcios que sofreram intervenção	Início	Término
99	Multplan Administradora Nacional de Consórcios S/C Ltda.	28/03/2001	24/10/2002
100	RSM Administradora de Consórcios S/C Ltda.	28/03/2001	22/10/2003
101	Uruguaiana Administradora de Consórcios Ltda.	28/03/2001	30/11/2005
102	Master Administradora de Consórcio S/C Ltda.	02/08/2001	12/09/2006
103	União Empreendimentos e Administração S/C Ltda.	02/08/2001	Ativo
104	Administradora de Consórcios Varaschin S/C Ltda.	13/09/2001	27/10/2004
105	Convert Administradora Nacional de Bens S/C Ltda.	13/09/2001	05/03/2003
106	Administradora Trilho Otero Ltda.	07/02/2002	21/11/2003
107	Empresa Brasileira de Consórcios S/C Ltda.	07/02/2002	30/09/2004
108	Bemfacil Administradora de Consórcios S/C Ltda.	21/02/2002	16/10/2003
109	Consórcio Nacional Liderauto Ltda.	21/02/2002	14/04/2004
110	Consórcio Nacional Litoral S/C Ltda.	21/02/2002	19/05/2004
111	União dos Revendedores Administradora de Consórcio Ltda.	21/02/2002	19/03/2008
112	Uniauto Administradora de Consórcios Ltda.	21/02/2002	01/04/2004
113	Autopoup Administração e Participações S/C Ltda.	16/05/2002	03/07/2003
114	Bomsenso Promoções Patrimoniais Ltda.	16/05/2002	25/04/2011
115	Buri Administradora de Consórcios S/C Ltda..	16/05/2002	14/04/2004
116	Marcas Reunidas Administradora de Consórcios S/C Ltda.	16/05/2002	Ativo
117	Ximenes Organização e Empreendimentos S/C Ltda.	16/05/2002	08/06/2004
118	Adec Administradora Espiritossantense de Consórcios Ltda.	01/08/2002	13/05/2004
119	Administradora de Consórcio Albuquerque S/C Ltda.	01/08/2002	02/09/2003
120	Assorede Administradora de Consórcios S/C Ltda.	01/08/2002	19/02/2004
121	Autobens Administração de Consórcios S/C Ltda.	01/08/2002	12/05/2009
122	Consórcio Nacional de Utilidades Utilar Uticar S/C Ltda.	01/08/2002	25/07/2003
123	Rodolar Administradora de Consórcio Ltda.	01/08/2002	28/01/2003
124	SBC Sistema Brasileiro de Consórcios S/C Ltda.	01/08/2002	17/11/2005
125	Sharp Administração de Consórcios S/C Ltda.	01/08/2002	29/06/2005
126	Ideal Administração de Consórcios Ltda.	16/10/2002	28/07/2005
127	Acaua Administradora de Consórcio S/C Ltda.	28/11/2002	18/03/2004
128	Consórcio Nacional Sigae Ltda.	28/11/2002	11/10/2006
129	Geral Record Empreendimentos Ltda.	16/01/2003	18/03/2004
130	São Braz Administradora de Consórcios Ltda.	16/01/2003	28/09/2005
131	Administradora de Consórcio Eldorado Ltda.	26/02/2003	19/03/2008

Dinheiro podre

Ordem	Administradoras de consórcios que sofreram intervenção	Início	Término
132	Samavel Administradora de Consórcios S/C Ltda.	26/02/2003	17/11/2005
133	Bela Vista Administradora de Consórcios Ltda.	22/05/2003	11/11/2004
134	Southecca Consórcios S/C Ltda.	22/05/2003	11/04/2006
135	Regional Corretora, Administração e Consórcios S/C Ltda.	15/08/2003	04/07/2008
136	Conab Consórcio Nacional de Bens Ltda.	04/09/2003	22/12/2004
137	Auto América Administradora de Consórcios Ltda.	27/11/2003	11/10/2007
138	Consórcio Nacional Autorede Ltda.	19/02/2004	07/08/2006
139	Consórcio Univolks Ltda.	03/06/2004	11/03/2005
140	Tedesco Administradora de Bens S/C Ltda.	21/10/2004	11/11/2009
141	Conslar Administração de Consórcios S/C Ltda.	09/12/2004	09/01/2006
142	Casa do Rádio Administradora de Consórcios Ltda.	14/01/2005	22/03/2007
143	Administradora de Consórcios Curitiba S/C Ltda.	11/03/2005	14/06/2006
144	Araranguaense Administradora de Consórcios S/C Ltda.	11/03/2005	08/11/2010
145	Garantia Administradora de Consórcio S/C Ltda.	09/06/2005	16/08/2007
146	Unyama Consórcio União de Revendedores de Motocicletas Ltda. S/C	07/07/2005	11/06/2008
147	Objetiva Administradora de Consórcios S/C Ltda.	28/09/2005	17/05/2007
148	Florisa - Administradora de Consórcios S/C Ltda.	16/03/2006	02/07/2009
149	Consórcio Nacional Cidadela S/C Ltda.	01/11/2006	17/04/2009
150	Contempla Consórcio Nacional S/C Ltda.	11/07/2007	17/04/2009
151	Consórcio Nacional Santa Ignez S/C Ltda.	10/07/2008	02/12/2010
152	Empreendimentos Mafra Ltda.	10/07/2008	Ativo
153	CBN Administradora de Consórcios Ltda.	07/08/2008	15/07/2010
154	Iatto Empreendimentos Ltda.	03/07/2009	26/07/2012
155	Consórcio Fiorelli Administração de Bens S/C Ltda.	11/03/2010	19/06/2013
156	Guarujá Veículos Administradora de Consórcios Ltda.	12/08/2010	Ativo
157	Regata Administradora de Consórcios S/C Ltda.	12/08/2010	31/10/2012
158	Libra Administradora de Consórcios Ltda.	03/09/2010	Ativo
159	Confiança Administradora de Consórcio Ltda.	17/02/2011	Ativo
160	Tevecar Administração Ltda.	17/02/2011	27/07/2012
161	Marcos Marcelino Administradora de Consórcios S/S Ltda.	15/09/2011	18/09/2013
162	Motomax Administradora de Consórcios Ltda.	15/09/2011	Ativo
163	Consavel Administradora de Consórcios Ltda.	07/02/2013	Ativo
164	DJC Administradora de Consórcios Ltda.	07/02/2013	Ativo

Intervenção em cooperativas de crédito

Segundo o Banco Central do Brasil, uma cooperativa de crédito é uma prestadora de serviços financeiros[96]. De acordo com o BCB: *"As cooperativas de crédito se dividem em: singulares, que prestam serviços financeiros de captação e de crédito apenas aos respectivos associados, podendo receber repasses de outras instituições financeiras e realizar aplicações no mercado financeiro; centrais, que prestam serviços às singulares filiadas, e são também responsáveis auxiliares por sua supervisão; e confederações de cooperativas centrais, que prestam serviços a centrais e suas filiadas".*

Apesar da aparente elegância da definição, elas quebram também como qualquer instituição financeira, e não raras vezes prejudicando seus associados e comprometendo seus diretores. O dinheiro vem dos associados, que na liquidação podem perder tudo...

Apresentamos a seguir a listagem das 39 cooperativas de crédito que sofreram intervenção (quadro 11):

Quadro 11: 39 Cooperativas de crédito com intervenção

Ordem	Cooperativas de crédito que sofreram intervenção	Início	Término
1	Cooperativa Agrícola de Minas Gerais Ltda.	13/07/1965	27/04/1967
2	Cooperativa Banco de Crédito de Itabira	13/07/1965	13/09/1967
3	Banco Rural do Paraná Ltda. Sociedade Cooperativa	04/01/1966	04/09/1978
4	Cooperativa Banco Crédito Federal Ltda.	15/06/1966	11/06/1980
5	Cooperativa Carioca de Crédito Popular, Sociedade de Responsabilidade Ltda.	31/05/1968	09/04/1980
6	Crédito Paulista Sociedade Cooperativa Ltda.	12/02/1969	26/06/1970
7	Cooperativa de Crédito Popular Capital Bandeirante - SOC. Responsabilidade Ltda.	10/03/1969	12/11/1969
8	Cooperativa de Crédito Mobim Ltda.	13/03/1969	23/08/1978
9	Cooperativa de Crédito Mútuo dos Militares e Servidores Públicos	07/04/1969	24/11/1969
10	Banco de Crédito Popular União Sociedade Cooperativa de Responsabilidade Ltda.	29/08/1969	23/04/1980

---

96 Conforme o site do BCB em: http://www.bcb.gov.br/pre/composicao/coopcred.asp

Dinheiro podre

Ordem	Cooperativas de crédito que sofreram intervenção	Início	Término
11	Cooperativa de Crédito Mauá de Bage Ltda.	06/10/1969	07/02/1974
12	Cooperativa Central Instituto de Pecuária da Bahia Responsabilidade Ltda.	27/01/1970	20/08/1980
13	Banco de Crédito Rural do Paraná Sociedade Cooperativa	19/03/1976	18/12/1979
14	Cooperativa de Crédito da Capital de Minas Ltda.	08/04/1976	11/04/1978
15	Banco de Crédito Solar - Sociedade Cooperativa de Responsabilidade Ltda.	03/11/1977	28/05/1980
16	Cooperativa de Crédito dos Plantadores de Cana de Pernambuco Ltda. - Cooplan	28/03/1980	26/03/1981
17	Cooperativa Crédito Bauru Ltda.	21/03/1985	20/03/1986
18	Cooperativa Crédito Bauru Ltda.	20/03/1986	01/12/1987
19	Cooperativa de Crédito Rural de Panelas Ltda.	09/12/1988	04/03/1993
20	Cooperativa de Crédito dos Plantadores de Cana de Pernambuco Ltda. - Cooplan	17/06/1991	03/04/1997
21	Cooperativa de Crédito dos Lavradores de Cana de Açúcar do Estado do RJ Ltda.	26/09/1995	05/09/1996
22	Cooperativa de Crédito Rural Itapetinga Responsabilidade Ltda.	26/09/1995	08/05/1996
23	Cooperativa de Crédito Rural de Teresópolis Ltda.	28/12/1995	23/01/1997
24	Cooperativa de Crédito Rural de Campos Ltda.	19/07/1996	23/01/1997
25	Cooperativa de Crédito Rural de Macae Ltda.	19/07/1996	29/08/1997
26	Cooperativa de Crédito Rural de Aracaju Ltda. - Aracredi	23/12/1997	22/10/1998
27	Cooperativa de Crédito Rural de Nova Friburgo Ltda.	15/10/1999	06/12/2000
28	Cooperativa de Econ. e Cred. Mútuo dos Empr. em Emp. Pri. de Telecomun. - Creditel	11/10/2001	03/10/2003
29	Coopetfes - Coop. Economia e Cred. Mútuo Serv. Escolas Tec. e Agrot. Fed. do ES Ltda.	11/10/2001	03/10/2003
30	Cooperativa de Crédito Popular de Olímpia	08/04/2004	04/03/2010
31	Credibom - Cooperativa de Economia e Crédito Mútuo dos Servidores Públicos Militares e Defesa Civil do Estado do Rio de Janeiro Ltda.	14/01/2005	25/03/2008
32	Cooperativa de Crédito Rural do Vale do Paraíba Ltda.	13/02/2009	Ativo
33	Cooperativa de Economia e Crédito Mútuo dos Comerciários de Iguatama Ltda.	13/02/2009	Ativo
34	Cooperativa de Crédito Rural do Vale do Subaé	09/12/2009	Ativo
35	Cooperativa de Crédito Rural do Pantanal	29/06/2011	Ativo

Ordem	Cooperativas de crédito que sofreram intervenção	Início	Término
36	Cooperativa de Crédito Rural de Rio Bonito Ltda.	15/03/2012	Ativo
37	Cooperativa de Economia e Crédito Mútuo dos Trabalhadores Metro-Ferroviários e Aeroviários de Porto Alegre e Região	27/09/2012	Ativo
38	Cooperativa de Crédito Rural do Litoral Vale do Itajaí e Norte Catarinense - Credialves	06/12/2012	Ativo
39	Unânime - Cooperativa de Economia e Crédito Mútuo dos Servidores Públicos do Poder Executivo do Estado do Ceará	08/03/2013	Ativo

Quadro geral das intervenções

No total, foram 944 empresas visadas pelo Banco Central, das quais 876 (92,8% do total) foram liquidadas, ficando 68 remanescentes. As Distribuidoras de Títulos e Valores Mobiliários (DTVM) somaram o maior número, 204 ou 21,6% do total, seguidas pelas administradoras de consórcio, com 163, ou 17,3%. No segmento de bancos, é preciso somar os bancos comerciais (114) com os bancos múltiplos (60), bancos investimento (16), bancos de desenvolvimento (8) e a Caixa Econômica Estadual (1), totalizando 199 instituições bancárias submetidas a regime especial de 1946 até 2013. Destas, existem ainda 13 que são remanescentes e, portanto, não tiveram seus regimes especiais encerrados. São principalmente as mais recentes, que iremos examinar uma a uma.

Ainda no que diz respeito a bancos, temos alguns casos em que houve intervenção direta ou indireta do Fundo Garantidor de Crédito, como os casos do Banco Panamericano e do Banco Schahin, cujas situações serão detalhadas mais à frente. Os dados aqui apresentados pelo quadro 12 foram retirados da lista do site do Banco Central do Brasil em sua última versão (2013)[97].

---

[97] Vide http://www4.bcb.gov.br/Lid/Liquidacao/d1946/d1946tpe.asp?idpai=REGESP

Quadro 12: Intervenções por tipo de empresa

Quadro por tipo de empresa desde 1946 - BCB			
Tipo de Empresa	Submetidas a regime especial	Estágio atual Encerradas	Estágio atual Remanescentes
Sociedade Distribuidora de TVM	204	196	8
Administradora de Consórcio	163	152	11
Sociedade Corretora de TVM	114	107	7
Banco Comercial	101	100	1
Outras Empresas	86	74	12
Banco Múltiplo	60	48	12
Sociedade de Crédito, Financiamento e Investimento	49	46	3
Cooperativa de Crédito	39	31	8
Sociedade de Crédito Imobiliário	38	38	0
Administração e Participação	31	30	1
Sociedade de Arrendamento Mercantil	17	15	2
Banco de Investimento	16	14	2
Banco de Desenvolvimento	8	8	0
Sociedade Corretora de Câmbio	4	4	0
Caixa Econômica Estadual	3	3	0
Sociedade de Crédito Imobiliário - Repassadora	3	2	1
Associação de Poupança e Empréstimo	2	2	0
Capitalização	2	2	0
Seguradora	2	2	0
Arrendamento Mercantil / Leasing	1	1	0
Montepio	1	1	0
TOTAL	944	876	68

O caso do Grupo Garavelo

O Grupo Garavelo[98] foi criado por Luiz Antônio Garavelo, que, na cidade paulista de Lins, em 1956, iniciou uma pequena indústria de móveis em fórmica, denominada Konda Cia. Ltda., com sócios japoneses, para em seguida, sozinho, criar a Móveis Douglas Ltda. Com o crescimento dessa última, outras empresas são expandidas nos setores de construção civil,

---

98 Fonte: http://www.maismagazine.com.br/materias.php?idM=750

loteamentos e agricultura. Em 1964, surgiu a instituição dos consórcios no Brasil, oportunidade aproveitada por Garavelo. Esse consórcio então cresce no país todo. Da empresa de consórcios, Garavelo cria, em seguida, um banco, com milhares de clientes.

Em 1994, com a introdução do Plano Real, as empresas e bancos que viviam às custas da inflação, que chegava a 30% em um único mês, captando dinheiro sem remunerá-lo, ficam com um rombo enorme, consequência da súbita queda das taxas de inflação, que caíram para 1% ao mês. Isso levou à falta de liquidez de caixa, que é mortal, levando o Banco Central do Brasil a fechar muitas instituições financeiras. Garavelo ousou muito, pois poderia ficar só com seu consórcio, mas quis ter seu banco. Acontece que ser banqueiro implica conhecer profundamente esse tipo de negócio, cheio de regras, leis, sistemas de fiscalização, múltiplos controles e, acima de tudo, profissionais experientes na atividade bancária. Por essas razões mal costuradas por Garavelo, sofreu intervenção global em todas empresas, não apenas no banco.

A intervenção das empresas de Garavelo, com consequências muito traumáticas e ainda não resolvidas, tem dezenas de processos judiciais correndo ainda em 2016[99], na finalização deste livro, pois o grupo bancário e de consórcios prejudicou pessoas que compraram os planos e não receberam nem os prêmios, nem os bens aguardados, nem tiveram seu dinheiro restituído. A intervenção do Banco Central (no banco, na corretora de valores, na distribuidora e na empresa de participações) foi feita 20 dias depois de decretado o Plano Real, em 20 de julho de 1994, sendo um dos primeiros e maiores bancos impactados.

A crise do banco já havia começado muito antes. O balanço de 1992, dois anos e meio antes da liquidação, mostrava que o Banco Garavelo havia perdido 649% de seu patrimônio de abertura, ou seja, 4,6 milhões de dólares. Além disso, exibia nessa data uma má liquidez corrente, de apenas 85%[100], indicando

---

99 Fonte: http://www.jusbrasil.com.br/busca?q=Luiz%20Antônio%20Garavelo

100 Para o autor, que acompanha e analisa o setor bancário há 34 anos (de 1980 a 2014), a liquidez corrente (ou sua medida), quando baixa, é o melhor indicador de que o banco irá ter (ou já tem) problemas sérios, pois indica uma insolvência no curto prazo que na maioria das vezes é terminal, ou seja, mortal.

que o banco não tinha dinheiro para cumprir com suas responsabilidades em curto prazo, e uma altíssima alavancagem, de 30 vezes seu patrimônio líquido, e um prejuízo de mais de US$ 4 milhões. Um ano depois, o balanço do banco é ótimo: se inverte a liquidez corrente para um bom patamar de 156%, aparece um grande lucro líquido de R$ 2,2 milhões e excelente rentabilidade, o que, evidentemente, era muito estranho. Isso sugeria manipulação contábil, principalmente pela mudança profunda da estrutura do passivo e as fontes de financiamento se alteram profundamente, entre 1992 e 1993, com o crescimento de depósitos interfinanceiros. Ou o banco havia consertado o motor em pleno voo (um milagre) ou havia alguma fraude.

O Banco Central, em fiscalização ao Banco Garavelo, "constatou que a empresa tinha um déficit financeiro da ordem de R$ 15 milhões e uma pendência de 1.500 bens não entregues aos seus 14.635 consorciados[101]". Isso corresponde a uma apropriação do patrimônio de seus consorciados. O Grupo Garavelo mantinha consórcios de automóveis, área em que era uma das maiores empresas, com representações nas maiores capitais brasileiras. Era o sexto colocado em consórcios de veículos e o quarto colocado na área de consórcios de motos e tratores. Tinha, inclusive, consórcios de aeronaves.

Uma das irregularidades constatadas pelo Banco Central era a de concessão de empréstimos a outras empresas da *holding* Garavelo, constituída por banco, construtora, imobiliária, lojas de eletrodomésticos, seguradora, corretora de valores, empreendimentos agropecuários e uma importadora de veículos coreanos Hyundai[102]. A chamada "troca de chumbo" (lembra dela?) foi um fortíssimo indício de malandragem e, portanto, um importante indicador de que a instituição e o grupo de empresas deviam sofrer intervenção. A liquidação do Consórcio Garavelo teve grande impacto no mercado[103], mas, estranhamente, o Banco Central recomendou que os consorciados continuassem pagando.

A Garavelo tinha 271 grupos de consorciados em carros, 22 grupos em imóveis, 112 grupos em motos e eletrodomésticos, 11 grupos em tratores. Segundo o então presidente do Banco Central, Pedro Malan, um dos motivos

---

101 Conforme a *Gazeta Mercantil* de 21/7/94, p. 18.
102 *Ibidem*.
103 Conforme relata o *Diário do Comércio* de 21/7/94.

da intervenção foi a enorme pendência na entrega de bens aos consorciados, decorrente da incapacidade financeira da administradora[104].

A revista *Veja* comentou[105]: *"O Banco Garavelo estava em dificuldade desde o primeiro semestre, mas só depois do Plano Real é que o tamanho do buraco veio à tona; os problemas começaram na administradora do consórcio, que deve 1.500 carros ou outros artigos a pessoas já contempladas. O grupo pertence ao empresário Luiz Antônio Garavelo e tinha uma imagem de empresa sólida até a semana passada. Garavelo é dono de fazendas, tem negócios imobiliários e produz óleo de mamona no Nordeste, além de ter as empresas financeiras".* Infelizmente, a *Veja* e os mercados estavam errados: os problemas do Grupo Garavelo eram antigos, conforme o próprio balanço de 1992 já revelava!

Em 5 de novembro de 1999, o dono do Garavelo, Luiz Antônio Garavelo, foi condenado a 11 anos de prisão[106]. Sua mulher, Deise Garavelo, também havia sido condenada. Contudo, ele não foi preso por fraudar o sistema financeiro e sim por ser o mandante da morte do investigador Luís Carlos Soares, que teria sido amante da mulher. Os muitos processos dos consorciados tentando receber suas aplicações de volta estavam ativos ainda em 2015 e, portanto, 21 anos após a intervenção do Banco Central[107]. Houve também tentativa de culpar o Banco Central pela ausência de fiscalização. Mas o juiz concluiu que: *"Na espécie, incide a teoria da responsabilidade subjetiva e, sendo assim, mostra-se indispensável para a caracterização da culpa, a comprovação da existência de algum ato irregular da Administração para daí decorrer a obrigação de indenizar. 4.- No presente caso, não há como responsabilizar a Autarquia, uma vez que inexiste a prova do nexo de causalidade entre o insucesso do Consórcio Nacional Garavelo e as alegadas insuficiências ou omissões de fiscalização. Apelação a que se nega provimento*[108].

---

104 Conforme relata o *Diário do Comércio* de 21/7/94.

105 Revista *Veja*, 27/7/94, p. 94.

106 *Jornal do Grande ABC* em: http://www.dgabc.com.br/Noticia/101275/dono-de-consorcio--e-condenado-a-11-anos-de-prisao

107 Vide http://www.jusbrasil.com.br/topicos/48423837/garavelo-cia-consorcio-nacional-garavelo

108 Vide http://www.jusbrasil.com.br/topicos/48423837/garavelo-cia-consorcio-nacional-garavelo e especificamente TRF-2 - Apelação Cível AC 190889 RJ 99.02.02125-5 (TRF-2).

Banespa e a insegurança no mercado

Um dos casos mais famosos dessa época é o do Banespa, segundo maior banco estatal (vinha logo depois do Banco do Brasil) e o maior banco estadual. A intervenção do Banco Central ocorreu em 31 de dezembro de 1994, juntamente com a do Banerj. O país que vinha da fase do "milagre brasileiro", dos anos 1970, passou por uma forte redução em seu ritmo de crescimento, o que, combinado com os aumentos exponenciais da inflação, causou enorme dificuldade nos grandes bancos estaduais, especialmente no Banerj e no Banespa, conforme mostra o quadro 13 abaixo:

Quadro 13: Crescimento do Produto Real Brasileiro, % ao ano

Crescimento do Produto Real Brasileiro, % ao ano		
Período		% ao ano
Início	Fim	
1921	1930	3,70%
1931	1940	4,60%
1941	1950	5,50%
1951	1960	7,20%
1961	1970	6,00%
1971	1980	7,00%
1981	1990	2,24%

Fonte: dados da FGV.

Foi um lance traumático e causou muita insegurança no mercado financeiro. Mas o quadro desses dois bancos já era conhecido pelos especialistas. No dia 7 de setembro, três meses antes da intervenção, o jornal *O Estado de S. Paulo*[109] antecipou os problemas do Banespa em função de um estudo da EFC. Os lucros mensais do Banespa haviam caído de uma média de R$ 24 milhões/mês para R$ 12 milhões/mês, comparando-se o primeiro semestre de 1994 (quando a inflação foi muito alta, período do pré-real) com o primeiro mês do Real, julho de 1994. Mas, ao lado desses dados, o jornalista observava que a liquidez corrente[110] continuava muito

---

109 Jornal *O Estado de S. Paulo*, artigo de Fábio Pahim Jr. e Flávio Ribeiro de Castro, Caderno de Economia, 7/9/94.

110 A liquidez corrente é dada pelo quociente do ativo circulante com o passivo circulante e indica o grau de solvência do banco no curto prazo. Espera-se que um banco tenha liquidez corrente próxima (ou maior) de um.

baixa, igual à de 1993, 46%. A liquidez média dos bancos no Brasil na época era de 95%, significando que, na média, eles possuíam 95 centavos de real disponíveis no curto prazo para cada real que deveriam pagar no mesmo prazo. Portanto, o Banespa apresentava um grave problema de liquidez, expresso claramente em seus balanços. Ou seja, com liquidez corrente de 0,46, para cada real devido, faltava ao Banespa 54 centavos, ou seja, 54% de seu passivo de curto prazo. Não há banco que se sustente com esse furo de liquidez no curto prazo.

Os balanços do Banespa mostravam bons lucros, mas, ao mesmo tempo, a liquidez corrente era muito baixa e a captação de recursos de terceiros crescia muito, o que, no mínimo, indicava um quadro com pouca consistência, conforme se vê no quadro 14 a seguir:

Quadro 14: Dados das demonstrações financeiras do Banespa S/A

Banespa S/A	31/12/1992	31/12/1993	30/06/1994	30/09/1994
Item	12 meses	12 meses	6 meses	3 meses
Ativo circulante, R$ mil	4.630.624	4.698.330	5.620.752	11.858.230
Passivo circulante, R$ mil	8.890.546	10.223.170	11.880.598	19.730.563
Patrimônio líquido, R$ mil	1.161.118	1.338.750	1.420.540	1.639.706
Lucro líquido, R$ mil	149.791	213.471	149.010	84.313
Depósitos interfinanceiros, R$ mil	504.663	492.899	1.088.886	3.766.036
Índice de liquidez corrente	0,521	0,460	0,473	0,60%
Rentabilidade patrimonial anualizada, %	12,90%	15,90%	22,10%	22,20%
Depósitos interfinanceiros / Patrimônio líquido, %	43%	37%	77%	230%

Fonte: balanços publicados e arranjo do autor.

A rentabilidade patrimonial é a medida do lucro de um banco quando comparado com o dinheiro que seus acionistas possuem no banco, o chamado "patrimônio líquido". No caso do Banespa, foi observado que a rentabilidade patrimonial anualizada era crescente, vindo de 12,9% em 1992 para 22,2% no terceiro trimestre de 1994, ao lado de uma péssima liquidez corrente de, em média, 0,53, significando que para cada real que ele deveria pagar faltavam 47 centavos. Se os bancos fossem ordenados por índices decrescentes de liquidez, o Banespa sempre estaria em último lugar. Além disso, cada vez mais o Banespa dependia de dinheiro emprestado por outros bancos, por meio dos chamados "depósitos interfinanceiros", que cresceram de meio bilhão de reais, em 1992, para 3,8 bilhões, em setembro de 1994, quando o Banco captava 230% de seu patrimônio líquido com outros bancos. Algo estava errado com o Banespa... A explicação para o aparente paradoxo veio em seguida à intervenção do Banco Central, ocorrida[111] por ocasião da posse do novo presidente, Fernando Henrique Cardoso. "Meu problema não é emitir moeda, se a situação dos bancos não se normalizar (referindo-se aos bancos que sofreram intervenção, o Banespa e o Banerj), outras alternativas terão que ser previstas; é inaceitável que continuem dependendo de recursos do Banco Central. No caso do Banespa, isso implica inevitavelmente renegociar a dívida de US$ 8,5 bilhões, que o estado de São Paulo acumulou junto ao banco", explicou Pérsio Arida, presidente do Banco Central na época. Ou seja, o estado de São Paulo devia uma fortuna ao Banespa, que emprestava para várias empresas estaduais; como elas não pagavam e o Banespa não contabilizava tais empréstimos inadimplentes em créditos de liquidação, eles não apareciam, colocando os juros (não recebidos também) como "receitas", criando um resultado contábil falsamente favorável.

Ioshiaki Nakano, recém-empossado secretário da Fazenda de São Paulo, em contrapartida, avisara que com o Raet, não pagaria a parcela de cerca de R$ 500 milhões de juros que venceria em janeiro de 1995. A confusão havia se iniciado. A intervenção[112] atingiu bens de ex-administradores, e entre eles, pessoas que ocuparam cargos importantes no governo:

- Murillo Macedo, que ocupou a presidência do Banespa até 11 de janeiro de 1994, e que fora ministro do Trabalho do governo Figueiredo e ex-secretário de Habitação do governo Quércia;
- Luiz Gonzaga de Mello Belluzzo, que foi secretário de Ciência, Tecnologia e Desenvolvimento Econômico, em 1990, e secretário especial de Assuntos Econômicos do Ministério da Fazenda de 1985 a 1987;
- O ex-presidente do Banespa, Carlos Augusto Meinberg e pelo menos duas dezenas de outros funcionários do banco.

---

111 Em verdade, a data do Raet é de 31/12/1994 e a posse do novo presidente do Brasil ocorreu em 1/1/1995. O Raet é o Regime de Administração Especial Temporária que o Banco Central do Brasil usa para intervir em bancos.

112 Conforme detalha a *Gazeta Mercantil* de 2 de janeiro de 1995.

No dia 3 de janeiro de 1995, o interventor do Banco Central indicado para assumir a administração do Banespa, Altino da Cunha, informou que iria desligar 1.390 funcionários do Baneser – Serviços Técnicos e Administrativos, que custavam mensalmente R$ 10 milhões e estavam lotados na presidência do banco. Além disso, iria reduzir o número de diretorias do banco de 22 para nove, dispensando também todo o pessoal de apoio e assessoria das diretorias extintas[113].

O caso da intervenção do Banco Central no Banespa é um dos mais complicados da então safra de intervenções ocorridas após o início do Plano Real. Ele se desdobra em um meandro de situações distintas, que inclusive envolveram uma disputa política pesada entre os ex-governadores do estado de São Paulo, Orestes Quércia e Luís Antônio Fleury Filho, e o governador na época, Mário Covas. Mas a lista de grandes devedores inadimplentes, especialmente empresas privadas, parecia não estar sendo contestada. O quadro 15 dá uma amostra dessas principais dívidas privadas:

Quadro 15: Os dez maiores devedores do Banespa

Os dez maiores maiores devedores do Banespa	US$ milhões
1 Cooperativa Agrícola de Cotia	442,0
2 Viação Aérea São Paulo - Vasp	202,9
3 Paraquímica S/A Indústria e Comércio	110,9
4 Grupo Mendes Junior	93,7
5 Construtora Tramex S/A	74,8
6 Gurgel Motores S/A	56,9
7 Indústria Nardini S/A	50,5
8 Grupo São jorge	44,8
9 Grupo Olvebra	39,8
10 Cia. Agrícola e Pastoril Vale do Rio Grande	30,3
Total	1.146,3

Fonte: *Gazeta Mercantil*, página A-10, edição de 4/9/1995; elaboração do autor.

---

113 Segundo a *Gazeta Mercantil* de 6 de janeiro de 1995.

Os devedores inadimplentes selecionados como "casos grandes" totalizavam, segundo o inquérito do Banco Central que investigou a questão do Banespa e separou os 22 maiores casos privados, US$ 3,2 bilhões[114], praticamente duas vezes o patrimônio líquido que o banco acusava em seus balanços oficiais. Entre as causas mencionadas pelo trabalho de investigação do Banco Central estavam procedimentos inaceitáveis pela boa prática bancária, conforme mostra o quadro 16[115]:

Quadro 16: Irregularidades em empréstimos do Banespa

Empresa	Irregularidades na concessão de empréstimos efetuados pelo Banespa.
Cotia	Alta concentração de risco; liberação de novos recursos quando a empresa já estava inadimplente; elevados compromissos com outras instituições; elevação dos limites cadastrais pelo departamento de crédito após conhecimento de tais fatos; falha da auditoria em perceber essa situação. Subsidiária da Cooperativa em Amsterdã recebeu do Banespa US$ 25 milhões e não tinha sequer ficha cadastral.
Vasp	Elementos indicativos de atos e omissões contrárias ao Estatuto do Banco; tratamento especial do Banespa, mesmo após a privatização; falta de avaliação técnica em aeronaves dadas como garantia; preços dessas aeronaves superavaliados (em 3 delas, 250% a mais).
Paraquímica	Foram desconsideradas a falta de tradição da empresa, a incompatibilidade do seu porte com os valores liberados, garantias insuficientes, restrições cadastrais do principal acionista, Paulo Macruz, que estava na lista negra do Banco Central desde 1989.
Mendes Júnior	Empréstimos irregulares a várias empresas do grupo.
Tratex	Créditos concedidos sem observância das normas relativas à segurança e liquidez que devem pautar as operações das instituições financeiras.
Gurgel	O Banespa emprestou mais do que a capacidade financeira requerida e acima do limite de crédito; recursos foram liberados antes da constituição das garantias.
Nardini	Créditos deferidos em desrespeito às mais elementares normas da boa técnica bancária; quando os créditos foram concedidos, a situação da empresa era péssima, com passivo a descoberto e ausência de faturamento nos últimos seis meses.
Grupo São Jorge	Apesar do histórico de inadimplência do grupo, a agência Augusta e o comitê de crédito voltaram a autorizar novas operações e adiantamentos, sem levar em conta os princípios da segurança, liquidez e rentabilidade.
Grupo Olvebra	Desvirtuamento de uma operação de "Fixed Rate Notes", usada para pagar empréstimos com outros bancos.
Vale do Rio Grande	Absoluto desrespeito às mais elementares normas da boa gestão e da boa técnica bancária, como a ocorrência, quando o crédito foi fornecido, de passivo a descoberto, protestos, ausência de faturamento nos últimos seis meses, cadastro ainda sendo feito, crédito superior à capacidade financeira da empresa.

Fonte: Banco Central, elaboração do autor.

---

114 Conforme destaca a *Gazeta Mercantil* em sua edição de 4/9/1995, p. A-10.

115 Reprodução de textos extraídos da *Gazeta Mercantil* de 4/9/95, p. A-10.

Uma das grandes confusões que atingiram o Banespa e que certamente teve influência em sua perda de liquidez, e na consequente intervenção do Banco Central, foi o caso das operações ARO, ou operações de antecipação de receita entre o Banespa e o governo do Estado. Explicando melhor: operações ARO são empréstimos do Banespa ao tesouro paulista por supostas antecipações de receitas previstas, as quais deveriam ser liquidadas quando o numerário entrasse efetivamente. Esse tipo de operação, atualmente, é chamado popularmente de "Pedalada Fiscal" e deu início ao processo de *impeachment* de Dilma Rousseff, em 2016. Em 1994, porém, ainda não existia a Lei de Responsabilidade Fiscal, e as implicações legais eram menores...

A situação do Banespa, segundo Yoshiaki Nakano, secretário da Fazenda de São Paulo do governo Covas, cujo mandato começou em 2 de janeiro de 1995, era parte do quadro geral encontrado em São Paulo, herdado do governo Fleury, conforme diz o próprio Nakano sobre o governador anterior: *"Falta de comando, ausência de diretrizes, descaso com a coisa pública e desrespeito aos contribuintes"*. Acrescentando: *"A crise do Banespa não é um caso isolado, o explosivo crescimento do serviço da dívida pública e das sentenças judiciais, o acúmulo de pagamentos atrasados e o aumento da folha salarial, aprovado no último ano da gestão Fleury, levaram o Tesouro Estadual à falência"*[116].

As operações ARO, contudo, foram denunciadas a partir de representação dos interventores do Banespa à Justiça Federal, que acolheu a denúncia contra dois ex-presidentes do Banespa, Antônio Hermann Dias Menezes de Azevedo e Ricardo Dias Pereira, que atuaram na gestão do governador Orestes Quércia (1987–1990). Eles foram acusados de infringir a Lei do "Colarinho Branco" e as regras que regulam o sistema financeiro, mais especificamente a lei que determina que o acionista controlador não pode emprestar para si mesmo. As operações ARO correspondiam, segundo a *Gazeta Mercantil*[117], *"a aproximadamente 1/3 dos R$ 12 bilhões de dívidas que o Governo do Estado de São Paulo possuía junto ao Banespa"* (referência de 1995). Mais tarde, a *Gazeta*

---

116 *Gazeta Mercantil*, 3 de janeiro de 1995.
117 Edição de 8 e 9 de julho de 1995, p. B-7.

Mercantil esclareceu detalhes[118], explicando que as operações ARO realizadas por Quércia, no segundo semestre de 1990, *"são responsáveis pelo passivo a descoberto do Banespa no valor de US$ 4,248 bilhões em dezembro de 1994"*, conforme o relatório do Banco Central que investigou as irregularidades e publicado em 4 de setembro de 1995[119].

No dia seguinte à divulgação do Relatório do Banco Central, que objetivava criar uma base jurídica para publicação do balanço do Banespa com um patrimônio líquido negativo, o ex-governador Orestes Quércia reage e escreve à *Gazeta Mercantil* uma carta publicada em seguida[120]. Nela, em essência, Quércia diz o seguinte: *"As operações ARO (feitas por ele) foram pagas em dezessete de fevereiro de 1992 com financiamento obtido pelo então Governador Fleury para pagamento em três anos a partir de março de 1995. Este novo financiamento foi rolado, juntamente com as demais dívidas do Estado das estatais (Metrô, Dersa, Fepasa, Unesp, Ceagesp e Cetesb), em junho de 1992, para pagamento em 12 anos, com expressa autorização do Conselho Monetário Nacional. Em 31 de dezembro de 1994, as prestações estavam perfeitamente em dia"*[121].

A confusão estava formada! Quércia entrou com mandado de segurança para impedir que o balanço do Banespa fosse publicado com patrimônio negativo (que poderia permitir seu enquadramento e de Fleury na Lei do "Colarinho Branco") e o juiz concedeu a liminar. Até agosto de 1997, o público não conhecia a verdadeira situação do Banespa de 1994 e a sua evolução até 1997. Contudo, as dificuldades do Banespa envolviam também os problemas com plano de aposentadoria. De fato, quase todos os bancos públicos, estaduais ou federais estavam na época com dificuldades na área de previdência, dificuldades estas que foram desnudadas pelo Plano Real e pelo consequente "desaparecimento" da inflação, que com o efeito dos ganhos inflacionários criava uma verdadeira névoa sobre essas deformações. O Banespa não escapou dessa situação. Diz reportagem

---

118 Edição de 5 de setembro de 1995.

119 Esse relatório foi publicado com exclusividade pela *Gazeta Mercantil* em 4/9/1995.

120 Edição de 5 de setembro de 1995, p. B-5.

121 *Ibidem*.

sobre o assunto[122]: *"Segundo cálculos dos técnicos do Banco Central, em 31 de dezembro de 1994, o passivo atuarial do Banespa montava a US$ 1,875 bilhão, devido ao abono complementar da aposentadoria e pensão dos funcionários admitidos antes de 1974".*

Nos cinco anos anteriores, o Banespa havia pago ou provisionado para essa rubrica US$ 2,392 bilhões, importância que "contribuiu para agravar a crise de liquidez que o banco atravessa", segundo o relatório do Banco Central que investigou as causas da intervenção[123].

Por causa da questão Banespa e de sua intervenção, dois longos anos foram tomados por complexas negociações entre o governo do Estado de São Paulo e o governo federal. O acordo, que acabou ainda envolvendo a rolagem da dívida de São Paulo e diversos de seus ativos, tais como o próprio Banespa, a Fepasa etc., ainda dependia, em junho de 1997, de aprovação pelo Senado. Pedro Malan, ministro da Fazenda, anuncia a futura terceirização do Banespa, para depois privatizá-lo[124]: *"A situação do Banespa já foi resolvida, tendo sido descartada a ideia de separá-lo em duas partes (uma formada por ativos bons e outra pela parte ruim)".* Acrescentando que *"o setor público não é mais viável com os atuais preceitos constitucionais".*

O leilão de privatização do Banespa durou apenas 15 minutos, com três lances apenas, em novembro de 2000. Valores muito discrepantes marcaram o leilão: o comprador, o espanhol Banco Santander, ofereceu R$ 7,05 bilhões, enquanto o Unibanco, o segundo a dar lance, ofereceu R$ 2,1 bilhões, e o Bradesco ofereceu R$ 1,8 bilhão. Com a compra, o Santander assumiu uma posição de destaque no *ranking* dos bancos brasileiros. O quadro 17 mostra um estudo onde se evidencia o novo tamanho do Banco Santander após a compra do Banespa, em comparação com os maiores bancos brasileiros da época.

---

122 Reportagem da *Gazeta Mercantil* de 5 de setembro de 1995.
123 Mesma fonte da nota anterior.
124 *Gazeta Mercantil* de 30 de junho de 1997, p. B-1.

Quadro 17: Comparação dos dados dos principais
bancos após a compra do Banespa

Banco	Funcionários	Valores em R$ 1.000	
		Ativos Totais	Patrimônio Líquido
BB	90.378	144.439.461	7.528.220
CEF	102.337	124.349.430	3.959.143
BRADESCO	53.852	61.626.621	7.007.264
ITAÚ	39.263	48.980.766	6.820.046
UNIBANCO	18.740	35.034.700	4.186.492
BANESPA	29.443	28.352.016	4.444.201
ABN-AMRO	20.085	26.910.458	4.442.248
HSBC	19.559	16.919.830	1.001.306
SANTANDER BRASIL	3.382	18.999.496	1.246.198
SANTANDER + BANESPA	32.825	47.351.512	1.246.198
PL do Santander somado ao valor pago pelo Banespa (R$7,05 bilhões)			8.296.198

O Santander Brasil ficou, então, em terceiro lugar em ativos totais no sistema privado de bancos e em quinto lugar se considerássemos os ativos totais do Banco do Brasil e da Caixa Econômica Federal. Foi um belo jeito de se tornar um dos principais bancos de varejo em pouquíssimo tempo.

Escândalo na compra do Banco Noroeste pelo Santander

O Banco Noroeste, que pertencia às famílias Simonsen e Cochrane, foi vendido para o Santander em 1998, mas logo em seguida se descobriu que o executivo, Nelson Sakaguchi, a partir de uma agência do Noroeste do Caribe, havia desviado grande soma de dinheiro, US$ 242 milhões. A história desse desvio é cheia de lances do tipo 007, envolvendo nigerianos, uma pseudoconstrução de um aeroporto na Nigéria e acusações entre Sakaguchi e o ex-banqueiro Leo Cochrane Júnior.

Notícias do jornal *O Estado de S. Paulo*, de 17 de janeiro de 2014[125], dizem que Nelson Tetsuo Sakaguchi foi condenado a seis anos de prisão

---

125 Fonte: http://economia.estadao.com.br/noticias/geral,justica-condena-ex-executivo-do-
-banco-noroeste,175570e

(com direito de apelar em liberdade) pelo desvio de US$ 242 milhões do Banco Noroeste. Esse fato foi descoberto logo após a venda do Noroeste para o Santander. O fato curioso é que Sakaguchi teria depositado dinheiro na conta de uma mãe de santo (diz o jornal, algo da ordem de US$ 4 milhões), que morreu durante o processo.

Passados 16 anos, o Banco Santander consolidou sua posição no mercado bancário brasileiro, chegando a ser o quinto maior em ativos, depósitos e número de agências, mas o quarto em patrimônio líquido, item que ultrapassou a Caixa Econômica Federal.

Esse crescimento se deve também aos bancos que foram adquiridos pelo Santander, conforme se lê na história desse banco espanhol no Brasil[126]: "*Em 1997, o Grupo Santander adquiriu o Banco Geral do Comércio S/A, um banco de varejo de médio porte, que subsequentemente mudou seu nome para Banco Santander Brasil S/A. No ano seguinte, o Grupo Santander adquiriu o Banco Noroeste S/A para fortalecer ainda mais a sua posição como um banco de varejo no Brasil. Em 1999, o Banco Noroeste foi incorporado pelo Banco Santander Brasil. Em janeiro de 2000, o Grupo Santander adquiriu o Banco Meridional S/A (incluindo a subsidiária Banco Bozano, Simonsen S/A), um banco atuante em serviços bancários de varejo e atacado, principalmente no sudeste do Brasil. Apesar de operar no Brasil por meio de diferentes pessoas jurídicas, o Grupo Santander Brasil tem sua administração e funções gerenciais centralizadas desde 2000. Em 2006, o Grupo Santander Brasil, mediante aprovação de seus acionistas e do Banco Central, consolidou todas as suas participações em uma única pessoa jurídica – Banco Santander Banespa S/A, que posteriormente teve sua denominação alterada para Banco Santander (Brasil) S/A, simplificando, assim, a sua estrutura societária e fiscal, melhorando sua eficiência operacional e reduzindo os custos administrativos por meio da integração e do aprimoramento de diferentes plataformas de TI. Em 2007, o Grupo Santander implementou um programa de unificação de sua marca.*"

---

126 Fonte: https://www.santander.com.br/portal/wps/script/templates/GCMRequest.o?page=6413

O caso do Banerj

O Banco do Estado do Rio de Janeiro, sucessor do BEG, Banco do Estado da Guanabara, sofreu intervenção do Banco Central em 31 de dezembro de 1994, mesma data da intervenção do Banco Central no Banespa. As razões foram similares, pois ambas as instituições passavam por grande aperto de liquidez.

A falta de dinheiro para cumprir suas obrigações, um grande crédito com o governo do Estado por ter, em seu nome, financiado obras públicas (em especial, o Metrô do Rio de Janeiro), problemas na área previdenciária (Previ–Banerj), questões de qualidade da administração etc. seriam causas que levaram o Banerj para a posição de ter que sofrer intervenção do Banco Central. Mas, tal como o Banespa, suas agências não foram fechadas, o que teria sido extremamente traumático[127].

O governo do Rio de Janeiro, recém-eleito, optou por privatizar rapidamente o Banerj, montando ele próprio um programa de privatização, que antes passaria por uma terceirização de sua administração, cujo administrador seria escolhido por um processo de concorrência. Haveria um período de um ano para o banco ser saneado, a partir do qual seria privatizado por uma segunda concorrência, da qual o administrador não poderia participar.

O *Diário Oficial da União*, em 3 de outubro de 1995, sete meses após a intervenção do Banco Central no Banerj, publicou dois balanços, o primeiro tal como seria mostrado se o Raet (Regime de Administração Especial Temporária) não tivesse ocorrido, e o segundo com as correções propostas e aprovadas pela nova administração e pela nova empresa de auditoria contratada após a intervenção.

De um patrimônio líquido positivo de R$ 193,506 milhões, o balanço virou para um patrimônio líquido negativo de R$ 1,032 bilhão. Ambos os balanços feitos[128] por auditores independentes.

---

127 O Banco Econômico, que tinha agências em todo o Brasil, teve de fechá-las, com todos os seus correntistas (milhares) com seu dinheiro, depósitos, aplicações etc. bloqueados. Uma total falta de sensibilidade das autoridades bancárias e do governo.

128 O auditor antigo era Bianchessi & Cia. Auditores; o novo, após o Raet foi a Price Waterhouse Auditores Independentes.

Como já explicamos sobre o conceito do patrimônio de um banco, precisamos explicar melhor o que é patrimônio negativo. Significa que todos os bens que o banco possui, as instalações, o dinheiro em caixa, o dinheiro que emprestou para seus clientes, enfim, todos os seus haveres foram "financiados" com dinheiro de terceiros, seus depositantes, fornecedores, suas dívidas não pagas, ou seja, seu passivo devedor.

Um banco nunca pode ter (segundo nossas leis) um patrimônio negativo, terá de ser imediatamente "capitalizado" (que significa seus sócios colocarem dinheiro próprio no banco ou arrumarem novos acionistas que aportem capital). Ou então ser liquidado pelo Banco Central.

No quadro 18, está o balanço patrimonial relativo ao ano de 1994 e a Demonstração de Resultado do Banerj em duas situações, antes da intervenção do Banco Central via Raet e depois dessa intervenção, ambas para o exercício de 1994. Os balanços são retratos de um dado instante, no caso duas datas próximas do fim do ano de 1994; a Demonstração de Resultado corresponde a um filme do que aconteceu durante o ano de 1994, ou seja, a soma das receitas e das despesas, e, por conseguinte, a "sobra" positiva ou negativa desse ano.

Examinando esses dados, notamos que os ativos diminuíram de R$ 3,966 bilhões para R$ 2,325 bilhões, ou seja, o balanço antes do RAET estava "inflado" em R$ 1,641 bilhão. O prejuízo cresceu de R$ 140,6 milhões para R$ 307,1 milhões, mais que o dobro, entre as duas avaliações. Como a empresa de auditoria mudou (para melhor), pode-se deduzir que as demonstrações financeiras anteriores estavam fraudadas.

Quadro 18: Dois balanços do Banerj, duas auditorias

Banco do Estado do Rio de Janeiro	31/12/1992	31/12/1993
Alterações Patrimoniais do Raet	depois do Raet	antes do Raet
Balanço Patrimonial	R$ 1.000	R$ 1.000
Ativo Circulante	1.260.919	2.706.840
Passivo Circulante	2.543.098	3.689.462
Ativo Permanente	141.543	104.801
Total do Ativo	2.325.305	3.966.141
Lucro Líquido	-307.105	-140.645
Patrimônio Líquido	-1.032.216	193.506

Em 31 de julho de 1995, sete meses após a intervenção do Banco Central no Banerj, o governo fluminense apresentou um documento ao BC no qual propunha o caminho para saneamento do Banerj, para posteriormente privatizá-lo. O documento partia da premissa de que o BC e o Estado "não são esferas com capacidade de gestão de empresa para solucionar uma situação financeira séria como a do Banerj[129]", palavras de Marco Aurélio de Alencar, secretário estadual de Planejamento do governo do Rio de Janeiro. O plano previa 12 meses para que a gestão terceirizada auditasse a situação patrimonial e financeira, revisasse os processos críticos do Banco, agregasse valor e modelasse a venda do banco. Previa ainda mais dois meses para negociação com o governo federal, para liquidação da dívida estadual com o banco, rolagem da dívida estadual e mais dois meses para o processo de privatização. Esse programa, em linhas gerais, foi cumprido. O Banco Central, em 9 de agosto de 1995, aceitou, em princípio, o plano proposto pelo Rio de Janeiro, dando início ao processo.

O Banerj, na fase de saneamento, tinha a receber R$ 1,8 bilhões do Metrô, conclusão da Assembleia Legislativa do Rio, através de uma CPI que durou cinco meses, que concluiu sobre a dívida. Contudo, a dívida do governo com o Banerj totalizava R$ 2,374 bilhões, mas o governo estadual só reconhecia R$ 628 milhões[130]. Na concorrência pública para administrar o Banerj por terceirização, ganha o Banco Bozano-Simonsen, do Rio de Janeiro, já familiarizado, portanto, com a cidade.

Em 23 de janeiro de 1997, quando o Banerj já estava sendo administrado pelo Bozano-Simonsen havia meses, a Assembleia Legislativa aprovou o pedido do governador Marcello Alencar para a rolagem de R$ 15 bilhões a ser efetuada com o governo federal, o que viabilizaria o saneamento da instituição[131]. Pelo acordo, o estado do Rio absorveria todo o passivo trabalhista e previdenciário do Banerj (que foi efetivamente liquidado em 31/12/1996, após o Raet), passivo esse que englobava um déficit atuarial de cerca de R$ 1,3 bilhão da Caixa de Previdência dos Funcionários do Banco, a Previ Banerj, garantindo todos os

---

129 Declarações à *Gazeta Mercantil* de 1º de agosto de 1997.
130 Segundo menciona a *Gazeta Mercantil* de 2 e 3 de setembro de 1995, p. B-4.
131 Segundo a *Gazeta Mercantil* de 23 de janeiro de 1997, p. B-4.

direitos para os ex-funcionários. O governo do Estado teria 30 anos para pagar sua dívida, com juros de 7,5% ao ano, mais correção pelo IGP-DI.

Em 26 de junho de 1997, dois anos e meio após a intervenção do Banco Central no Banerj, o controle acionário é vendido em leilão para o Banco Itaú, que então cresce no ranking dos maiores bancos de varejo brasileiro, aproximando-se um pouco mais do Bradesco, o maior banco privado brasileiro. A disputa pelo controle do Banerj envolveu diversos bancos nacionais e estrangeiros.

A própria General Eletric, por intermédio de seu ramo financeiro, a GE Capital, ficou até o fim na disputa, ao lado do Bradesco e do Itaú. Em fase anterior, eram concorrentes também o francês Banco CCF, o norte-americano Bank of Boston, o BBA Creditanstalt (associação de brasileiros com o banco austríaco), de olho nas 193 agências do Banerj concentradas na segunda maior praça do Brasil, o Rio de Janeiro. Mas, ao final, levou o Itaú, que se aproveitou de várias privatizações para crescer muito no Brasil todo.

Principais intervenções de 1995

O Plano Real, desde julho de 1994, veio ceifando os bancos que estavam despreparados para conviver com a baixa inflação, viciados que estavam em ter receitas inflacionárias.

Em 12 de abril de 1995, o Banco Central decretou a liquidação extrajudicial do Banco Agrimisa S/A e da Agrimisa Distribuidora de Títulos e Valores Mobiliários S/A, que, antes de fazer parte do Grupo Góes Cohabita, pertencia, em 1989, ao governo mineiro e foi a primeira instituição financeira do país a ser privatizada.

O Banco foi fechado devido a um problema de liquidez, pois suas operações foram encerradas com um rombo de R$ 54 milhões na conta de reserva bancária. Tratou-se do 12º banco liquidado no país desde a implantação do Plano Real, e o segundo em Minas Gerais, sendo que o primeiro foi o pequeno Banco Hércules.

Em função das graves irregularidades constatadas em suas contas, e até com a condução do caso ao Ministério Público para as medidas legais cabíveis, o Banco Central decretou, no dia 25 de dezembro, a liquidação extrajudicial do Banco Irmãos Guimarães (BIG)[132].

O Banco Open (e sua corretora) foi o oitavo a ser liquidado desde o Plano Real, no dia 23 de janeiro, devido ao passivo estar descoberto em R$ 12,9 milhões. O Banco Central constatou que o descasamento entre as operações ativas e passivas existia porque o banco captava recursos interfinanceiros no curto prazo e financiava a compra de carros no longo prazo[133]. Isso é um claro exemplo de má gestão, pois esse desencontro de ativos de longo prazo com passivos de curto prazo acaba com a liquidez corrente.

Banco do Estado de Alagoas – Produban

O caso do Banco do Estado de Alagoas, chamado de Produban, será tratado separadamente, por ser o primeiro banco estadual de pequeno porte que sofreu intervenção após o Plano Real. A intervenção no Banco do Estado de Alagoas (Produban), no dia 25 de janeiro de 1995, com um passivo a descoberto no total de R$ 8,1 milhões, mostrou funcionamento normal sob a administração de quatro funcionários do Banco Central[134]. Embora o Produban fosse um banco estadual, na época de sua liquidação, em janeiro de 1995, o Proes (o programa específico que foi criado mais tarde para acabar com a "roubalheira" dos bancos estaduais) não existia. Esse programa foi surgir apenas em 2002 e se destinou a acabar com os enormes passivos dos bancos comandados pelos governadores estaduais, que apreciavam ganhar com o dinheiro parado nesses bancos, sem ser remunerados. Com o evento do Plano Real, e a queda brusca da inflação dos níveis mensais próximos de 30% para menos de um dígito, esses bancos perderam essa facilidade e muitos deles quebraram.

---

132 *Diário do Comércio* - 28/8/95.
133 *Diário do Comércio* - 24/1/95.
134 *Diário do Comércio* - 24/1/95.

Econômico: anomalias nos balanços de 1993 e 1994

O caso do Banco Econômico foi emblemático, por causa da brutal intervenção do Banco Central, que simplesmente fechou todas as agências desse banco subitamente, do dia para a noite.

O Banco Econômico[135] foi constituído em 1834. Em meados do século retrasado, subscrevia a dívida do estado da Bahia. Cresceu, principalmente pela incorporação de instituições de crédito imobiliário, até se tornar o sexto maior banco do país. Em 1995, o Banco Econômico possuía quase um milhão de depositantes, 9.500 funcionários e 70 mil pequenos acionistas. O Grupo Econômico era constituído por 59 empresas, dos mais variados setores e segmentos da economia: fazendas, mineralogia, petroquímica, sucos de frutas, refrigerantes, papel e celulose etc. Tinha participações na Açominas e na Copene.

O exame dos balanços de 1993 e de 1994 do Banco Econômico já acusava alguns problemas críticos, especialmente ligados ao nível de imobilização e à liquidez corrente, mostrados no quadro 19 abaixo:

Quadro 19: Demonstrações financeiras do Banco Econômico, 1993 e 1994

Item do ativo e do passivo, US$ 1000	31/12/1993	31/12/1994	Variação, %
Ativo Circulante, AC	2.225.670	5.059.370	127%
Passivo Circulante, PC	3.212.998	7.123.302	122%
Ativo Total, AT	4.415.460	8.867.373	101%
Captação no Mercado Aberto, CMA	136.671	1.030.982	654%
Outras Obrigações Diversas, OOD	155.793	1.086.076	597%
Patrimônio Líquido, PL	444.563	728.439	64%
Ativo Permanente, AP	471.790	459.600	-3%
Contas de Resultado, US$ 1000			
Receitas Financeiras, RF	40.750	95.193	134%
Ganhos com Passivos sem Encargos, GPSE	29.750	190.193	539%
Lucro Líquido, LL	40.750	95.193	134%
Indicadores Financeiros			
Liquidez Corrente LC=AC / PC	69%	71%	3%
Liquidez Corrente Média do Mercado	93%	94%	1%
Grau de Imobilização GI = AP / PL	106%	63%	-41%
Grau de Imobilização Médio do Mercado	89%	68%	-24%
Rentabilidade Patrimonial = LL / PL	9%	13%	43%
Rentabilidade Média do Mercado	11%	12%	9%

135 Fonte: http://www2.camara.leg.br/atividade-legislativa/comissoes/comissoes-temporarias/parlamentar-de-inquerito/51-legislatura/cpiproer/51-legislatura/cpiproer/relatoriofinal/cap3economico.pdf

Os dados mostram que, em 1993, o Banco Econômico estava com uma imobilização de 106%, portanto superior a 100%, o que é absolutamente irregular e problemático, mostrando que o dinheiro estava na forma de terrenos, edifícios, equipamentos e instalações em 6% maior do que seu patrimônio. Nesse ano, a imobilização média do mercado era de 89% e qualquer valor acima de 100% era absolutamente problemática. O Banco Central limitou essas imobilizações em relação a todo dinheiro aplicado, já que um banco não é uma imobiliária.

Os 106% significava que todo o ativo imobilizado do Banco estava sendo financiado por empréstimos e que estava com capital de giro (recursos para manter o negócio funcionando, como pagamento de fornecedores e funcionários) negativado. Além disso, a liquidez corrente era muito baixa, apenas 69%, o que indicava que lhe faltavam 31 centavos de dólar para cada dólar de passivo a pagar no horizonte de um ano. Como o passivo circulante era de US$ 3,2 bilhões, o "furo" de liquidez no balanço de 1993 era de 31%, US$ 3,2 bilhões, ou seja, 1 bilhão! Esses dados foram conhecidos em março de 1994, em balanço publicado.

A situação no fim de 1994 era similar do ponto de vista de liquidez, quando o índice de liquidez corrente aumentou ligeiramente, passando de 69% para 71%, ainda muito inferior à média de mercado que era de 94%. Com esse dado, pode-se dizer que o furo de liquidez, em dezembro de 1994, cresceu para US$ 1,5 bilhão.

E como outros bancos da época, um milagre aconteceu no ano seguinte, e o balanço, inexplicavelmente, apareceu muito melhor. Publicado em março de 1995, o balanço do Econômico de 1994 mostra a surpreendente melhora do grau de imobilização, que diminuiu dos já comentados 106% para 63%; a explicação numérica era simples: o ativo permanente regrediu e o patrimônio líquido cresceu muito. A explicação efetiva só iria aparecer um ano mais tarde, com a liquidação do Econômico pelo Banco Central.

O Banco Econômico, em virtude de problemas de liquidez, começou a frequentar o redesconto do Banco Central, uma espécie de socorro à falta de dinheiro para pagar seus compromissos de curto prazo. Nos primeiros dias de agosto de 1995 (portanto mais de um ano depois da análise apresentada no quadro 19, a imprensa especializada destacava[136]: "*O BC quer R$ 250 milhões do Econômico*". O texto explica que o Banco Central havia dado um prazo até o final do mês de agosto de 1995 para o banco aportar R$ 250 milhões ao BC e amortizar parte de sua dívida com o Banco Central. Ângelo Calmón de Sá, controlador do banco, tentava negociar com quatro grupos petroquímicos (Odebrecht, Mariani, Suzano e Ultra) a obtenção desse dinheiro para atender o seu passivo, que, contudo, devia ser bem maior.

Elpídio Mattos, destacado analista e jornalista da *Gazeta Mercantil*[137], escreveu, em 11 de agosto de 1995, no mesmo dia em que, na parte da tarde, o Banco Central interveio no Econômico: "*Inflação menor derruba lucro do Banco Econômico*", atribuindo a queda do lucro líquido do primeiro semestre, de R$ 36 milhões (queda de 33% em relação ao mesmo semestre de 1994), à perda das receitas do *float* que, no primeiro semestre de 1994, fora de R$ 156 milhões e, em 1995, caíram para R$ 267 mil, apenas. Elpídio, já prevendo o que estava para acontecer, assinalava que o balanço não fazia a abertura da rubrica "Obrigações por empréstimos", impedindo de se verificar de quanto era o montante devido ao Banco Central por redesconto. E que os saldos dessas obrigações por empréstimos não batiam com as estimativas que circulavam no mercado sobre os compromissos do redesconto, superiores a R$ 1 bilhão. Mas o balanço publicado apresentava lucro e era auditado por uma importante empresa internacional de auditoria.

No mesmo dia da intervenção do Banco Central no Econômico, ele publicou seu balanço semestral (relativo ao primeiro semestre de 1995). No "Relatório da Administração", peça obrigatória dos balanços, a mensagem começou com uma análise do Plano Real e caminhou por uma análise do desempenho do banco, mostrando que a rentabilidade do semestre, se anualizada, "aumentaria para 10,21%[138]" (em verdade não aumentaria, apenas mudou a base de referência).

---

[136] *Gazeta Mercantil*, 4/8/95, p. B-2.

[137] Elpídio Mattos, já falecido, era considerado o decano dos jornalistas de economia da *Gazeta Mercantil*.

[138] Conforme aparece textualmente na *Gazeta Mercantil* de 11/8/95, p. A-11.

Mas isso não era o principal ponto. O Parecer dos Auditores Independentes[139] reproduzido na parte inferior da folha publicada[140] diz textualmente: *"Alguns títulos da dívida pública mantidos em carteira pelo Banco são avaliados pelo valor de face"*. Ao analista[141] não escapou o fato de que tal observação não fora publicada na Gazeta Mercantil. E, ademais, registrar na contabilidade títulos públicos (quais? quantos?) pelo "valor de face" é algo absolutamente irregular, e os auditores internacionais sabem disso. "As normas (também internacionais) mandam contabilizar títulos pelo valor de aquisição mais o custo de mantê-los ou pelo valor do mercado, o menor dos dois."

Ou seja, se o mercado avaliava os títulos abaixo do valor de face, paciência, é preciso registrá-los pelo valor mais baixo para não distorcer o balanço. Essas coisas são apenas a ponta do iceberg, mas são significativas como indicadores de que algo não estava bem com o Econômico.

Em 11 de agosto de 1995, o Banco Central decreta a intervenção do Banco Econômico, no mesmo dia em que seu balanço era publicado. A reação dos usuários do Banco na Bahia, prejudicados pelo fechamento de inúmeras agências bancárias, foi de protesto violento, lembrando que no caso da intervenção do Banco Central no Banespa e no Banerj, as agências não foram fechadas, continuaram operando normalmente.

O próprio senador Antônio Carlos Magalhães, do PFL-BA, considerava a possibilidade de responsabilizar o Banco Central por prevaricação, *"omissão diante da crise do Econômico, que começou em janeiro de 1994"*[142].

Benito Gama, deputado federal (PFL-BA) e relator da Comissão do Sistema Financeiro da Câmara diz: *"Queremos saber por que se chegou a tal grau de deterioração do Econômico sem que fossem acionadas salvaguardas pelo Banco Central, que tinha obrigação de acompanhar o banco"*[143]. A nação toda e os milhares de correntistas que tiveram suas contas bloqueadas, suas

---

139   Assina o parecer Ernest & Young Auditores Independentes S/C.
140   *Gazeta Mercantil*, 11/8/95.
141   A análise foi feita pela EFC Engenheiros Financeiros & Consultores.
142   Conforme cita a *Gazeta Mercantil* em 15/8/95: *"O PFL baiano pressiona o Banco Central"*.
143   Ibidem.

vidas complicadas por algo que em nada era de suas responsabilidades, as empresas correntistas do Econômico, que ficaram sem caixa para pagar seus compromissos, também tinham a mesma questão. Que de modo algum está respondida.

Tentando achar uma solução urgente para o Econômico, o governo da Bahia ofereceu a solução de "estadualização" do banco, mas isso repercutiu mal junto à opinião pública, e o presidente da República (FHC), envolvido com os aspectos políticos do caso, "*passa o dia tentando se explicar*"[144]. Diz, então, que o "*Tesouro Nacional não colocará nem um tostão no Econômico*". Socorrido pelo presidente do Banco Central, este explica: "*Sem as garantias reais, não se suspenderá a intervenção no banco e não se justifica o Regime de Administração Temporária pleiteado (pelo senador baiano), pelo qual o banco reabriria as portas e atenderia aos saques dos clientes com recursos do banco Central*". Para estadualizar o banco, o governo da Bahia teria de aportar R$ 1,8 bilhão, sendo R$ 1,5 bilhão para reequilibrar o patrimônio e R$ 300 milhões para readequar a instituição às regras da Basileia (declarações de Gustavo Loyola, presidente do Banco Central)[145]. Gradativamente, os problemas do Banco Econômico começaram a aparecer na imprensa.

Em 23 de agosto, um repórter de Brasília[146] relata que o "*Banco Econômico remeteu pelo menos R$ 162,14 milhões para Grand Cayman, que foram para o Transworld Bank &Trust*", banco do qual o Econômico tinha 30% (mas Ângelo Calmon de Sá tinha o restante com outros diretores do banco). Em 24 de agosto de 1995, a *Gazeta Mercantil* publicou[147] que "*só a diretoria viu a cor do lucro do Econômico; o lucro de R$ 36 milhões do balanço foi fictício, mas gerou polpudas gratificações aos mais de trinta diretores da instituição, depositadas nas contas dos diretores na manhã do dia 11 de agosto, horas antes da intervenção*".

---

144 Manchete de primeira página da *Gazeta Mercantil* de 17/8/1995, sete dias depois da intervenção.

145 Primeira página da *Gazeta Mercantil* de 17/8/95: "*O futuro fica incerto para o Econômico*".

146 Rodrigo Mesquita, repórter de Brasília da *Gazeta Mercantil*, em 23/8/1995.

147 *Gazeta Mercantil* de 24/8/95, Caderno de Finanças.

Em 30 de agosto de 1995, as manchetes destacaram[148]: "*Econômico financiava suas empresas*", explicando que o Banco Central comprovou a existência de contas fantasmas, empréstimos irregulares e a prática de operações com as empresas coligadas do grupo, proibidas por lei.

Para uma adequada medida dos estragos que o caso Econômico gerou, é preciso levar em consideração que dos seus 800 mil cliente, metade era de pessoas físicas e jurídicas do Estado da Bahia, o que levou a Justiça baiana a suspender por 15 dias os protestos de títulos nos cartórios do estado, medida inédita na Bahia[149]. Quase 55 mil empresas pagavam seus salários pelo Banco Econômico.

Maria Christina Carvalho, conceituada editora de finanças da *Gazeta Mercantil*[150], fez uma reportagem sobre a criação, em estudo, do Fundo de Seguro de Depósitos, "*que já nascerá com um passivo dos correntistas do Banco Econômico, em estudo pela Febraban e por técnicos do Banco Central*", lastreado por contribuições dos bancos com dinheiro novo.

The Economist comentou[151]: "*Banco Econômico, o mais recente mico brasileiro*". E após explicar o que é "mico", na gíria brasileira, detalhou: "*800 mil depositantes, um banco de 161 anos, o primeiro banco privado nascido como tal, o oitavo maior, assolado por má administração, folha de pagamentos inchada, empréstimos vencidos, ajuda diária de US$ 1 bilhão, 279 agências isoladas com cordões e policiais. A garantia de US$ 21.000 por conta, segundo ACM, não basta, é preciso proteção total. Já existem pedidos de inquéritos. O Banco Central havia ficado imóvel enquanto conhecidos investidores, silenciosamente, esvaziavam suas contas durante meses, prevendo o que iria acontecer*".

Em setembro de 1995, dois meses após a intervenção traumática do governo no Banco Econômico, os especialistas jurídicos estudaram a lei que modifica a responsabilidade do acionista controlador, para torná-lo solidário com o banco que comanda, no caso de intervenção. E estudaram, também,

---

148 *Gazeta Mercantil*, p. B-2 de 30/8/95.
149 Conforme destaca a *Gazeta Mercantil* de 30/8/1994 na p. B-2.
150 Editora da *Gazeta Mercantil*, que escreveu sobre o tema em 24/8/95.
151 Citado na *Gazeta Mercantil* de 28/8/1995.

algum instrumento para evitar que a situação se deteriorasse a ponto de obrigar o Banco Central a fechar a instituição. O governo ainda foi obrigado a lançar mão de Medida Provisória[152] para privilegiar o pagamento de linhas de crédito comercial de instituições sob intervenção ou liquidação extrajudicial.

Três Fundos de Pensão[153] – Previ (dos funcionários do Banco do Brasil), Centrus (dos funcionários do Banco Central) e Petrus (dos funcionários da Petrobrás) – detinham R$ 200 milhões em créditos no Banco Econômico; o rombo total do banco seria[154] de R$ 3,2 bilhões, valor do redesconto provocado no Banco Central. A ideia das fundações seria transformar seus créditos em ações no novo banco que fosse surgir ou as ações das petroquímicas que estavam em poder do Econômico. Essa perda potencial das fundações sugere questões de exame de qualidade de crédito e/ou de pressões de natureza política envolvendo suas participações.

Em setembro de 1995, um mês após o fechamento[155] do Econômico, o primeiro interessado não aceitou as condições do Banco Central: o Banco Interatlântico (Grupo Monteiro Aranha) declarou[156]: *"Não há a mais remota viabilidade de se transferir o controle de um banco que deva US$ 3,5 bilhões, valor quase do tamanho do Bradesco. Só negociaremos após ter acesso ao estudo do Swiss Bank e com o Econômico saneado".*

O Banco Central decretou no dia 9 de agosto de 1996 a liquidação extrajudicial do Banco Econômico; a medida foi justificada pela existência de passivo a descoberto e impossibilidade de normalização dos negócios das empresas. O passivo a descoberto era de R$ 2,6 bilhões. A liquidação alcançou a parte "podre" do banco, já que a parte boa foi assumida pelo Excel, incluindo a Distribuidora de Títulos e Valores e a Corretora[157]. Conforme foi

---

152 Medida provisória 1.113, de 14/9/1995.

153 Segundo a *Gazeta Mercantil* de 20/9/95.

154 Ibidem, p. B-3.

155 Quando da intervenção do BC em 11/8/95, houve o fechamento das agências do Econômico.

156 Declarações de José Luiz Miranda, presidente do Banco Interatlântico à *Gazeta Mercantil* em 27/9/1995.

157 *O Estado de S. Paulo* - 10/8/96.

falado, o BC foi desastroso ao fechar subitamente as agências do Econômico no Brasil inteiro.

O artigo da revista *Veja*[158] sobre o fechamento do Banco Econômico, que detalha um diálogo entre Antônio Carlos Magalhães e o presidente Fernando Henrique Cardoso, foi reproduzido parcialmente abaixo. ACM, como era chamado o poderoso senador pela Bahia, sabia que uma brusca intervenção do Banco Econômico iria prejudicar correntistas e depositantes, e tentou, de todas as maneiras possíveis, evitar o fechamento das agências.

Depois desse episódio, nenhum grande banco (o Econômico era um dos grandes bancos da época) foi fechado de modo traumático, pois foi criado o Proer e, mais tarde, o Proes (este para cuidar dos bancos estaduais, a grande maioria quebrados). Com o Proer, os grandes bancos que sofreram intervenção não mais tiveram descontinuidade de suas agências, como foram os casos do Bamerindus e do Nacional.

A revista *Veja* em sua edição de maio de 1995, alguns meses antes de o governo adotar o Proer, um mecanismo que tornaria as intervenções em grandes bancos menos traumáticas, publicou: *"O barão da Bahia beija a lona – Ângelo Calmon de Sá, o dono do Econômico, fez o que quis do banco que acabou sob intervenção do BC".*

A *Veja*, contou o diálogo do senador baiano, ofendido com o fechamento do Econômico, que telefonou três vezes para o presidente Fernando Henrique Cardoso para pedir que o Banco Central não interviesse no Banco Econômico, argumentando que *"isso que vocês vão fazer é muito ruim para a Bahia"*; ao que o presidente retrucou: *"O que o senhor acha que eu sinto? Também é muito ruim para o Brasil intervir num banco. Ainda mais num banco do tamanho do Econômico"*. O senador insistiu com FHC, perguntando: *"Não tem uma solução que mantenha o banco na Bahia?"*. O presidente respondeu que tudo havia sido tentado e assim foi decretada a intervenção do Banco Central no oitavo maior banco privado do Brasil, o mais antigo em funcionamento, com 161 anos de existência.

---

158 Edição de *Veja* de 16/5/1995

São, conforme citação da *Veja*, 800 mil correntistas que tiveram seu dinheiro preso, sem saber se iriam receber algo e quando. "*A direção será punida, ficarão com seus bens indisponíveis, poderão ter seus bens vendidos.*"

Em 5 de dezembro de 1995, apareceram as primeiras notícias[159] da intenção do Banco Excel querendo comprar o Econômico, utilizando os recursos do Proer. Na mesma ocasião, a imprensa noticiou também o interesse do Banco Bozano-Simonsen. O Excel se propôs a pagar R$ 350 milhões pela compra do Econômico.

O governo sabia dos problemas do Econômico, conforme cita a *Gazeta Mercantil*: "*Durante 24 meses, de agosto de 1993 a julho de 1995, o Banco Central manteve uma férrea fiscalização sobre o Banco Econômico, mas fez de tudo para evitar a intervenção*"[160], agregando a posição do presidente do BC na época, Pérsio Arida: "*No mundo todo, os Bancos Centrais preferem ser tardios a ser prematuros; mas passar várias semanas com esse problemão na praça acabou sendo devastador*". Não há dúvida nenhuma: medido em dólares ou em reais, foi mesmo devastador. Poderia ter sido diferente?

Apenas em julho de 1997, praticamente dois anos após o fechamento do Banco Econômico pelo Banco Central, é que aparece o tamanho do rombo no Econômico: R$ 1,5 bilhão. Uma manchete da *Gazeta Mercantil*[161] anunciou: "*Perdas no banco são muito maiores do que a previsão feita pelo ministro da Fazenda; a liquidação da parte podre do Banco Econômico poderá levar ainda cinco anos para ser concluída e deverá deixar um rombo superior a R$ 1,5 bilhão, estimativa de funcionários da autoridade monetária ao analisar os desembolsos já realizados com o Proer. O desequilíbrio da massa falida deverá ser amargado pelo BC, pelo BNDES, pelo IRB*[162] *e por uma instituição financeira de Portugal*".

---

159 *Gazeta Mercantil* de 5/12/1995, p. B-1.
160 Edição de 9/10/95, p. B-6.
161 *Gazeta Mercantil*, 23 de julho de 1997, p. B-4.
162 IRB: Instituto de Resseguros do Brasil, órgão que regula o cosseguro e o resseguro, bem como promove o desenvolvimento das operações de seguro, segundo as diretrizes do CNSP (Conselho Nacional de Seguros Privados).

Um dos créditos podres era de uma fiança concedida pelo Banco do Estado de Alagoas (Produban) a uma empresa de construção civil que quebrou, no valor de R$ 107 milhões. O Produban, em Raet desde janeiro de 1995 (o segundo em sua história) teve sua liquidação judicial decretada em 22 de julho de 1997.

Banco Pontual

Em 1995, o Pontual era o 11º banco privado nacional por ativos totais. Segundo o estudo *Análise do Desempenho de Bancos no Brasil*, produzido pela EFC, o Pontual tinha ativos de US$ 1.977.455.000 (época em que o real valia praticamente um dólar). O Pontual foi liquidado extrajudicialmente em 30 de outubro de 1998, após o BC determinar que o banco era incapaz de honrar seus compromissos financeiros.

Após a intervenção, o BCN (que então era do Bradesco) assumiu ativos e passivos do Pontual. O Banco Pontual tinha patrimônio líquido, em junho de 1998, de R$ 152,7 milhões[163]. Logo depois, descobriu-se que o banco teria participado das operações relativas ao "esquema de precatórios", na condição de administrador do Fundo da Dívida Mobiliária da cidade de Guarulhos (SP), além de realizar venda irregular de *export notes* (um título de dívida emitido por exportadores), desvio de finalidade de recursos obtidos junto ao BNDES e operações de câmbio ilícitas, que resultavam em evasão de divisas do Brasil.

Três anos após a liquidação, e em consequência de despacho do juiz da 15ª Vara Cível, publicado no DOE de 23/3/2003, foi determinada a paralisação do processo de falência do Banco Pontual e da Pontual Leasing.

O STJ, então, concedeu *habeas corpus* para o controlador do Pontual, José Mário Gomes de Carvalho. O ministro Vicente Leal, relator do processo, destacou que existia uma acusação genérica, sem apontar de modo circunstanciado a participação dele no fato. "*Tais defeitos podem ser claramente detectados na denúncia impugnada nesta impetração. O seu texto não aponta como ocorreu a participação do paciente no fato ali narrado*", afirmou Vicente Leal. O que restou do banco, porém, continua em posse do Bradesco.

---

163 Fonte, Risk Bank.

Banco Crefisul

O Crefisul era um banco controlado pelo empresário Ricardo Mansur, dono das lojas Mesbla e Mappin, e foi liquidado pelo Banco Central extrajudicialmente, no dia 24 de março de 1999. Isso ocorreu junto com a liquidação da Crefisul Leasing, duas distribuidoras ligadas ao grupo e o Consórcio M (antigo consórcio Mesbla), que também foram liquidados.

A Centrus estaria envolvida na quebra do Crefisul[164]. Isso é lamentável, pois ela é nada menos que a fundação de previdência dos funcionários do Banco Central do Brasil e, portanto, deveria ser extremamente cautelosa com suas aplicações financeiras. Por que um banco pequeno conseguiu que uma fundação de previdência de órgãos governamentais fizesse aplicações que, evidentemente, não eram garantidas como em bancos de grande porte, como o Bancos do Brasil, Itaú e Bradesco? Aparentemente, por duas razões possíveis, oferta de taxas muito maiores do que os grandes bancos ofereceriam e "objetos misteriosos", eventualmente, oferecidos aos que detêm o poder de decisão sobre como investir. O Centrus passou maus bocados: estima-se que as perdas por conta de operações duvidosas tenham custado, nesse período, em torno de R$ 500 milhões. O buraco era tão grande que se os 1.700 contribuintes pedissem aposentadoria ao mesmo tempo, haveria um rombo de R$ 200 milhões.

Pelo visto, os administradores da Centrus, que possivelmente são ex--funcionários do BCB, não aprenderam que não se deve investir dinheiro de fundações a não ser em aplicações de alta qualidade, previamente auditadas ao nível de detalhes. Seria por acaso ação de objetos misteriosos que levaram fundações similares a comprarem títulos e participações duvidosas?

Banco Mercantil de Pernambuco - 1996

No mesmo dia em que o Banco Econômico foi liquidado, o Banco Mercantil de Pernambuco e o Banco Comercial de São Paulo também foram fechados

---

164 Fonte: http://www2.correioweb.com.br/cw/EDICAO_20030603/pri_eco_030603_163.htm

pelo Banco Central. A parte boa do Mercantil foi vendida para o Banco Rural, e o passivo do Comercial foi assumido pelo Banque Nationale de Paris[165].

Dezesseis anos após a intervenção do BC no Banco Mercantil de Pernambuco, o caso foi encerrado com o pagamento integral e à vista de todas as dívidas do banco com o BCB. O término da liquidação do Banco Mercantil de Pernambuco S/A foi um dos poucos em que os credores receberam tudo o que lhes era devido, apesar da demora do processo. E quem acompanhou esse tema sabe que o patrimônio positivo, eventualmente restante, vai sendo erodido pela gestão indireta feita pelos administradores durante os anos de intervenção.

Importante notar que a decisão do BC diz respeito ao pernambucano Banco Mercantil S/A e não tem qualquer relação com o Mercantil do Brasil, instituição financeira com sede em Belo Horizonte, que segue com as atividades normalmente.

Três bancos liquidados: Fortaleza, Vega e Empresarial

Em 15 de maio de 1997, o Banco Central decretou a liquidação extrajudicial do Banco Fortaleza (Banfort), do Banco Vega e do Banco Empresarial, sob a alegação de falta de liquidez patrimonial. Também foram liquidadas, por extensão, a Corretora Banfort de Câmbio e Valores S/A, a Vega S/A Corretora de Câmbio e Valores Mobiliários e a Empresarial Distribuidora de Títulos e Valores Mobiliários.

O Banfort foi o maior dos bancos liquidados, com 15 agências, 254 funcionários e um passivo total de R$ 599,8 milhões. A compra do capital pela Fundação Habitacional do Exército (FHE) provocou polêmica, pois a Fundação havia fechado a compra com o proprietário da instituição sem avisar a autoridade monetária e o próprio ministro do Exército, Zenildo Lucena, que obteve o parâmetro total da negociação por uma carta assinada pelo presidente do Banco Central, Gustavo Loyola. Como a autoridade maior era o ministro, e a FHE é uma entidade de direito privado, supervisionada

---

165 *O Estado de S. Paulo* - 10/8/96.

pelo Ministério do Exército, destinada a fazer financiamentos habitacionais e vendas de seguros para militares e civis, o Exército brasileiro perdeu dinheiro, controlando mal seus negócios.

O jornal *Folha de S. Paulo*, na edição de 16 de maio de 1997[166], publicou a notícia de que a FHE corria o risco de ter um prejuízo superior a R$ 30 milhões pela compra de 49% do banco, dinheiro que só recuperaria depois de todos os credores que possuíssem preferência.

Tenho visto como essas transações se processam, em geral com pagamentos de propinas para que o negócio seja implementado. Nem a fiscalização do FHE, nem a empresa que deve ter feito o laudo de avaliação do negócio (de presença necessária, nas boas regras de aquisições), se é que existiu e se fez, nem os fiscais do Banco Central, que devem periodicamente examinar as demonstrações financeiras dos bancos, notaram (e deveriam ter notado) qualquer indício de irregularidade. Uma boa análise das demonstrações contábeis, como os balanços, as demonstrações de resultados e dos fluxos de caixa, corretamente auditados e retrocedendo pelo menos três anos, certamente teriam previsto o prejuízo potencial da FHE, a ponto de desestimular antecipadamente tal investimento.

Já o Banco Vega possuía duas agências, 71 funcionários e depósito à vista de R$ 500 mil. Esse banco foi vítima da delicada situação financeira do Grupo Fragoso Pires.

E, por fim, o Banco Empresarial, que foi criado no final de 1989, como resultado da aprovação da lei que criou o conceito de Banco Múltiplo, tinha cinco agências, 95 funcionários e uma carteira de R$ 1,5 milhão em depósitos à vista e R$ 21 milhões a prazo[167].

---

166 Vide http://www1.folha.uol.com.br/fsp/brasil/fc160503.htm
167 *Gazeta Mercantil* - 16/05/97.

Capítulo 5

Proer (1995), intervenções nos bancos quebrados

Vamos interromper nossa cronologia para focar agora no Proer, criado em 1995, logo depois do traumático fechamento do Banco Econômico e cuja criação foi induzida por ele. Desde o ano de 1995, logo após o Plano Real nas intervenções feitas a partir desse programa até o Proes, criado em 2002, dedicado exclusivamente aos bancos estaduais, verdadeiro cancro no sistema bancário brasileiro.

Em 5 de novembro de 1995, três meses após a problemática intervenção no Banco Econômico, o governo criou o Proer – Programa de Estímulo à Reestruturação e ao Fortalecimento do Sistema Financeiro, pela Resolução 2.208 do Banco Central.

O programa visava assegurar liquidez e solvência ao sistema bancário brasileiro e resguardar os interesses de depositantes e investidores; tinha linha especial de assistência financeira vinculada a operações de responsabilidade do Tesouro Nacional, para cobrir perdas decorrentes do saneamento e gastos de reestruturação, e poderia ser pleiteado pela própria instituição por meio de proposta ao Banco Central. Ele chegou como lição do caso do Econômico e, especulou-se na imprensa, como preparativo para os problemas restantes de grandes bancos ainda não ajustados ao Plano Real.

Banco Nacional: patrimônio crescente, lucros crescentes

Quem examinou os últimos quatro balanços do Banco Nacional viu um banco com patrimônio líquido e lucro líquido crescentes, ou seja, aparentemente muito bem administrado, conforme é mostrado no quadro 20.

Quadro 20: Demonstrações financeiras do Banco Nacional

Item do Ativo e do Passivo do Banco Nacional, US$ 1000	31/12/1993	31/12/1994	31/12/1993	31/12/1994
Ativo Circulante, AC	2.136.234	3.587.137	5.897.067	10.096.530
Passivo Circulante, PC	2.703.679	4.460.720	5.016.834	11.237.338
Ativo Total, AT	3.054.040	5.009.167	7.658.968	13.072.404
Depósitos Interfinanceiros (passivo)	225.674	2.315.173	1.768.372	4.722.000
Captação no Mercado Aberto, CMA	-	75.658	478.301	457.252
Outras Obrigações Diversas, OOD	176.676	310.931	247.271	1.118.254
Patrimônio Líquido, PL	287.439	400.467	560.614	1.031.156
Ativo Permanente, AP	301.239	301.424	404.640	616.122
Contas de Resultado do Banco Nacional, US$ 1000				
Receitas Financeiras, RF	516.143	1.224.908	2.345.864	3.198.100
Ganhos com Passivos sem Encargos, GPSE	105.153	436.376	583.751	539.904
Lucro Líquido, LL	27.794	45.948	74.694	165.651
Indicadores Financeiros				
Liquidez Corrente LC=AC / PC	79%	80%	118%	90%
Liquidez Corrente Média do Mercado	93%	94%	94%	94%
Grau de Imobilização GI = AP / PL	105%	75%	72%	60%
Grau de Imobilização Médio do Mercado	89%	68%	68%	68%
Rentabilidade patrimonial = LL / PL	10%	11%	13%	16%
Rentabilidade Média do Mercado	11%	12%	12%	12%

Fonte: balanços publicados; elaboração do autor.

Do exame do quadro 20, pouca coisa de "anormalidade" pode ser vista, e, de qualquer modo, insuficiente para o leigo detectar alguma anomalia mais séria. Mas o analista experiente ficaria preocupado com o crescimento dos depósitos interfinanceiros (de outras instituições financeiras), que saltam de US$ 225 milhões, em 1991 (78% do patrimônio líquido do banco), para US$ 4,7 bilhões, em 1994 (458% do patrimônio líquido). Os saltos da liquidez corrente também são estranhos: de 80%, em 1992, para 118%, em 1993, voltando a 90%, em 1994. Foi observada a melhora do lucro líquido em 1994, ultrapassando US$ 100 milhões, atingindo 16% de rentabilidade patrimonial, contra 13% de média do mercado. Acrescenta-se o fato de que a empresa que fazia a auditoria do balanço era a KPMG Peat Marwick, uma das mais respeitadas do mundo.

O relatório do auditor, em inglês, sobre o balanço do fim de 1993[168] afirmou que *"em sua opinião, as demonstrações financeiras examinadas e auditadas representavam, em todos seus aspectos materiais, os resultados das operações, as mutações patrimoniais dos acionistas e o fluxo de caixa do Banco Nacional".* De fato, a evolução dos acontecimentos iria mostrar que a situação concreta era bem outra, muito mais grave do que a auditoria revelava. Passou batida a KPMG, não viu o enorme "furo" causado pela gigantesca fraude na contabilidade do grande Banco Nacional. Em 1997, a KPMG foi condenada por cogestão fraudulenta, decisão mantida em 2007[169].

Ser auditor é complicado, pois no Brasil a empresa de auditoria é contratada como se fosse um fornecedor e, portanto, cobra por seus serviços. Se não descobre irregularidades existentes, ela é tida como superficial, mas para ser mais profunda, precisaria cobrar mais ou então perderia dinheiro. E há a questão do envolvimento pessoal, como o famoso caso da Arthur Andersen Auditing que, nos Estados Unidos, trabalhando na auditoria da Enron, uma empresa gigante que negociava energia, fraudou as demonstrações financeiras para que lucros irreais aparecessem e os diretores recebessem polpudos bônus.

Essa empresa, que no Brasil era muito bem conceituada, depois do caso Enron[170] sumiu do mapa. A referência cita que falhas similares de auditoria contábil ocorreram em outras empresas americanas, algumas de espectro mundial, tais como Bauschand Lomb, Rite Aid, Cendant, Sunbeam, Waste Management, Superior Bank e Dollar General.

Uma reportagem de julho de 1995[171] diz que *"A inadimplência cresceu mais no Banco Nacional",* conforme comentário da jornalista que entrevistou um jovem gerente do Banco Nacional e que dele obteve o comentário de que *"definitivamente o brasileiro não estava preparado para uma moeda forte,*

---

168 Reprodução parcial de texto do *Independent Auditor's Report*, 24/1/1994, KPMG PeatMarwick, Banco Nacional S/A, The Boardof Directorsand Stockholders, Belo Horizonte, MG.

169 Vide http://economia.estadao.com.br/noticias/geral,trf-condena-auditor-da-kpmg-no--caso-do-banco-nacional,20070330p20718

170 Veja referência em: https://www.hg.org/article.asp?id=31277

171 Manchete da *Gazeta Mercantil* de 24/7/1995, Caderno de Finanças.

atrapalhando-se com suas contas pessoais e engrossando a lista de cheques sem fundos". A reportagem exibe uma relação de grandes bancos e a evolução, para cada um deles, da porcentagem de cheques sem fundos, entre 3 de julho de 1994 e 3 de julho de 1995, demonstrada no quadro 21:

Quadro 21: Cheques sem fundo no início do Plano Real

Evolução de cheques sem fundos no primeiro ano do Plano Real		
Banco	Clientes cadastrados no Banco Central, julho de 1995	Evolução em % entre julho de 1994 e julho de 1995
Nacional	167.312	98,27
Unibanco	135.688	63,15
Bamerindus	147.838	49,9
Banestado	101.942	46,72
Itaú	528.324	23,2
Real	153.005	22,49
Caixa E. Federal	432.481	22,27
Banespa	276.970	16,55
Brasil	753.239	14,89
Bradesco	503.595	8,12
SUB TOTAL	3.200.394	22,99
Outros bancos	1.465.003	22,57
TOTAL	4.665.397	22,86

Fonte: vide nota[172]

Em novembro de 1995, apareceram os primeiros sinais[173] de que o Nacional estava com grandes dificuldades: é então anunciada uma consulta informal ao Banco Central sobre uma possível fusão, mas isso implicaria uma mudança de legislação sobre a transferência de controle societário de instituições financeiras, exigindo que o controlador pessoa física tivesse 2,2 vezes o patrimônio do novo banco a ser formado.

Além disso, a notícia comenta que o processo formal exige uma assembleia geral de acionistas dos dois bancos, uma consulta à Comissão de Valores Mobiliários e o encaminhamento previsto em lei junto ao Banco Central.

---

172 Fonte primária, Cadastro de Emitentes de cheques sem fundos, Banco Central, reproduzido pela *Gazeta Mercantil* de 24/7/1995, Caderno de Finanças; reagrupamento feito pelo autor.

173 *Gazeta Mercantil*, 1/11/95.

É interessante observar que essa notícia foi publicada em 1º de novembro, e o Proer é criado em 5 de novembro de 1995. Coincidência ou relação de causa e efeito, com o governo preocupado com a repetição da crise que o fechamento do Banco Econômico causou...

Em 18 de novembro de 1995, um sábado, o Banco Central decretou intervenção no Banco Nacional[174], colocando-o sob o regime Raet; simultaneamente, o Unibanco assume *"boa parte do Nacional"*[175]*."Toda parcela de R$ 7 bilhões de passivos junto ao público (contas correntes, depósitos a prazo, cadernetas de poupança, etc.) e um valor próximo, porém inferior, de ativos de boa qualidade. O diferencial entre ativos e passivos será financiado pelo Proer, a juros de 2% ao ano mais o custo dos títulos que estiverem lastreando a operação, informa fonte credenciada do Banco Central".*

O que não foi absorvido pelo Unibanco continuou com o Nacional no Raet e, sob a administração do Banco Central, foi *"objeto de uma engenharia de cancelamento de débitos e créditos"*. Então, a notícia dava conta de um desequilíbrio patrimonial de R$ 3 bilhões a R$ 4 bilhões, tendo pago ao Unibanco R$ 1 bilhão para entrar. Ficaram "enroscados" nos créditos com o Nacional, entre outros, a Caixa Econômica Federal e o Banco do Brasil.

Pergunta aos auditores da Caixa e do BB: "Não verificaram as estranhas demonstrações do Nacional, a ponto de alertar suas diretorias e recomendar o saque prévio do dinheiro de seus acionistas?".

O Banco Central aceitou, para cobrir o passivo a descoberto, moedas de privatização, *"chamadas moedas podres, fortemente subsidiadas"*[176] (por exemplo, créditos do Fundo de Compensação de Variações Salariais, adquiridos com deságio e a serem entregues ao Banco Central, para pagamento do Proer pelo valor de face).

O raio do Banco Central atingiu também o Banco Nacional de Investimentos, a Sinal Corretora de Valores, a DTVM Nacional e a Nacional Leasing.

---

174 Conforme noticia a *Gazeta Mercantil* de 20/11/95, p. B-3.

175 O correto seria dizer a "parte boa do Nacional". Mas o jornalista preferiu falar como reproduzi entre aspas.

176 Conforme expressão da jornalista Cláudia Safatle, na *Gazeta Mercantil* de 20/11/95, p. B-3.

O Unibanco ficou com a parte boa da carteira de crédito do Nacional e o relacionamento de 1,2 milhões de clientes, e 13.700 funcionários. A parte ruim ficou no Raet. O leitor precisa entender que quem acaba pagando essa parte ruim são os brasileiros, pois certamente alguém tem de pagar a conta.

Em 17 de novembro de 1995, o governo baixa uma medida provisória[177] dispondo sobre a responsabilidade de controladores de instituições financeiras que sofreram intervenção. A MP estabelece a responsabilidade solidária dos controladores e cuida da indisponibilidade de seus bens, visando preservar os interesses dos depositantes, investidores e demais credores. Com essa medida, o Banco Central *"adquire poderes para coagir, para deixar no sistema apenas as instituições que tiverem saúde, liquidez e solidez; deverão prevalecer, numa ponta, grandes bancos e, em outra, instituições regionais"*[178]. Pela medida provisória, o governo poderá ainda desapropriar as ações de bancos em dificuldades, para depois privatizá-los.

Eduardo de Magalhães Pinto, o mais velho dos irmãos da família Magalhães Pinto, ex-controlador do Banco Nacional, explicou[179] que a intervenção no banco representou uma perda patrimonial avaliada em R$ 1,7 bilhão, reclamando que *"tiraram nosso chão, o banco era nossa vida, nosso ponto de encontro"*. Seu pai, ainda vivo, fundou o banco em 1944. A intervenção foi consequência de boatos que começaram a correr depois da intervenção no Banco Econômico *"e não existe banco que resista a isso; começamos a perder depósitos enquanto a imprensa divulgava as negociações com o Unibanco, conversas que nunca ocorreram; só procuramos o Unibanco 15 dias antes do Raet"*[180].

De fato, temos insistido ao longo desses capítulos que a liquidez no curto prazo, em bancos, é vital, pois se ela inexistir, qualquer banco, pequeno ou grande, não irá pagar seus compromissos diários; em certa medida, e apenas episodicamente, o banco pode recorrer ao chamado "compulsório", uma linha que o Banco Central obriga todos os bancos a ter com ele, para

---

177 MP 1.182, de 17 de novembro de 1995.
178 Conforme diz Claudia Safatle na *Gazeta Mercantil* de 20/11/95, p. B-3.
179 Manchete da *Gazeta Mercantil* de 4/12/95.
180 Declarações reproduzidas na *Gazeta Mercantil* de 4/12/95.

suprir necessidades esporádicas de falta de caixa. Mas esse recurso não pode ser frequente e, se ocorrer muitas vezes, isso é um forte indicativo para os fiscais do BC correrem para examinar a situação real do banco. E possivelmente intervir.

Magalhães explicou que fez contatos com o Bank of Boston, mas o tempo era curto e havia necessidade de se obter autorização de seu *Board* e aprovação do Federal Reserve[181]. Nessa entrevista, Magalhães confirmou que o desequilíbrio financeiro (o que o banco foi buscar no mercado para se financiar) poderia chegar a R$ 4 bilhões, mas desconfiava do rombo patrimonial de R$ 2 bilhões aventado por Loyola. E agregou: *"Não podem nos acusar de nada, estamos com a honra intocada"*[182]. Infelizmente não era isso, porque as fraudes no Nacional foram gigantescas.

Oito meses após a intervenção do Banco Central no Nacional[183], uma comissão de inquérito do Banco Central, em conjunto com a Procuradoria Geral da República, levantando provas criminais contra os ex-administradores, constatou a existência de passivo descoberto de R$ 6,7 bilhões no Banco Nacional. Por outro ramo das investigações, técnicos do Banco Central e a Polícia Federal rastreiam remessas ilegais feitas pelo banco para o exterior, que "somam mais de US$ 60 milhões[184]".

Diz a manchete[185] de *O Estado de S. Paulo*, em 29/7/1996: *"PF deve indiciar Tesoureiro do Nacional"*, explicando que Clarimundo Sant'Anna, vice-presidente da área de controladoria do Banco Nacional, *"deverá prestar explicações sobre as 652 contas fraudadas que somavam R$ 5,3 bilhões no último balanço e que são chamadas de "contas de natureza 917", um verdadeiro banco virtual dentro do Nacional"*. Onde estariam a honra em fraudar essas contas e os bilhões que desapareceram?

Em 19 de julho de 1996, a Justiça de Minas Gerais determinou o arresto com bloqueio dos bens de mais 18 ex-administradores do banco, totalizando

---

181 "Federal Reserve" é o banco central americano.

182 *O Estado de S. Paulo*, 1/7/96, Caderno de Economia.

183 *Gazeta Mercantil*, 8/7/96, p. B-5.

184 *O Estado de S. Paulo*, 16/7/96, Caderno de Economia.

185 *O Estado de S. Paulo*, 29/7/96.

25 nessa data. O advogado do Banco contesta, afirmando que sem balanço publicado não há comprovação do prejuízo[186]. Arnoldo de Oliveira, depondo na Polícia Federal, afirmou que "*a responsabilidade pelas fraudes que inflavam o balanço do Nacional era do presidente do Banco, Marcos Magalhães Pinto, negando sua responsabilidade pelo controle*[187]".

O Banco Nacional sofreu intervenção (regime de administração temporária – Raet) do Banco Central em 18 de novembro de 1995, e foi liquidado extrajudicialmente em 13 de novembro de 1996. Dezenove meses após a intervenção, os balanços patrimoniais das partes remanescentes do Nacional (ativos e passivos não transferidos para o Unibanco) foram publicados[188].

As principais revelações foram:

1. Um passivo a descoberto de R$ 5.751.539.000 na data do balanço patrimonial referente ao início do Raet.
2. Razão declarada: "*Existência de operações de crédito consideradas irrecuperáveis, para as quais não foi constituída a necessária provisão*"[189].
3. Em virtude dos ajustes realizados, o prejuízo apurado no exercício findo em 31/12/1995 foi de R$7.323.348.00.
4. Por consequência, o patrimônio líquido caiu para -R$ 6.274.486.000 (negativo) em 31/12/1995. Mais de R$ 6 bilhões negativos! A mesma publicação mostrava um patrimônio líquido positivo em 31/12/1994 de R$ 1.068.305.000. Como é possível? A diferença entre o balanço fraudado e a realidade era de R$ 7.342.791.000.

De acordo com denúncia feita em 23 de setembro de 1997 por procuradores do Ministério Público[190], a fraude no Nacional está "agora estimada em US$ 10 bilhões". Alguns denunciados foram acusados de gestão temerária e alguns ex-dirigentes também tiveram prisão preventiva pedida pelos procuradores.

---

186   *O Estado de S. Paulo*, 5/8/96, p. B4.
187   *O Estado de S. Paulo*, 7/8/96, Caderno de Economia.
188   *Gazeta Mercantil*, 27, 28 e 29 de junho de 1997, p. B-6.
189   Conforme Relatório da Administração do Conselho Diretor do Raet de 17 de junho de 1997.
190   Conforme aparece no jornal *DCI - Diário Comércio & Indústria*, 23/9/97.

De acordo com a denúncia, *"a fraude foi perpetrada com a utilização não autorizada de 1.046 contas correntes. Os prejuízos só foram suportados graças ao Proer"*. Os procuradores detalham[191] que *"em 1995, 75% das operações de crédito eram fictícias e que quase 93% dos empréstimos em conta corrente estavam fraudados"*. Havia um *"esquema de manipulação de contas fantasmas que esconderam um rombo de US$ 10 bilhões, pela geração de receita fictícia de US$ 16,9 bilhões"*.

O vice-presidente Clarimundo Sant'Anna, porém, negava a existência de um esquema de fraudes[192]. *"Nosso esforço foi sempre o de dar sobrevida ao banco sem gerar prejuízos aos credores. Todos serão pagos e a situação será cristalina ao final do processo"*, disse.

Com relação aos pedidos de prisão preventiva, um dos advogados de defesa, José Carlos Fragoso, apontou[193] que *"é uma medida de caráter publicitário"*, que não tinha sentido porque os acusados não ofereciam qualquer prejuízo à sociedade ou às investigações. A denúncia dos procuradores concluiu que o Nacional *"estava tecnicamente quebrado desde 1990"*.

O jornal *O Estado de S. Paulo* publicou em seu site[194] a notícia de que a família Magalhães Pinto e o Banco Central estavam próximos de encerrar o litígio sobre o Banco Nacional, dizendo que fecharam com o Unibanco um acordo no qual os antigos controladores buscavam uma indenização milionária na Justiça, uma ação em que eles pediam R$ 6 bilhões, pelo fato de o Unibanco ter herdado uma grande rede de clientes do Nacional. Acertaram por R$ 142 milhões, mais os custos dos advogados, a serem pagos pelo Unibanco e num total de R$ 158 milhões. Mas a notícia citada disse que a família Magalhães Pinto tinha uma dívida com o próprio BC de, aproximadamente, R$ 8,8 bilhões, embora os ex-controladores argumentassem que suas garantias, valor atualizado, somavam R$ 13,2 bilhões.

---

191 Conforme aparece na pág.A-9 da *Gazeta Mercantil* de 24/9/97.
192 Ibidem.
193 Conforme aparece no jornal *DCI*, de 23/9/97.
194 Vide http://economia.estadao.com.br/noticias/mercados,liquidacao-do-banco-nacional-
-pode-estar-perto-do-fim,20061121p17769

O jornal *O Globo* destacou a prisão dos acionistas e dirigentes do Banco Nacional[195] em 2013. Foram presos o ex-controlador da instituição, Marcos Magalhães Pinto, o ex-vice-presidente da área de Controladoria, Clarimundo Sant'anna, os ex-diretores Arnoldo Oliveira, Omar Bruno Corrêa e Nagib Antônio. Eles foram condenados por crimes contra o sistema financeiro de forma definitiva, em ação penal que tramitou na 1ª Vara Federal Criminal/RJ, com penas que variavam de oito a 17 anos de reclusão.

Banco Bamerindus: o Plano Real precipitou a crise

Foi a partir do Plano Real, com o crescimento da inadimplência no ano de 1995 e a redução da margem de lucro, que as dificuldades enfrentadas pelo Banco Bamerindus se agravaram. Nos balanços de 1993, 1994 e 1995, houve um crescimento de 20% nas despesas administrativas e de quase 10% nos gastos com pessoal, ao mesmo tempo em que a captação de depósitos de curto prazo diminuía e o lucro líquido decrescia em 34%; isso provocou esvaziamento do caixa do Bamerindus[196], conforme comentário do jornal *O Estado de S. Paulo*, em 1º de julho de 1996.

O Banco Bamerindus sofria com os boatos sobre sua saúde financeira desde a quebra do Banco Econômico, em agosto de 1995[197], o que produziu a fuga dos grandes investidores e trouxe a falta de confiança do mercado. Isso agravou os problemas de liquidez.

A instituição começou a ter dificuldades crescentes e precisou recorrer em escalas cada vez maiores ao redesconto do Banco Central. Além disso, para captar dinheiro no mercado interbancário, tinha de pagar taxas mais caras que as de mercado, em razão da sensação do risco adicional que oferecia, e, ao mesmo tempo, precisava continuar pagando crescente remuneração aos aplicadores. Com isso, o volume de depósitos do banco

---

195 Publicado no jornal *O Globo* em: http://oglobo.globo.com/economia/policia-federal-
 -prende-quatro-ex-dirigentes-do-banco-nacional-9803201
196 *O Estado de S. Paulo*, 1/7/96, Caderno de Economia.
197 *O Estado de S. Paulo*, 1/7/96, Caderno de Economia.

caiu de R$ 9 bilhões, em 1994, para R$ 6,5 bilhões, em 1995. Além disso, as dificuldades de liquidez surgiram a partir da baixa rentabilidade de uma das suas empresas controladas, a Impacel[198].

O Banco Bamerindus, até 10 de junho de 1996, tinha vendido diversos ativos, a fim de aumentar o caixa, como a participação acionária na Companhia Siderúrgica Nacional, que rendeu cerca de R$ 250 milhões; na Usiminas, cerca de R$ 40 milhões; vendeu também as ações que detinha da Umuarama Participações, no valor de R$ 25 milhões. Além disso, a venda de 6,14% das ações ordinárias para o HSBC trouxe cerca de R$ 61 milhões para o caixa do banco[199]. Além desses reforços de caixa, o banco paranaense tinha em seus planos economizar cerca de R$ 150 milhões em 1996[200], ou seja, uma ampla programação de redução de despesas, iniciada no final de 1995. A economia atingia desde contas grandes como as verbas publicitárias do banco, que, no ano de 1995, atingiram R$ 40 milhões, até despesas miúdas, como táxi e cafezinho nas agências[201].

A fim de conseguir fechar diariamente o caixa, o Banco Bamerindus recorreu aos empréstimos de redesconto do Banco Central, em montante que atingia R$ 1,2 bilhão[202]. Também se valeu da Caixa Econômica Federal por meio do interbancário, no valor de R$ 1,5 bilhão. Com um patrimônio de balanço de R$ 1,3 bilhão[203], a dívida não parava de crescer, pois o banco estava pagando juros acima do que as aplicações de seus ativos estavam gerando.

No dia 26 de março de 1997, o Bamerindus, então o quarto maior banco privado do país, sofreu intervenção do Banco Central e seu controle acionário passa para um dos maiores bancos do mundo o HSBC, que já detinha 6% de seu capital[204].

---

198 *Gazeta Mercantil*, 28/11/96, Finanças & Mercado, p. B-1.
199 *Gazeta Mercantil*, 10/7/96, Finanças & Mercado, p. B-1.
200 *Gazeta Mercantil*, 10/7/96, Finanças & Mercado, p. B-1.
201 *Gazeta Mercantil*, 10/7/96, Finanças & Mercado, p. B-1.
202 *Folha de S. Paulo*, 25/3/97, Caderno 2, Dinheiro, p. 3.
203 *Folha de S. Paulo*, 25/3/97, Caderno 2, Dinheiro, p. 3.
204 *O Globo*, 27/3/97, Economia, p. 17.

Para tornar viável a operação, foi feita uma injeção de recursos de R$ 5,7 bilhões[205] do Proer. O HSBC capitalizou a instituição em US$ 1 bilhão[206], sendo R$ 400 milhões pagos ao senador José Eduardo de Andrade Vieira (PTB-PR)[207], o principal acionista do banco.

Além do Banco Bamerindus, outras empresas do grupo também sofreram intervenção: a Fundação Bamerindus de Assistência Social, Bamerindus Participações e Empreendimentos (BPE) e Bastec Tecnologia e Serviços Ltda. Com essas intervenções, ficaram indisponíveis os bens dos 65 controladores e administradores, inclusive do senador e ex-ministro da Agricultura José Eduardo Andrade Vieira, acionista controlador do Bamerindus, e de Maurício Schulman, diretor do banco e também presidente da Federação dos Bancos[208], Febraban.

O Bamerindus foi dividido em duas partes: a parte boa, que foi transferida para o HSBC, com ativos e passivos de R$ 10 bilhões[209], incluída aí a Corretora e a Seguradora, e a parte ruim, ou seja, a massa falida, ficou sob intervenção do Banco Central, com ativo e passivo de R$ 5 bilhões[210]. Além da empresa de papel e celulose, a Impacel[211], também incluída nesse valor, pois foi a origem de grande parte das dificuldades e dos prejuízos ao grupo. Ou seja, o Banco Central do Brasil ficou com uma fábrica de papel – que, aliás, o BC nunca deveria (via fiscalização rotineira) ter permitido que fosse ativada sob o banco.

O prejuízo do Banco Bamerindus, em 1996, chegou a R$ 256 milhões[212], principalmente em decorrência do fato de que os outros bancos privados cortaram as linhas de crédito para o Bamerindus, fazendo com que o buraco aumentasse cada vez mais. Em meados de 1996, as cotações do Bamerindus ON (ações ordinárias, com direito a voto) estavam em queda livre. De junho

---

205 *O Globo*, 27/3/97, Economia, p. 17.
206 *Folha de S. Paulo*, 27/3/97, Caderno 2, Dinheiro.
207 *Diário Comércio & Indústria*, 27/3/97, Economia.
208 *Folha de S. Paulo*, 27/3/97.
209 *O Globo*, 27/3/97, Economia, p. 17.
210 *O Estado de S. Paulo*, 28/3/97.
211 *O Globo*, 27/3/97, Economia, p. 17.
212 *Folha de S. Paulo*, Negócios 2, p. 9.

de 1996 até 26 de março de 1997, o papel caiu de 45% para 30% de seu valor patrimonial contábil. Só em março de 1997, a queda foi registrada em 21,5%[213].

O Bamerindus abriu suas agências normalmente em 31 de março de 1997, já com o novo nome: HSBC Bamerindus, não tendo nenhum compromisso com o velho Bamerindus e sendo uma empresa de capital fechado, subsidiária integral do Grupo HSBC, com sede em Londres. O que implicou prejuízo para os acionistas minoritários que compraram suas ações em Bolsa e acabaram ficando com a parte podre do banco. O nome Bamerindus desapareceu em pouco tempo, ficando apenas HSBC.

O mercado não sabe exatamente quanto o HSBC pagou pelo Banco Bamerindus e o que entrou na compra, bem como o que ficou fora dela. A alegação é de que se trata de sigilo bancário e, portanto, o Banco Central não revela detalhes do acordo. O público acabou tomando conhecimento parcial da operação pelos jornais, que nem sempre são precisos e completos.

No caso do Bamerindus, uma reportagem da revista *Veja*[214] sob o título *Um presente chamado Bamerindus*, colocou a questão com o subtítulo "*Cinco meses depois de sua venda, descobre-se que os ingleses do HSBC levaram o banco de graça*". A notícia dizia que o desembolso do HSBC tinha sido de R$ 381,6 milhões pelas contas de 2,6 milhões de correntistas, 1.241 agências, prédios, ativos de mais de R$ 10 bilhões e uma das seguradoras mais rentáveis do país, bem como a marca comercial do Bamerindus, evitando-se assim um naufrágio danoso para o sistema financeiro.

Segundo a mencionada reportagem, o HSBC recebeu R$ 431,8 milhões do Banco Central para reestruturar o Bamerindus e saldar reclamações trabalhistas, não se tratando de empréstimo, já que esse dinheiro não retornaria ao BC.

A parte que foi passada ao HSBC foi previamente limpa da parte podre do Banco paranaense com recursos do Proer, no valor de R$ 2,9 bilhões. Esse número significa a parte da carteira imobiliária problemática que foi para a Caixa Econômica Federal, a qual recebeu mais R$ 2,5 bilhões do Proer. Contudo, o HSBC exigiu do Banco Central garantias de que não haveria eventuais rombos ainda não descobertos.

---

213 *Folha de S. Paulo*, Negócios 2, p. 9.
214 Revista *Veja*, edição de 27 de agosto de 1997, p. 106.

Segundo a revista *Veja*, o Bamerindus comprou R$ 1,27 bilhão de títulos da dívida externa brasileira, que ficarão à disposição no HSBC para cobrir eventuais prejuízos. A alegação de Gustavo Loyola, ex-presidente do BC, reproduzida na entrevista é de que "*A proposta do HSBC era a única que permitia resolver o problema do dia para a noite*".[215]

O entulho que sobrou do Proer

Importante reportagem publicada em 24 de agosto de 1997, passados quase dois anos da criação do Proer, mostrou a parte podre que sobrou como "*insólita herança para o Banco Central*"[216]: imóveis, fazendas, jatinhos, usinas de açúcar e até banco de sêmen, como resultantes das intervenções nos bancos Econômico, Nacional e Bamerindus. O Banco Central gastou cerca de R$ 20,7 bilhões desde a criação do Proer, em novembro de 1995, para promover sete fusões, dos quais R$ 18,3 bilhões apenas com esses três bancos. O entulho com o BC, segundo o jornal *Folha de S. Paulo*[217], é mostrado no quadro 22 a seguir:

Quadro 22: Entulho que sobrou para o Banco Central "cuidar"

Do Banco Econômico	Do Banco Nacional	Do Banco Bamerindus
780 imóveis (casas, terrenos e apartamentos)	241 imóveis superavaliados em R$ 27,5 milhões	11 fazendas distribuídas pelos estados do Paraná, Roraima, Pará e Bahia
Um museu: Museu Eugênio Teixeira Leal, "do Econômico"	Carros importados: 1.022 carros Mitsubishi 1995	37 mil cabeças de gado, entre elas 7 mil vacas prenhas
Uma fábrica de sucos (Acajuba)		Central de inseminação artificial
Frigoríficos Conef		Dois aviões Learjet, um deles utilizado por Fernando Henrique Cardoso durante sua campanha.
Fazendas da Agropecuária Senhor do Bonfim Ltda.		1.356 imóveis
Usina de açúcar e álcool Nova Aliança		Dois painéis do pintor Cândido Portinari
		Um estacionamento com 320 vagas
		Fábrica de papel e celulose Impacel
		950 veículos, incluindo tratores, colheitadeiras, helicópteros, motos, caminhões etc.

Fonte: Banco Central

215 Revista *Veja*, edição de 27 de agosto de 1997, p. 107.
216 Conforme o jornal *Folha de S. Paulo*, edição de domingo, 24 de agosto de 1997, p. 12.
217 Edição de 24/8/97, p.12.

Os bancos Marka e Fonte-Cindam

Esses casos foram eventos rumorosos em 1999, resultando na prisão de um diretor do Banco Central, de uma fuga do Brasil, de Salvatore Cacciola e de sua expatriação da Itália para o Brasil. Inicialmente, será falado sobre as origens desses dois bancos, um a um. De minha base de dados sobre bancos levantei as informações descritas no quadro 23:

Quadro 23: Dados de balanços dos bancos Fonte-Cindam e Marka

Dados de 31/12/1997, em R$ 1.000	Banco Fonte-Cindam	Banco Marka
ATIVO CIRCULANTE	347.336	252.067
TÍTULOS E VALORES MOBILIÁRIOS	73.324	187.554
OPERAÇÕES DE CRÉDITO	12.772	16.747
OUTROS CRÉDITOS	31.691	16.544
REALIZÁVEL A LONGO PRAZO	2.175	0
PERMANENTE	66.003	41.373
TOTAL DO ATIVO	415.514	293.440
PASSIVO CIRCULANTE	331.859	232.493
DEPÓSITOS	51.779	77.557
EXIGÍVEL A LONGO PRAZO	0	0
DEPÓSITOS	0	0
PATRIMÔNIO LÍQUIDO	83.655	60.941
RECEITAS DA INTERMEDIAÇÃO FINANCEIRA	407.059	79.700
OPERAÇÕES DE CRÉDITO	5.646	4.072
RESULTADO DE TÍTULOS E VALORES MOBILIÁRIOS	398.346	75.602
RESULTADO BRUTO DA INTERMEDIAÇÃO FINANCEIRA	17.584	24.311
RECEITAS DE PRESTAÇÃO DE SERVIÇOS	17.821	8.213
DESPESAS DE PESSOAL	-11.646	-6.785
OUTRAS DESPESAS ADMINISTRATIVAS	-11.606	-9.380
LUCRO (PREJUÍZO) LÍQUIDO	14.649	19.204
INDICADORES		
LIQUIDEZ CORRENTE = AC/PC	105%	108%
RENTABILIDADE PATRIMONIAL = LL/PL	18%	32%
ÍNDICE DE EFICIÊNCIA OPERACIONAL = (DP+ODA) / RBIF+RPS)	66%	50%

Fonte: Análise do Desempenho dos Bancos - publicação do autor.

Do quadro, concluiu-se que, em 1997, os dois bancos, Marka e Fonte-Cindam, eram pequenos, mas apresentavam demonstrações financeiras normais, com liquidez corrente, rentabilidade e índices de eficiência dentro dos parâmetros usuais do sistema brasileiro de bancos. Nesse período, em torno de 1997, a liquidez corrente[218] média dos cerca de cem bancos tabulados pelo autor era de 0,95 (ligeiramente abaixo da unidade), e a rentabilidade média girava por volta de 15% a 30%, salvo os bancos que estavam em vias de quebrar e apresentavam seguidos prejuízos.

A trapalhada desses dois bancos, contudo, acorreu nos anos de 1998-1999, em virtude de um grande desarranjo na balança cambial brasileira, tema que será rapidamente resumido aqui, para que o cenário seja entendido.

Para ter o leitor uma perspectiva mais ampla do que ocorreu, é necessário voltar no tempo e recapitular os diversos planos econômicos que o Brasil teve:

- Tancredo Neves foi nomeado presidente da República como primeiro sucessor civil aos governos militares do golpe de 1964, mas faleceu antes de tomar posse. Entrou em seu lugar seu vice-presidente, José Sarney, que assumiu a Presidência em 15 de março de 1985;
- Sarney nomeou o empresário Dilson Funaro como ministro da Fazenda, que criou o Cruzado, primeiro plano econômico para combater a inflação, que, em 1985, atingiu 211%. De fato, a inflação, mercê de um forte tabelamento dos preços, caiu para 20,5% no ano de 1986; contudo, o plano não se revelou eficaz e a inflação voltou a subir.
- Funaro foi demitido, Sarney nomeou o professor Bresser Pereira para ministro, que, por sua vez, cria o segundo plano econômico, denominado "Plano Bresser", que também não conseguiu acabar com a inflação, que atingiu, em 1987, 415% ao ano.
- Um novo ministro da Fazenda então foi nomeado: Mailson da Nóbrega, um economista de carreira no governo federal, que criou o

---

218 A liquidez corrente significa quão solvente em curto prazo um banco se encontra, na cobertura de seus compromissos a pagar, ou seja, seu passivo exigível no curto prazo. Ele é coberto pelos seus ativos de curto prazo, compostos por dinheiro, depósitos, títulos de grande liquidez. Se a liquidez for baixa, o banco corre o risco de não conseguir pagar suas obrigações que vencem, ficando insolvente. E, portanto, pode falir, quebrar.

terceiro plano, denominado jocosamente de "plano feijão com arroz", dada sua simplicidade. Também não funcionou, com a inflação, em 1988, chegando a 1.037% e, no ano seguinte, 1989, último ano do governo Sarney, atingindo 1.160%.

- Em 1990, entrou na Presidência Fernando Collor, e foi criado o chamado Plano Collor, dirigido pela ministra da Economia Zélia Cardoso, que, por meio de um arrocho monetário, culminando no arresto da poupança popular, gerou indignação em toda a população, acabando em uma manifestação que chegou à renúncia e cassação do presidente Collor, ficando ele inelegível por oito anos.
- Assumiu, então, o vice-presidente de Collor, em dezembro de 1992, Itamar Franco, que convidou Fernando Henrique Cardoso para ser seu ministro da Fazenda. Este, por sua vez, chamou importantes economistas (André Lara Rezende, Pérsio Arida, Francisco Lopes) para criar um novo plano que seria implantado gradualmente, passando por uma fase intermediária em que todos os preços seriam indexados. Existiriam duas moedas, uma que seria desvalorizada pela inflação, ainda muito alta, e a outra, corrigida, que se chamou nessa fase intermediária de URV ou Unidade Real de Valor. Esse plano, chamado com o nome da nova moeda, o Real, foi implantado no primeiro semestre de 1994, e começou a valer em 1º de julho de 1994, quando todo o meio circulante do Brasil foi trocado em uma gigantesca operação, aliás muito bem-sucedida.
- Foi o Plano Real que de fato acabou com a inflação mensal de dois dígitos e aí é que começa o drama dos bancos Marka e Fonte-Cindam. Pelo fato de o Banco Central do Brasil reter a moeda corrente estável em relação à cotação da moeda americana, o dólar, que por cinco anos seguidos permaneceu desvalorizado, ou seja, o Real se valorizou muito, com o objetivo (não declarado) de segurar a inflação dos produtos importados. Isso foi um desastre porque, de 1994 a 1998, o Brasil perdeu bilhões em reservas fortes, o que obrigou o presidente Fernando Henrique Cardoso e seu ministro da Fazenda Pedro Malan a obterem um empréstimo emergencial com o Fundo Monetário

Internacional (FMI), denominado "Stand By Arragement for the Amount of US$ 18.023 million". Traduzindo, um arranjo de espera (provisório) de 18,023 bilhões de dólares.

- A quebra dos saldos comerciais foi fruto da gestão do BCB de Gustavo Franco: o quadro 24 compara os saldos de quatro anos anteriores ao Plano Real com quatro anos posteriores. Antes do Plano Real, de 1990 até 1993, o Brasil acumulou um superávit comercial de US$ 49,86 bilhões, ou cerca de US$ 12,5 bilhões de saldos positivos por ano. Já nos quatro anos posteriores ao Plano Real, de 1995 a 1998, o Brasil perdeu US$ 22,44 bilhões no comércio exterior; se compararmos os dois períodos, houve uma variação negativa de mais de US$ 70 bilhões.

Quadro 24: Saldos comerciais do Brasil – 1990 a 1998

Saldos da Balança Comercial do Brasil, US$ bilhões			
Antes do Real		Depois do Real	
1990	10,75	1995	-3,47
1991	10,58	1996	-5,6
1992	15,23	1997	-6,75
1993	13,3	1998	-6,62
soma	49,86	soma	-22,44
Variação absoluta de 4 anos			-72,3

Fonte: Conjuntura Econômica - elaboração do autor.

- Temos duas explicações dedutivas: o presidente FHC precisava se reeleger em 1998 e o Brasil estava quebrado; então foi necessário pedir uma ajuda emergencial ao FMI (e também ao presidente dos Estados Unidos, Bill Clinton, para "dar uma mãozinha ao FMI"); em seguida, Gustavo Franco saiu da presidência do Banco Central. FHC convidou Francisco Lopes para assumir essa posição.
- Lopes, defensor incansável[219] do câmbio flutuante, mantido na prática como se fosse fixo pelo ex-presidente do BCB, Gustavo

---

219 Fonte: entrevista de Francisco Lopes ao jornal *Valor Econômico*, de 29 de julho de 2006. Link http://www.bresserpereira.org.br/terceiros/05.7.chicolopes.pdf

Franco, introduziu uma faixa para a cotação da moeda americana flutuar, que denominou "Banda Diagonal Endógena". Ele assumiu o BC em janeiro de 1999, no lugar de Gustavo Franco, mas ficou menos de 20 dias no cargo.

- Mas dois pequenos bancos fizeram uma aposta inversa, o Banco Marka e o Banco Fonte-Cindam, que estavam vendidos em bilhões no mercado futuro da M&F e eram clientes da empresa de Chico Lopes, a Macrométrica. Iam quebrar. Lopes mandou seu diretor Mauch cuidar do caso, vendendo dólares para eles pelo piso, de modo a permitir que liquidassem suas posições na BM&F e não quebrassem a Bolsa.
- O dono do Banco Marka, Salvatore Cacciola, que tinha dupla cidadania, brasileira e italiana, passou a mão em 10 milhões de dólares e se mandou para a Itália.
- Francisco Lopes, depondo na CPI criada para investigar o socorro aos dois bancos, negou-se a dizer a verdade (orientado pelo seu advogado) e teve voz de prisão decretada. Foi libertado após pagar fiança.
- Lopes tem pelo menos dois méritos: criou o Copom, o Conselho de Política Monetária, que deu um formato profissional e de colegiado às importantes decisões sobre juros e com sua banda diagonal endógena acabou fazendo com que o Banco Central, com Armínio Fraga na presidência, adotasse o câmbio flutuante.
- Quanto a Salvatore Cacciola, o ex-banqueiro, passou sete anos foragido na Itália, mas resolveu passear um pouco em Mônaco, onde foi preso em setembro de 2007, e extraditado para o Brasil em 2008. Ficou no presídio de Bangu durante três anos[220]. Três anos depois, em 10 de janeiro de 2011, conseguiu o benefício do regime semiaberto. Em abril de 2012, a pena foi extinta.
- A decisão do Tribunal de Contas da União (TCU), tomada em 5 de agosto de 2015, condenou ex-diretores do Banco Central e o Banco Fonte-Cindam a devolverem R$ 3,7 bilhões aos cofres públicos, em virtude de prejuízos decorrentes de operações de compra e venda

---

220 Fonte: http://acervo.oglobo.globo.com/em-destaque/cacciola-passou-sete-anos-foragido-
-na-italia-apesar-dos-pedidos-de-extradicao-11519923#ixzz4DThoid4Y

de dólares no ano de 1999, devolução que foi acrescida de multas superiores a R$ 1 bilhão[221]. Os condenados são Francisco Lopes, ex-presidente do Banco Central, e os ex-diretores do BC, Roberto José Steinfeld, Fernando Cesar Oliveira de Carvalho, Claudio Ness Mauch, Demosthenes Madureira de Pinho Neto, e Luiz Antônio Andrade Gonçalves, bem como o Banco Fonte-Cindam. O caso do Banco Marka foi julgado em outro processo. Cabem recursos.

Entrevista com Francisco Lopes

Sem conseguir tirar essa história da cabeça, procurei diretamente Francisco Lopes, que acabou explicando sua versão do caso, além de esclarecer a questão da saída do doutor Gustavo Franco da presidência do Banco Central.

A situação cambial (como documentamos anteriormente) estava se tornando trágica, o presidente Fernando Henrique Cardoso resolveu demiti-lo e colocou em seu lugar por um curto período, Francisco Lopes. O próprio Francisco Lopes me explicou o que aconteceu e me solicitou ler e usar o que consta em seu site, de onde copiei e reproduzi o seguinte texto:

"No dia 13 de janeiro de 1999, o governo federal anunciou o enterro definitivo da política cambial que consistia em manter o real valorizado em relação ao dólar. A decisão causou um grande impacto econômico, político e social no país. Com a desvalorização cambial, o banco Marka ficou insolvente.

Assim como outra instituição financeira, o Fonte-Cindam, do ex-diretor do Banco Central do Brasil, Luiz Antônio Gonçalves, o banco apostara na estabilidade do real, enquanto as demais instituições financeiras se preparavam para a alta do dólar. À época, dizia-se que havia um esquema de venda de informações privilegiadas. Se é que tal esquema existiu, Cacciola não se beneficiou dele, pois seu banco quebrou justamente porque foi um dos únicos a não apostar na desvalorização.

---

[221] Fonte: *Folhapress* de 5/8/2015 Link http://www1.folha.uol.com.br/mercado/2015/08/1664893-ex-diretores-do-bc-sao-condenados-a-pagar-quase-r-5-bilhoes.shtml

'A sentença é incompreensível', comentou o economista Gustavo Franco, ex-presidente do Banco Central. 'O Marka estava então com um valor equivalente a vinte vezes seu patrimônio líquido comprometido em contratos de venda no mercado futuro de dólar. Com a desvalorização do real, Cacciola ficou sem poder honrar os compromissos e pediu ajuda ao BC, tentando usar de sua influência junto a seu consultor Luiz Augusto Bragança, investidor que era amigo de infância do então presidente do Banco Central, Francisco Lopes'.

Com base no princípio de prudência de que era necessário evitar que a quebra dos bancos elevasse o 'nervosismo no mercado' em um momento já muito tenso, a diretoria do BC realizou operações de venda de contratos futuros de dólares ao Banco Marka, ao preço de 1,275 real por dólar, e ao Banco Fonte-Cindam, ao preço de 1,322 real por dólar.

O preço da operação com o Banco Marka foi definido pela área técnica do Banco Central com o objetivo de limitar o prejuízo do banco a um montante exatamente igual ao necessário para zerar seu patrimônio líquido, ou seja, ao máximo que o Marka poderia suportar sem quebrar.

Como contrapartida, o Banco Marka comprometeu-se a encerrar definitivamente a sua atuação no mercado financeiro, exigência esta que não foi feita em relação ao Banco Fonte-Cindam. As operações foram realizadas a R$ 1,27, preço superior à cotação do dia na BM&F, que havia sido de R$ 1,25 por dólar.

No caso do Banco Fonte-Cindam foi até mesmo utilizado um preço ligeiramente superior ao teto da banda de negociação que o Banco Central estabelecera para o mercado à vista de transações com dólares[3] (que é um mercado diferente do mercado de contratos de dólares futuros da BM&F, podendo ocorrer divergências entre as cotações dos dois mercados).

Consequentemente as operações não representaram qualquer prejuízo para o Banco Central num primeiro momento. Se a cotação do mercado futuro de dólares evoluísse rapidamente em direção à cotação do mercado de dólares à vista, de 1,32 real por dólar (o que era possível, mas não inevitável se o regime da banda cambial tivesse sido mantido), a posição de contratos de venda de dólares futuros adquiridos pelo Banco Central na operação com o Banco Marka teria produzido um custo da ordem de 56 milhões de reais, enquanto que a operação com o Banco Fonte-Cindam não teria representado qualquer custo, pois já fora realizada com cotação superior ao teto da banda.

Porém, dada a introdução da livre flutuação cambial, que ocorreu já em 18 de janeiro de 1999, e da elevação posterior da cotação do dólar, que a rigor não se podia prever com certeza no momento em que as operações foram feitas, elas terminaram produzindo um custo muito maior para o Banco Central, estimado de 1,5 bilhão de reais, em valores da época.

Isto, porém, não significou que os dois bancos ou seus controladores 'embolsaram' este montante de dinheiro: os maiores beneficiários foram os detentores de contratos de compra de dólares futuros na BM&F e indiretamente a própria BM&F, que evitou um sério de risco de perda de confiança. Esse elevado custo das operações com os dois bancos deve ser avaliado levando-se em conta o ganho compensatório no valor, em reais, das reservas de dólares que estavam no Banco Central e que poderiam ter sido perdidas, caso as operações não tivessem sido realizadas.

Nesse caso, como consequência de uma grave crise de confiança na BM&F, teria ocorrido uma corrida dos detentores de contratos de compra de dólares futuros ao mercado de dólares à vista para garantir a segurança (hedge) de suas posições, através da compra de dólares diretamente das reservas do Banco Central.

Para a diretoria do BC, as operações com os bancos Marka e Fonte-Cindam se justificavam como legítimo exercício de sua competência discricionária, pois eliminavam o risco de um movimento de um ataque como esse às reservas cambiais do país, num momento de grande insegurança, o que poderia ter acarretado em custo maior para o Governo.

Além disso, as operações reduziam o risco de pressão adicional de alta sobre a cotação do dólar, o que significaria custo ainda maior para o Governo caso ocorresse a flutuação cambial. No entanto, essa decisão do BC foi bastante questionada e gerou a abertura de uma Comissão Parlamentar de Inquérito (CPI). Deve-se notar que o Banco Central tem como missão institucional a guarda da moeda nacional e do sistema financeiro nacional.

Sua atuação deve ser pautada levando em conta os objetivos maiores da estabilidade econômica e financeira e da preservação da poupança nacional. A autoridade monetária não pode ser uma instituição que visa à maximização *de lucros ou que deixe de atuar efetivamente visando eliminar qualquer risco de prejuízo em suas operações.*

Por outro lado, a boa gestão de um banco central exige que se evitem atuações em operações com risco potencial. É por isso que as intervenções nos mercados cambiais e de derivativos devem normalmente ser limitadas. Em momentos, porém, de grave risco para a estabilidade da economia, essas atuações podem se tornar inevitáveis, gerando custos operacionais que são apenas o resultado de atuações do Banco Central no sentido de garantir a estabilidade do sistema financeiro. Um outro exemplo desse tipo de custo operacional ocorreu no ano de 2002.

A partir de março daquele ano, o Banco Central do Brasil passou a assumir posições vendedoras em contratos de swap cambial na BM&F (que são essencialmente equivalentes a contratos de venda de dólar futuro).

Era um momento delicado para a economia brasileira, tendo em vista a eleição presidencial a se realizar em outubro daquele ano. As pesquisas de intenção de votos sugeriam a possibilidade real de vitória do candidato do PT, possibilidade esta que era vista por muitos operadores dos mercados financeiros como séria ameaça à estabilidade econômica e financeira do país.

A cotação do dólar subiu de R$ 2,34, em março de 2002, para R$ 3,62, em dezembro do mesmo ano (uma alta de 56%), e aquelas operações de swap geraram um custo de R$ 14,189 bilhões (isto é, quatorze bilhões e 189 milhões de reais), valor cerca de nove vezes superior ao custo das operações com os bancos Marka e Fonte-Cindam. Em seu balanço anual, o Banco Central do Brasil registrou um prejuízo total para o ano de 2002 de R$ 17,193 bilhões (isto é, 17 bilhões e 193 milhões de reais).

Nesse texto tentei dar uma visão equilibrada do fato, tendo em vista o violento ataque e lavagem cerebral realizado pela imprensa nesse caso. Você também pode olhar minha página no site da Macrometrica em http://www.macrometrica.com.br/emacro/ChicoLopes.htm."

Em nosso diálogo, o economista Lopes continua me explicando sua interpretação dos desdobramentos do caso, dizendo: "*Nele, fica claro que a despeito do grande esforço da Justiça para caracterizar o peculato, inclusive com a nomeação incomum de três testemunhas de escolha pessoal da juíza, não foi possível obter evidências para a condenação, já que todas as testemunhas consideraram que as operações eram legais, legítimas e inevitáveis naquela situação.*

Isto fica evidente, por exemplo, no testemunho de Carlos Lessa, uma das testemunhas escolhidas pela juíza. Ainda assim, ela decidiu me condenar com o argumento de que, a despeito da operação ter sido legal e legítima, a forma como foi feita é que caracterizaria o peculato. Aí, ela elenca quatro razões para isso que são todas desconstruídas na minha razão de apelação. Por exemplo, porque permitimos o Banco Marka sacar as reservas bancárias para fazer o ajuste combinado com o BC antes do seu fechamento? Ora, porque a reservas eram propriedade do banco Marca e estavam apenas depositadas no BC ou porque autorizamos uma transferência de 13 milhões do Banco Marca para um fundo Máxima, que remeteu ao exterior, ora porque essa operação foi realizada no Sisbacen[222] antes da nossa negociação com o banqueiro e não dependiam de autorização do BC. E porque não fizemos a intervenção no banco com o bloqueio dos bens do banqueiro.

E a própria juíza reconheceu que dado o risco absolutamente real de quebrar a BMF e as implicações sistêmicas disso, não era desejável fazer uma intervenção naquele momento. E sem intervenção não havia como bloquear os bens do banqueiro.

Confesso que não tenho estômago de escrever mais sobre esse caso, que, na minha opinião, foi o maior absurdo jurídico que já se cometeu neste País. Não falo nem por mim, que conheci o Luis Augusto Bragança, já falecido, que se envolveu, sim, com o banqueiro. Minha impressão é de que o banqueiro achava que esse relacionamento com o Bragança dava a ele insider information[223] *sobre o câmbio, só que não era o caso e quando desvalorizamos o banqueiro descobriu que essa* insider[224] *era uma ilusão.*

---

222 Nota do autor: Sisbacen é o sistema eletrônico de liquidação do Banco Central do Brasil.

223 Nota do autor: "*Insider information person*", se diz de pessoa que possui informações privilegiadas ou internas.

224 Nota do autor: o que o doutor Francisco Lopes quer dizer é que as ditas "informações privilegiadas" não passavam de uma ilusão, eram falsas.

Mas condenar um funcionário público como o diretor Mauch, homem de absoluta retidão e caráter, eu considero um verdadeiro desastre jurídico. E nosso processo criminal ainda está engavetado no STJ, provavelmente à espera de uma prescrição por outro lado nos processos de impropriedade (não criminais) que estão correndo em segunda instância em Brasília; já tivemos dois votos favoráveis à absolvição, mas claro a presidenta da banca pediu vistas e pelo jeito vai engavetar sem data para evitar a absolvição.

É o que resume a história deste caso. A imprensa condenou e inclusive a figura do banqueiro, não ajudava em nada a nossa defesa, e a partir daí todos os tribunais acovardados mantiveram a condenação, apesar da inequívoca evidência dos fatos.

Muito triste, é só o que posso dizer sobre tudo isso. Certamente, caracterizar o caso Marka-Fonte como fraude bancária é uma grande imprecisão, pois os bancos tinham posições especulativas erradas e tiveram prejuízo quando o governo fez uma mudança brusca de política econômica. O BC decidiu que deixar quebrar os bancos iria liquidar com a BM&F, a despeito dos depoimentos falsos desse órgão de que não iria acontecer, e se isso acontecesse haveria consequências indesejáveis para a economia. O BC atuou de forma legal e legítima em seu espaço de atuação.

Não houve fraude nenhuma, como ocorreu, por exemplo, no caso do Banco Nacional. Não sei se isso vai mudar a opinião das pessoas sobre o assunto e confesso que não acredito que entrar em debate agora sobre isto terá qualquer benefício, principalmente neste país em que ninguém lê nada e escândalos já fazem parte do cotidiano. Minha posição é simplesmente de deixar que os historiadores decidam a questão. Pessoalmente, já sofri o que tinha de sofrer e não creio que toda essa injustiça possa ser remediada."

Expliquei então para o doutor Francisco Lopes que Dorival Rodrigues Alves, que era o diretor da BM&F na ocasião e meu amigo pessoal (eu fizera o plano estratégico da BM&F em consórcio com o CBM Group de Nova York), antes de morrer em uma cirurgia de câncer, havia dito para mim que não havia risco sistêmico algum, bastava executar as garantias e depois o BC liquidar os dois bancos. Nem com a liquidação do Econômico, cujas agências foram brutalmente fechadas, houve risco sistêmico. Não sei quem mandou e pediu para a BM&F assinar essa carta. Respondeu Francisco Lopes ao meu argumento: "*É mentira que a BM&F tinha como executar garantias sem que isso envolvesse romper todos os contratos de hedge. Isto está bem documentado no relatório da COI.*

Claro a BMF não iria quebrar no primeiro momento, pois o prejuízo seria repassado para os tomadores de hedge na BM&F. Ou seja, quem achou que estava protegido na BM&F contra as oscilações do dólar iria descobrir que não estava, isto incluía grandes bancos internacionais que compravam hedge no Brasil e vendiam em Chicago.

As consequências seriam que essas emanações de hedge[225] tentariam comprar reservas no mercado pronto[226], fazendo explodir a taxa de câmbio. Lembre-se que naquele momento ainda tentava defender um regime cambial de banda. Por outro lado, a BMF teria acabado, a exemplo do que aconteceu com a Bolsa do Rio depois que deixou de honrar derivativos, se não me engano na crise do Najas.

Aliás, hoje acho que teria sido bom dia pra que isso acontecesse, pois os sócios da BMF ficaram todos milionários depois e foram na CPI dizer que tinham como bancar o prejuízo.

Só não disseram que iriam passar o prejuízo para os tomadores de hedge. Não tratei disso diretamente, mas a sugestão, para quem quiser ir mais a fundo, teria que falar com pessoas que vivenciaram o caso na intimidade. Contudo, o que me disseram foi que o Dorival, que morreu pouco depois, tinha dito que sem intervenção do BC não poderiam honrar o hedge."

Face a essa explicação, aproveitei a oportunidade para perguntar a Francisco Lopes se fora ele que havia feito e assinado a carta para a BM&F: "*Claro, depois a turma da BMF, incluindo o sucessor dele, tive naturalmente a preocupação de defender a posição estranha da instituição. A carta foi da*

---

225 Nota do autor: O que o doutor Francisco Lopes quer dizer com "emanações de hedge" é de que seriam deduções tiradas no mercado futuro, que visa essencialmente obter proteção para as variações previstas para a cotação do dólar mais à frente.

226 "Mercado pronto" na Bolsa de futuros significa "mercado à vista", ou seja, compra do dólar no preço do dia (idem).

BM&F para o BC. Depois que o Dorival falou com o Mauch[227] que eles não teriam como garantir o hedge, o Mauch pediu que eles fizessem a carta para dar um rescaldo para o BC. Dorival atendeu o pedido do BC. Na verdade, isso foi até preocupação boba do Mauch, que é funcionário do BC de carreira e queria tudo formalizado como ficou claro agora nos julgamentos de improbidade em Brasília, que estamos ganhando por dois votos em três, ou seja, a operação era legal e o BC tinha autoridade para fazer naquela circunstância.

Sobre o doutor Mauch, digo que tive uma má impressão dele. Digo: 'Eu trabalhei no projeto do BBC com o doutor Irapuan Maso, o doutor Claudio Mauch e Tereza Grosssi, para quem apresentei o projeto, sequer olharam o plano, que eu havia montado para salvar o Banco'. Quando falei isso para o doutor Francisco Lopes, após ter dito que esse era meu juízo de valor dos fatos, ele encerrou nosso diálogo com o seguinte texto: "Bom, se tem problema pessoal com o Mauch, acho que isso não deveria afetar sua avaliação dos fatos. Esse processo sofreu com um grande número de pessoas sem conhecimento real dos fatos fazendo julgamentos precipitados.

Os diretores do BC foram injustamente massacrados pela mídia e os tribunais tiveram atitudes covardes em todas as instâncias. Veja esses julgamentos em Brasília que estamos ganhando, o relator e o vogal votaram pela absolvição e a presidente do tribunal simplesmente adiou. Provavelmente, vai ficar engavetado agora até prescrever, pois não querem absolver.

Claro, nós diretores continuamos com bens bloqueados e o TCU nos mandou agora um darf *no valor de um milhão de reais para pagar em 15 dias. Infelizmente não é uma mera discussão acadêmica, teve impacto devastador sobre nossas vidas. Não acho que o Mauch mereça isto.*

No nosso caso, ao contrário, o que fizemos foi evitar a quebra dos bancos e da BMF, com o próprio BC absorvendo o prejuízo, mas depois do nosso caso acho que o pessoal do BC só se preocupa em defender a própria pele e que se dane o resto."

---

227 O doutor Francisco Lopes se refere ao diretor Cláudio Ness Mauch, que entre 9/9/1993 e 7/12/1993 respondeu cumulativamente pela diretoria de Fiscalização do Banco Central do Brasil, "até a posse do titular", conforme Pró-memória do BCB. Vide: http://www.bcb.gov.br/pre/historia/comp_historica_BCB_area.pdf.

E sobre a saída de Gustavo Franco da presidência do Banco Central, perguntei a ele: "*Quem demitiu o Gustavo Franco, que a meu ver fez um grande mal ao segurar o câmbio, que, acho, acarretou um furo de 27 bilhões de dólares ao Brasil em suas então combalidas contas externas? Foi o Malan ou o FHC, ou ele se demitiu sozinho? E a meu ver foi sua banda diagonal que mudou o quadro e nos levou para o câmbio flutuante, certo?*".

Respondeu Lopes: "*Foi o FHC. Sim claro. Havia a combinação com FHC que se a banda não funcionasse iríamos flutuar, que era o que eu achava correto desde sempre. Mas o Gustavo era contra e o Malam morria de medo. Você olha o passado, o Brasil conseguiu sair do câmbio fixo como nenhum outro país. Sem crise bancária, sem recessão e com pouco aumento de inflação. Seria diferente se tivesse quebrado a BM&F. Não sei bem o que FHC disse, mas políticos só se interessam em falar bem de si mesmos não é? Acho que de mim ele sempre falou bem. Só não me acha bom político, o que eu também acho!*"

Capítulo 6

A criação do Proes para bancos estaduais

O Proes, nominalmente Programa de Incentivo à Redução do Setor Público Estadual na Atividade Bancária, foi instituído pela Medida Provisória nº 2.192-70/01, com o objetivo de estancar as perdas constantes sofridas pelos bancos estaduais, que, frequentemente em crise de liquidez, recorriam a empréstimos de seus governos estaduais ou a fundos federais. Muitas vezes, acabavam sofrendo intervenções do Banco Central, de modo que o ciclo de saneamento nunca terminava.

O ano de 2001 foi o segundo do regime de câmbio flutuante e as contas externas do Brasil estavam ainda muito críticas; é preciso lembrar que, em 1999, o país ficaria inadimplente se o Fundo Monetário, com apoio informal do Tesouro americano, não tivesse concedido um novo empréstimo ao Brasil. Na época, Fernando Henrique Cardoso era o presidente e se encaminhava para seu segundo mandato.

Boa parte dessa grande dificuldade financeira do país vinha das contas internas, que eram agravadas pelos constantes furos dos bancos estaduais. Daí a medida provisória de criação do Proes.

Segundo trabalho feito pelo especialista do Banco Central, Cleofas Salviano Junior, em 2002[228] a criação de bancos estaduais seguiu uma tendência crescente, ao longo do século XX, de intervenção dos governos na economia. Por essa razão, os governadores adoravam ter seus bancos

---

[228] *Bancos estaduais: dos problemas crônicos ao Proes*, Cleofas Salviano Junior, Brasília, dez./2002.

estaduais. Outro fator importante foi a inflação, que incentivava os bancos a terem grandes ganhos inflacionários, resultado dos depósitos não remunerados, o conhecido *float*.

Segundo pesquisa citada por Salviano e feita pela Associação Nacional das Instituições do Mercado Financeiro (Andima), no período entre 1990 e 1994, a participação média das receitas inflacionárias no valor da produção do setor financeiro chegava a 50% para os bancos públicos e 26% para os bancos privados.

No caso dos bancos estaduais, os governos dos estados concentravam seus haveres em seus bancos, para então se aproveitarem dos ganhos inflacionários. Citou Salviano: "*O estado que não tivesse um banco estaria abrindo mão dos lucros gerados pelos seus próprios depósitos*"[229].

De 33 bancos estaduais existentes em 1996, poucos restam hoje. O quadro 25 fornece a relação dos 33 bancos estaduais existentes nesse ano, segundo a fonte citada. Destes, seis tinham patrimônio negativo, o que é absolutamente IMPOSSÍVEL em um banco: Produban, BD Goiás, BEM, Bemat, Bandepe e Beron. Alguns mantinham uma relação de ativos sobre o patrimônio absolutamente exagerada: 329 vezes para o Credireal, 44 vezes para o Banerj, 26 vezes para o Banespa.

Não custa repassar esses conceitos: o patrimônio de um banco vem a ser seu capital original, acrescido de lucros obtidos ao longo dos anos e não distribuídos; mas se o banco tem prejuízos, eles vão "erodindo", isto é, reduzindo seu patrimônio, até o ponto que acaba. Nesse instante, o banco já teria de ser recapitalizado pelo seu dono, o Estado, ou fechado pelo Banco Central.

Quanto à relação dos ativos sobre o patrimônio, essa divisão diz respeito a quantas vezes o banco está com seus ativos superior ao capital e reservas. Esse quociente tem um limite, imposto pelo BC e normalmente é menor do que 15.

---

229 *Bancos estaduais: dos problemas crônicos ao Proes*, Cleofas Salviano Junior, Brasília, dez./2002.

Quadro 25: Dados dos Bancos Estaduais em 1996

Dados dos bancos estaduais em 1996			
Ordem	Estado e Banco	Sigla	Patrimônio, R$
1	Acre (1)	Banacre	6.525.880
2	Alagoas (2)	Produban	-40.086.736
3	Amazonas (3)	BEA	90.741.333
4	Amapá (4)	Banap	6.851.798
5	Bahia	Baneb	121.729.076
6	Desenv. da Bahia	Desenbanco	58.352.120
7	Ceará	BEC	72.697.921
8	Brasília	BRB	202.365.112
9	Espírito Santo	Banestes	113.889.171
10	Desenv. Espírito Santo	Bandes	39.649.984
11	Goiás	BEG	71.137.615
12	Desenv. de Goiás	BDGoiás	-49.148.969
13	Maranhão	BEM	-15.419.689
14	Mato Grosso	Bemat	-12.854.326
15	Minas Gerais	Bemge	168.671.727
16	Crédito Real de MG	Credireal	25.659.159
17	Desenv. de MG	BDMG	139.111.972
18	Pará	Banpará	18.194.250
19	Paraíba	Paraiban	63.081.232
20	Pernambuco	Bandepe	-206.802.919
21	Piauí	BEP	37.720.670
22	Paraná	Banestado	453.987.279
23	Rio de Janeiro	Banerj	181.436.566
24	Rondônia	Beron	-97.245.345
25	Rondônia Cred. Imob.	Rondonpoup	9.769.368
26	Roraima	Banroraima	6.117.725
27	Rio Grande do Sul	Banrisul	420.956.198
28	Caixa Econ. RGS	CEE	209.380.464
29	Santa Catarina	Besc	268.110.283
30	Desenv. Santa Catarina	Badesc	87.210.628
31	Sergipe	Banese	14.498.472
32	São Paulo	Banespa	2.441.089.200
33	Nossa Caixa SP	Nossa Caixa	758.967.965
	Somas e Médias		5.666.345.184

Fonte: Estudo de Cleofas Saviano Junior, citado em nota de rodapé; elaboração do autor.

Os valores "investidos" para sanear os bancos estaduais

O quadro 26 dá uma ideia dos valores investidos pelo governo para o saneamento dos bancos estaduais abrangidos pelo programa Proes, entre 1998 e 2002. Foram US$ 50,7 bilhões, para "salvar" o conjunto de bancos estaduais.

Quadro 26: Montantes gastos com os bancos estaduais pelo Proes

Proer - Financiamento do Tesouro Nacional			
Estado	Início	Término	Emissão, US$ milhão
Acre	29.03.99	29.03.99	74,27
Alagoas	16.10.02	16.10.02	129,6
Amapá	29.12.98	24.02.99	22,58
Amazonas	02.08.99	06.09.00	228,36
Bahia	01.06.98	03.10.01	1390,81
Ceará	27.05.99	27.05.99	574,88
Espírito Santo	25.11.98	25.11.98	217,44
Goiás	27.05.99	04.10.00	346,55
Maranhão	15.12.98	10.02.04	263,32
Mato Grosso	22.01.99	12.05.04	114,6
Minas Gerais	15.06.98	04.05.00	4034,23
Pará	22.01.99	22.01.99	74,77
Paraná	05.03.99	15.12.99	2694,65
Pernambuco	15.08.98	27.08.98	1064,46
Piauí	24.02.00	06.09.00	81,07
Rio Grande do Norte	18.03.99	22.12.99	56,5
Rio Grande do Sul	10.12.98	05.07.00	2076,66
Rondônia	20.05.98	20.05.98	478,36
Roraima	20.05.98	20.05.98	21,02
Santa Catarina	29.03.99	10.10.02	859,12
São Paulo (1)	23.12.97	23.12.97	32423,71
Sergipe	18.01.99	18.01.99	26,65
Total			47.253,61

Fonte: Conjuntura Econômica, elaboração do autor.

Como se vê, a recuperação do Banespa consumiu 64% dos recursos investidos no Proes, ou US$ 32,4 bilhões; seguiram-se outros cinco estados com valores superiores a US$ 1 bilhão: Minas Gerais (Bemge, Credireal), com US$ 4 bilhões; Rio de Janeiro (Banerj), com US$ 3,5 bilhões; Paraná (Banestado), com US$ 2,7 bilhões; Bahia (Baneb), com US$ 1,4 bilhão; e Pernambuco, com US$ 1,1 bilhão.

A criação do Proes recebeu de Gustavo Franco[230], ex-presidente do Banco Central, o seguinte comentário, publicado no *JB* e no jornal *O Estado de S. Paulo*, com o título "Ideias para a extinção dos bancos estaduais – Gustavo H. B. Franco": *"Faz tempo que não se ouve falar no desaparecimento de alguma dessas criaturas, seja através da privatização, seja através de liquidação. É preciso não esquecer as razões pelas quais o governo decidiu extinguir os bancos estaduais: eles nunca foram capazes de separar a atividade de fomento da atividade bancária normal. Fomento é o que faz o Banco Mundial, por exemplo: uma instituição que consome o seu próprio capital para conceder empréstimos subsidiados ou a fundo perdido mesmo. E quando o capital termina, ele pede mais dinheiro para seus acionistas. Qualquer um é livre para dispor de seu próprio capital. O mesmo não pode ser dito, evidentemente, quando se trata do capital de terceiros. Por exemplo, usar o dinheiro dos depositantes, que não pertence ao banco, para fazer fomento é basicamente um roubo, pois trata-se de fazer caridade com o chapéu alheio. Como os bancos estaduais, como regra, nunca fizeram muito esforço para segregar o fomento de suas outras atividades, todos terminaram consumindo a quase totalidade de seu capital e mais um tanto dos recursos dos depositantes em créditos ruins. O prejuízo para o Brasil foi imenso. O Proes, o programa destinado a resolver essa imensa confusão, poderá levar a desembolsos superiores a R$ 50 bilhões, um montante várias vezes superior aos desembolsos do Proer, que provocou uma CPI que, curiosamente, não se interessou pelo Proes."*

---

230 Fonte: http://www.econ.puc-rio.br/gfranco/a33.htm

Capítulo 7

Do Proes até os dias atuais

O caso do Banco Mercantil de Descontos

A notícia do *Jornal do Brasil*, de 16 de maio de 1998, dizia sobre a liquidação simultânea do BMD e do BBC: *"O Banco Central (BC) anunciou ontem a liquidação dos bancos BMD, de São Paulo, e BBC (Banco Brasileiro Comercial), de Goiânia. A decisão foi tomada pela diretoria 'depois de concluir pela existência de problemas de desequilíbrio econômico e financeiro que colocam em risco os credores das instituições', conforme nota divulgada pelo BC. Os dois bancos estão com suas portas fechadas ao público desde ontem"*.

Banco Brasileiro Comercial

O Banco Brasileiro Comercial, conhecido como BBC, pertencia ao doutor Irapuã Costa Junior, que havia sido prefeito de Anápolis, em Goiás, senador da República e governador do estado de Goiás. Após anos de carreira política, resolveu voltar para presidir seu banco, modernizá-lo e expandi-lo.

Durante dois anos, o doutor Irapuã esteve à testa de sua empresa. Em novembro de 1997, pressentindo que o banco não ia bem, pediu a seu auditor, a Soteconti, que achasse um especialista para diagnosticar as raízes das dificuldades da instituição. A Soteconti entrou em contato com o autor deste livro, que foi, então, contratado pelo BBC e desenvolveu um plano de reestruturação, que foi formalmente entregue ao Banco Central, que, contudo, não tomou conhecimento do projeto que tentava provar ao Banco Central não haver dolo por parte do principal acionista. Com bancos pequenos, o Banco Central é impiedoso. O BBC cresceu, nos anos 1970, 1980 e início dos 1990. Passou, nesse período, de duas agências em Sergipe para 24 agências em Goiânia e nas principais capitais, além de Campinas (SP).

Enfrentou a mudança de cenário trazida pelo Plano Real, que trouxera uma redução nos *spreads* e um aumento na inadimplência. Vinha, pioneiramente, mudando sua carteira de empréstimos comerciais comuns para mútuos em consignação, principalmente para funcionários federais, com muito pouca inadimplência e melhor rentabilidade, quando se viu, a partir de 1996, na mira de verdadeira implicância por parte da diretoria de fiscalização do Banco Central (Cláudio Mauch), de Luiz Carlos Alvarez e Tereza Grossi, então funcionários de segundo escalão.

A alegação era de volume apreciável, próximo do capital do banco (cerca de 20 milhões de reais), em operações de difícil recuperação. Houve uma exigência de aumento de capital, que foi cumprida, por não ter o BC aceito as alegações de que as operações eram suficientemente garantidas, sem aquiescência do Banco Central. Foi proposta, então, uma substituição das operações apontadas por debêntures de um grande empreendimento já consolidado em São Paulo, títulos esses presentes nas carteiras de fundos, como o da Petrobras e Volkswagen, entre outras grandes empresas públicas ou privadas. A par disso, foi apresentado também um plano de vitalização do banco, já em início de implantação. Os servidores públicos do Banco Central do Brasil, os doutores Mauch, Alvarez e Tereza, nem sequer tomaram conhecimento do plano, e o BC, depois de muitas reuniões, resolveu aceitar a substituição das operações pelos títulos, apenas pelo valor imobiliário, o que também não acabou fazendo, pois, a despeito dessa aceitação, liquidou de surpresa, em 15 de maio de 1998, o banco e as empresas financeiras ligadas.

Ressalte-se que o banco jamais recorreu a redesconto do Banco Central, jamais tomou recursos no interbancário, jamais foi socorrido pelo Banco do Brasil ou Caixa Econômica, como acontecia à época com muitos bancos com dificuldade de caixa. O BBC foi doador, no mercado até o dia de sua liquidação.

Nesse mesmo dia, foi também liquidado o BMD – Banco Mercantil de Descontos e, curiosamente, o Banco Pontual, que se encontrava em grandes dificuldades de caixa, teve seu processo de liquidação retirado de pauta, inexplicavelmente. Não seria liquidado, mas sofreria intervenção cinco meses depois, e nesse período seu problema de caixa se agravaria, ampliando em cerca de R$ 400 milhões o prejuízo público. Esse mesmo diretor e funcionários do BC dariam, meses depois, os escandalosos socorros aos bancos Marka e Fonte-Cindam.

Começou, então, uma ação interessante: um advogado de São Paulo, grande cliente do banco, Getúlio José de Araújo Silva, fundou a ASBBC – Associação dos Credores do BBC, e percorreu todo o Brasil conseguindo adesões. Havia percebido que a liquidação extrajudicial era algo muito bom para os liquidantes do BC, que se eternizaram no cargo, empregaram os amigos e colegas aposentados do BC, e às vezes faziam bons negócios em benefício próprio. Enquanto isso, o dinheiro dos credores se esvai.

Junto com o maior credor, o FGC – Fundo Garantidor de Créditos, que passou a dirigir o projeto, a ASBBC lutou pelo levantamento da liquidação e entrega da ação da mesma a seus verdadeiros donos – os credores. A luta durou anos. O próprio doutor Irapuan se juntou a ela desde o primeiro momento, vencida a desconfiança inicial dos credores, acostumados a ver donos de banco saírem ricos de liquidações fraudulentas. Somaram-se ao projeto o Ministério Público de Goiás e o Juízo de Falências. A pressão sobre o BC cresceu até que sua relutância – leia-se coleguismo das pessoas que trabalhavam na liquidação – terminou por ser vencida. Em 3 de julho de 2003, a liquidação transformou--se em ordinária, a cargo dos credores. Estes, em Assembleia Geral, elegeram novo liquidante, passaram a receber as operações vencidas, alienar os bens da massa e fazer distribuições de resultados.

O FGC abriu mão de suas parcelas (ficou para receber apenas no final) para que todos os pequenos credores recebessem seus créditos imediatamente. Dos 11 mil credores à época da liquidação, restam hoje apenas cerca de 750, os maiores, que já receberam metade do que está previsto no projeto. E, embora os liquidantes do BC nunca tenham se empenhado em receber os créditos da massa, e esses créditos tenham se deteriorado ao longo dos anos até a transformação da liquidação, os créditos que os servidores Mauch, Alvarez e Tereza alegavam ser "podres", foram quase todos recebidos após a liquidação ser entregue aos credores.

O complexo caso do Banco Santos

O início do Banco Santos se deu com a Corretora de Valores Santos, que foi fundada em 1969. Em 20 anos, ela se transformou no Banco Santos, marcado por um crescimento exponencial, forte suporte tecnológico, marketing dinâmico e por um triste fechamento, ocorrido em 2004.

Apenas seis anos depois de seu início, em 1995, seu lucro já tinha atingido US$ 8,16 milhões, com o patrimônio chegando a US$ 37 milhões e entrando na categoria de banco de médio porte.

Em 1997, o banco atingiu R$ 1,5 bilhão de ativos e conseguiu lucro de R$ 20,19 milhões, com rentabilidade de 19%. Em 1998, a Price-Waterhouse emitiu seu parecer sem nenhuma ressalva. Importante dizer que a Price é uma empresa de auditoria de primeira qualidade.

Muito ativo, o balanço social do Banco Santos mostrou investimento de R$ 2,7 milhões com patrocínios no Teatro Municipal de São Paulo, Fundação Bienal de São Paulo, Museu de Arte Moderna do Rio de Janeiro, Fundação Padre Anchieta, Exposição *Brasil 500 Anos*, patrocínio da pesquisa na França para levantar acervos de documentos relativos ao Brasil colonial naquele país, ações no Centre for Brazilian Studies da Universidade de Oxford, para bolsas de estudo de pós-doutorado em Finanças e Economia, exposição de *Pintura Emergente na América Latina*, Coral do Mosteiro de São Bento de Olinda etc.

Em 2001, o Banco Santos atingiu ativos de R$ 5,8 bilhões e um patrimônio de R$ 317 milhões; na moeda americana, lucro de US$ 26 milhões, ativos de US$ 2,5 bilhões e patrimônio de US$ 137 milhões, porte de banco médio, mesmo nos Estados Unidos! No Brasil, pelo Banco Central, ficou em 25ª posição e se tornou o oitavo maior banco privado nacional, logo depois do Bradesco, Itaú, Unibanco, Safra, Votorantim, Mercantil de São Paulo e Pactual.

As encrencas do Banco Santos começaram com a alienação da E-Financial, a empresa do grupo responsável pela área de tecnologia, cuja operação, medida pelos seus auditores, obteve parecer sem ressalvas. De fato, o *Relatório dos Auditores Independentes*, a Ernst & Young, datado de 31 de janeiro de 2002, diz que, em junho de 2001, o banco alienou a totalidade das quotas que possuía da E-Financial – Tecnologia e Serviços Ltda. para seu controlador, a

Procid Participações e Negócios S/A, pelo valor de R$ 51 milhões. O valor da transação foi determinado com base em dois laudos de avaliação efetuados por empresas independentes. Essa transação gerou um lucro de R$ 50,012 milhões. Os mesmos auditores independentes então examinaram o balanço patrimonial consolidado do Banco Santos S/A e empresas controladas, emitindo um parecer sem ressalvas, não encontrando qualquer problema.

Aparentemente, a venda de uma empresa do Grupo Santos para o seu controlador, Edemar Cid Ferreira, teria ligação com o fato de encobrir um prejuízo no banco, que vinha consecutivamente tendo lucros da ordem de 20% de seu patrimônio, série que, graças a essa transação, permitiu um lucro não operacional que, como consequência, mantinha as contas do banco no azul.

A ambição e a determinação de Edemar fizeram com que ele mudasse para uma sede maior e muitíssimo bem-feita. Durante o seu início, o banco estava na avenida Paulista, mas em 2002 mudou-se para um grande edifício na marginal do rio Pinheiros, zona oeste de São Paulo, um prédio de oito andares, finamente decorado com obras de arte.

As novas instalações permitiram uma grande expansão dos negócios do banco, com a contratação de dezenas de especialistas, recrutados entre os melhores do mercado financeiro e de capitais. No andar térreo do prédio, uma grande área para exposições, visitadas por empresários, membros do governo e estudantes.

O banco ganhava prestígio e admiração no mercado financeiro. Em 3 de fevereiro de 2004, nove meses antes da intervenção no banco, a Ernst & Young publicou mais um parecer sem ressalvas.

Os problemas começaram a aparecer, e uma corrida de saques de R$ 700 milhões deu o golpe final em apenas quatro meses. O banco perdeu sua liquidez e, enfrentando falta de recursos, pediu uma operação de redesconto para o BC, para manter-se ativo. Contudo, o BC determinou que o Santos infringiu normas do setor bancário e resolveu intervir, pois o redesconto pedido foi negado pelo BC. O próprio Banco Santos, porém, acreditava que o BC, com uma fiscalização ostensiva, tinha sido o causador da corrida de saques – por fazer o mercado acreditar que o banco estava em apuros.

Em 4 de maio de 2005, foi anunciada a liquidação do banco, e no dia 20 de setembro do mesmo ano, a falência foi decretada pelo juiz Caio Mendes de Oliveira, da 2ª Vara de Falências e Recuperações Judiciais de São Paulo. Assim que houve a intervenção, o controlador do Banco Santos, Edemar Cid Ferreira, contratou a empresa Valora para apresentar uma solução de mercado ao Banco Central. Com apoio de 75% dos credores, a proposta foi publicada em jornais e levada ao BC, que a rejeitou, exigindo o "de acordo" de 100% dos credores e, então, deu-se a liquidação do banco.

Antes de sofrer intervenção, o Banco Santos tinha cinco agências, uma em cada cidade – São Paulo, Santos, Rio de Janeiro, Belo Horizonte e Florianópolis –, e mantinha sete escritórios em Campinas, Brasília, Curitiba, Porto Alegre, Fortaleza, Recife e Goiânia. Chegou a movimentar mais de R$ 6 bilhões ao ano, contando com cerca de mil funcionários, entre os que trabalhavam em seguradoras, empresa de capitalização, empresa de tecnologia e *holding*.

Segundo declarações do controlador Edemar Cid Ferreira, o banco Santos solicitou o redesconto de R$ 750 milhões, dando em garantia sua carteira de crédito de R$ 3,2 bilhões, além de uma carta autorizando o BC a alienar a instituição, carta esta exigida por Paulo Sérgio Cavalheiro, diretor da autoridade, que negou o pedido alegando insuficiência patrimonial.

Após a intervenção do Banco Central, ocorrida em 12 de novembro de 2004, dois processos começaram a correr contra os controladores do Banco Santos, um deles conduzido pela Justiça Federal e pelo juiz Fausto Martin de Sanctis, da 6ª Vara Federal Criminal, que mais tarde mandou prender Edemar Cid Ferreira (que posteriormente teve sua sentença anulada pelo STF), e outro pela 2ª Vara de Falências e Recuperação Judicial. Por causa desses processos, Edemar Cid Ferreira foi preso pela primeira vez, sob acusação de ocultar o destino de suas obras de arte que estavam fora do Brasil e de obstruir a justiça.

Mas o STF mandou libertar Edemar Cid Ferreira 88 dias depois, por acreditar que a prisão não estava devidamente fundamentada. Contudo, o juiz que havia ordenado a primeira prisão, determinou que Edemar fosse preso novamente, junto com seu filho Rodrigo Cid Ferreira. Além dos crimes originais, Edemar era acusado de gestão fraudulenta e outros delitos, como evasão de divisas, lavagem de dinheiro e formação de quadrilha[231]. Mas, novamente, o STF soltou Edemar Cid Ferreira e, anos depois, a Justiça anulou a condenação de prisão.

Banco Panamericano

O Banco Panamericano foi fundado por Senor Abravanel, mais conhecido como Silvio Santos, e controlado de 1990 até 2011 pelo Grupo Silvio Santos[232]. Tinha como foco o financiamento ao varejo, financiamento de veículos, cartões de crédito, empréstimos pessoais e desconto de duplicatas. Estava presente em todas as capitais e principais cidades brasileiras, com mais de 28 mil parceiros comerciais.

O Grupo Silvio Santos assumiu o controle acionário da Real Sul S/A, em 21 de fevereiro de 1969, uma empresa que atuava no mercado desde 1963 em São Caetano do Sul, e transformou-se no Baú Financeira S/A. Em 1990, autorizado para atuar como banco múltiplo, passou a ser denominado Banco Panamericano S/A. A história de Silvio Santos remonta aos anos 1950, quando ele era um radialista, amigo de Manuel da Nóbrega, que fundou o Baú da Felicidade[233], de onde Silvio deriva a sua fortuna.

De um simples vendedor ambulante, depois um radialista, Silvio Santos se transformou em dono de um enorme conglomerado empresarial, que foi apanhado pela Justiça pela absoluta falta de controles acurados em seu banco, o Panamericano.

Há uma miopia em pensar que controles são coisas caras, que podem ser simplificados ou mesmo eliminados, sob a argumentação de que "conhecemos bem o que fazemos". Mas grandes organizações dependem de muitas áreas, muitas pessoas, muitos sistemas, enfim, são entidades vivas complexas, as quais, sem mecanismos bem concebidos e atuantes em tempo real, acabam,

---

231 Conforme o jornal *O Globo*, de 13 de dezembro de 2006.
232 Fonte: http://veja.abril.com.br/infograficos/fraude-banco-panamericano/
233 Vide a história de Silvio Santos em: http://economia.terra.com.br/vida-de-empresario/de-camelo-a-bilionario-conheca-trajetoria-de-silvio-santos,f79e6b9dcf37a410VgnVCM4000009bcceb0aRCRD.html

dia mais, dia menos, falhando de modo mortal. Foi o que levou Silvio Santos a ver seu banco destruído.

Os problemas do Banco Panamericano, até então desconhecidos do grande público, surgiram na imprensa em 2008, com a entrada da Caixa Econômica Federal na sociedade do Banco, fruto da crise que se abateu sobre o mundo todo. Essa crise, que chegou ao Brasil em fins de 2008, foi marcada pela expressão "marolinha", termo usado pelo ex-presidente Lula para expressar sua confiança sobre os efeitos da avalanche mundial iniciada nos Estados Unidos com o fechamento do Banco Lehman Brothers. Mesmo assim, a Caixa Econômica Federal adquiriu 49% das ações do Banco Panamericano, no final de 2009.

Em novembro de 2010, porém, o banco procurou o FGC (Fundo Garantidor de Crédito) para receber R$ 2,5 bilhões para se salvar. O FGC é uma associação sem fins lucrativos, de direito privado, criada em 1995 para montar um sistema de garantias dos depósitos bancários no Brasil. Seu objetivo, segundo seu site[234] é de prestar garantia de créditos contra instituições associadas, nas hipóteses de: 1) decretação da intervenção, liquidação extrajudicial ou falência da associada; e 2) reconhecimento, pelo Banco Central do Brasil, do estado de insolvência da associada. Portanto, deve ter sido necessário o reconhecimento, pelo FGC, do estado de insolvência do Banco Panamericano, evidentemente por um parecer formal do BCB, o Banco Central do Brasil.

E de onde vinha esse furo bilionário? Simples: banco de SS repassava carteiras de créditos de suas operações para outros bancos, mas não contabilizava essa transferência no balanço. A fraude do lucro inflado no banco representava 40% dos ativos do Panamericano, que somavam R$ 6,5 bilhões na época, e não foi descoberto por uma das maiores empresas de auditoria do mercado, a Deloitte, nem pela Caixa Econômica Federal. Silvio Santos tratou de dizer que não sabia de nada, mas ter vendido ações pouco antes para a CEF levantou suspeitas – há quem diga que a Caixa só comprou as ações para impedir a liquidação do banco antes das eleições.

---

234 Fonte: http://www.fgc.org.br/

Silvio Santos ofereceu 44 empresas de seu grupo como garantia ao Fundo Garantidor de Crédito, FGC, que socorreu o Panamericano para evitar uma quebradeira sistêmica no setor financeiro nacional. Pouco tempo depois, a Caixa procurava um possível comprador para os 51% restantes e diretores do banco respondiam à Justiça por fraude – já que Silvio prometeu vender o banco para ser socorrido.

Pouco tempo depois, o banco de investimentos BTG Pactual entrou no caso Panamericano (muito antes da prisão de seu presidente[235], André Esteves, na Operação Lava Jato), comprando as ações de Sílvio Santos por R$ 450 milhões e assumindo o banco. O Fundo Garantidor de Crédito, que emprestou ao controlador Silvio Santos R$ 2,5 bilhões para cobrir o rombo do banco, financiou o prejuízo, que deve ser maior, dito pela imprensa como sendo de R$ 3,8 bilhões, mas o BTG pagará a diferença até 2028, com juros de 13% ao ano.

Certamente, a solução de mercado encontrada foi melhor do que a clássica intervenção do Banco Central. Aliás, se por ventura uma ação drástica do BCB tivesse ocorrido antes das eleições, o resultado das urnas poderia ter sido diferente. De qualquer modo, o processo judicial deve seguir – 22 pessoas foram indiciadas pela PF.

O buraco insolúvel da contabilidade do Banco Panamericano impediu que ele prosseguisse como instituição financeira. As contas contábeis e suas regras de lançamento eram implacáveis. Um rombo patrimonial só permite que a empresa prossiga se for tampado com um aumento de capital maior do que o buraco e com uma importância que permita que o banco prossiga de forma limpa. Isso, no caso do Panamericano "original", era impossível. A saída foi largá-lo pelo caminho e abrir uma outra instituição bancária, chamada Banco Pan.

O Banco Pan pertence agora exclusivamente ao BTG Pactual e à Caixa Econômica Federal, e, de acordo com suas demonstrações financeiras do segundo semestre de 2015, se vê que o BTG detém 51% e a Caixa Participações 49%.

---

235 Vide http://g1.globo.com/economia/negocios/noticia/2015/11/preso-andre-esteves-renuncia-ao-comando-do-banco-btg-pactual.html

Banco Rural

O Banco Rural era uma instituição bancária privada brasileira, sediada em Belo Horizonte. Foi fundado em 1964 e liquidado em 13 de agosto de 2013. Enquanto operava, foi controlado pela família Rabello, com capital de 65% das ações ativas.

Em 2005, o Banco Rural ocupava a 18ª posição entre os 40 maiores bancos privados em ativos, de acordo com dados do BC, com patrimônio líquido de R$ 678 milhões. O Banco Rural ficou conhecido do grande público brasileiro por abrigar contas utilizadas em escândalos de corrupção de repercussão nacional, como o caso do Mensalão. Em abril de 2006, o procurador-geral da República, Antônio Fernando de Souza, denunciou quatro diretores do Banco Rural por crimes contra o mercado financeiro.

Devido a esse fato, em junho de 2006, foi divulgado que o Banco Rural passava por dificuldades financeiras, devido ao receio de seus investidores. O Banco perdeu ativos em sua conta-corrente. Esse movimento foi atribuído ao receio dos clientes, que fecharam suas contas-correntes, por temer investigações de dados bancários, e também com medo da própria saúde financeira do banco. Com isso, apresentou prejuízos constantes nos anos seguintes.

Em junho de 2011, chegou a R$ 402 milhões, mas em função dos prejuízos, reduziu para R$ 224,25 milhões dois anos depois. No meio do caminho, em 2012, Kátia Rabello, ex-presidente do banco, foi condenada pelo Superior Tribunal Federal no Mensalão, acusada de movimentar o dinheiro do esquema ilegal de Marcos Valério, no primeiro governo Lula. Isso acabou abalando os correntistas, que, desde a presença do banco nas discussões do Mensalão, fugiram com seus depósitos do Rural.

Kátia teve sua pena fixada em 16 anos e 8 meses de prisão em regime fechado, mais multa de R$ 1,505 milhão, pelos crimes de formação de quadrilha, gestão fraudulenta, lavagem de dinheiro e evasão de divisas. Porém, mais tarde, em 18 de dezembro de 2012, passou para o regime semiaberto, autorizada pelo ministro Luís Roberto Barroso, do Supremo Tribunal Federal (STF). A multa foi parcelada em 12 vezes, mas, se não for paga, Kátia terá de voltar para o regime fechado.

O Banco Rural teve papel destacado no Mensalão, pois pagava as propinas de políticos, bem como fazia empréstimos para os partidos envolvidos nesse escândalo.

Em 26 de janeiro de 2016, o Ministério Público denunciou pessoas ligadas ao Banco Rural e à dona do conglomerado JBS por crime financeiro; entre os réus, estão o CEO[236] do J&F, empresa controladora do Banco Original, e membro do conselho de administração da JBS, Joesley Mendonça Batista, e o do Banco Rural, João Heraldo dos Santos Lima. Foram condenados por esquema de concessão de empréstimos em 2011, com nove envolvidos, o que o mercado chama de "troca de chumbo", entre o Banco Rural e o Banco Original.

Banco Cruzeiro do Sul

Em 2006, os sócios Marcelo Xandó, Marcio Dreher e Luis Octávio Índio da Costa comemoravam a marca de R$ 1 bilhão em recursos administrados em seu banco, o Cruzeiro do Sul. O sucesso do banco era motivo de felicidade. E de grandes dividendos.

No começo de 2010, ficou óbvio que havia algo errado com o Banco Cruzeiro do Sul. Dependendo de onde se olhava, o resultado do banco mostrava valores muito diferentes. Dados do Banco Central[237], da Bloomberg e do próprio Cruzeiro do Sul eram completamente divergentes, sobretudo nos lucros líquidos de 2011 e de 2010. Por exemplo, em 2011 o BCB acusava um lucro de R$ 55,6 milhões, mas a Bloomberg utiliza apenas o critério da IFRS (um padrão de contabilidade internacional) e acusou um prejuízo de R$ 98,4 milhões. Quem estaria certo?

Com a disparidade de valores, os controladores conseguiram justificar o recebimento de pesados dividendos. Entre a metade de dezembro de 2010 e o fim de janeiro de 2011, foram autorizados três proventos diferentes para os acionistas, totalizando R$ 45,7 milhões. Seguindo o padrão internacional de

---

236 CEO significa *Chief Executive Oficer*, equivalente ao presidente da empresa.
237 Veja em: http://www4.bcb.gov.br/top50/port/top50.asp

contabilidade, o banco havia tido um prejuízo de R$ 68,8 milhões em 2010, o que não justificaria o pagamento de dividendos.

Não satisfeito, o banco chegou a registrar balanços intermediários e pagar mais dividendos em novembro de 2011, totalizando mais R$ 11 milhões para seus acionistas. Ou seja, os controladores do Banco Cruzeiro do Sul levaram todo o dinheiro que puderam, criando balanços intermediários – fato que levou a auditoria do banco, a KPMG, a protestar em seu parecer sobre os balanços publicados.

O interessante é que, em dezembro de 2011, o Banco Central havia autorizado o Cruzeiro do Sul a adquirir o Banco Prosper. Não antecipou que o Banco Cruzeiro do Sul teria problemas. No dia 4 de junho de 2012, o Banco Central interveio no Banco Cruzeiro do Sul, afastou seus dirigentes e nomeou o Fundo Garantidor de Crédito como administrador do banco por 180 dias. A notícia se espalhou rapidamente no mercado financeiro brasileiro e internacional, uma vez que o grupo do Cruzeiro do Sul tinha ações negociadas na Bolsa de Valores de São Paulo e títulos de securitização vendidos para investidores brasileiros e estrangeiros. Quebrado.

Com a intervenção, o Banco Central colocou os bens dos administradores e controladores do Banco Cruzeiro do Sul em indisponibilidade. Isso significa que não podiam vender imóveis, veículos, ações e outros itens de seus ativos. Aparecem na lista como ex-controladores das empresas Luis Felippe Índio da Costa e Luis Octávio Azeredo Lopes Índio da Costa.

A lista completa foi distribuída pelo sistema de informações do BC, o Sisbacen, e inclui, ainda, os nomes de Charles Alexander Forbes, Fabio Caramuru Correa Meyer, Fabio Rocha do Amaral, Flávio Nunes Ferreira Rietmann, Horácio Martinho Lima, José Carlos Lima de Abreu, Luiz Fernando Pinheiro, Guimarães de Carvalho, Marcelo Xando Baptista, Maria Luisa Garcia de Mendonça, Progreso Vaño Puerto, Renato Alves Rabello, Roberto Vieira da Silva de Oliveira Costa e Sergio Marra Pereira Capella.

O surgimento da DTVM, da qual se origina o Banco Matone

Muitos pequenos (e grandes) bancos surgiram por transformações de distribuidoras de valores ou de corretoras de valores, os dois tipos de instituições mais simples de serem montadas, exigindo menos capital inicial. Foi o caso do Banco Matone, derivado de uma pequena distribuidora de valores montada em 1967, no Rio Grande do Sul. Um investimento de José Matone, com a criação da Divalvest Distribuidora de Títulos e Valores Mobiliários.

Em 1989, com o mesmo modelo de instituições de São Paulo (como a criação do Banco Schahin Cury, transformado, em 1989, a partir da Corretora de Valores), a DTVM é utilizada para capitalizar um banco, e aí surge o Banco Matone. O Banco Central nesse ano incentivava a criação de bancos múltiplos, nos quais, além da carteira comercial, deveriam existir mais duas carteiras, de livre escolha: de câmbio, como financeira, poupança, investimentos.

Em 2011, o Banco Matone se apresentava com o Índice de Basileia de 9,11%, muito abaixo do limite mínimo de 11%. Esse ponto técnico, de maneira simples, é o índice que mede o capital dos acionistas, adicionado às reservas patrimoniais, medido em comparação com todos os itens de ativos do banco. Por exemplo, se a soma de todos ativos do banco é de R$ 1 bilhão, ele precisa ter capital e reservas de, pelo menos, 11% desse bilhão, ou seja, R$ 110 milhões. O Banco Central do Brasil tolera esse número até o limite de 11%; quanto menor, pior o estado do banco, significando que ele tem operações de empréstimo que não poderá liquidar por falta de caixa[238]. Os grandes bancos possuem um índice de Basileia folgado, acima de 16%.

O nível muito baixo de Basileia é carta certa para a intervenção do Banco Central. Nesse mesmo ano, 14 de março de 2011, a J&F Participações Financeiras, da Holding J&F e controladora do Banco JBS, com a Matone

---

238 Em verdade, o conceito tem dois complicadores em relação à explicação dada acima: o primeiro é que a soma dos ativos é ponderada pelo risco de cada item. Assim é que dinheiro em caixa tem peso de 100%, mas operações de crédito podem ter peso de apenas 50%. O segundo complicador é que do lado patrimonial existem critérios para efetuar as somas que serão levadas em conta na comparação com os ativos.

Holding assinaram um memorando de entendimento para realizar a fusão dos bancos, o JBS e o Matone.

Uma rápida busca no site do Banco Central do Brasil, que apresentava os balancetes de março de 2011, revela que a situação do Banco Matone era de falência. Índice de Basileia negativo de -3,77%, índice de imobilização de 296,42% e prejuízo de R$ 52,157 milhões.

O Matone, então, para escapar de ser liquidado pelo Banco Central, se funde com o Banco JBS e um novo banco surgiu, o Original – que, em 2016, nasceu como mais um banco de varejo no Brasil, usando Usain Bolt como garoto propaganda e sob comando de Henrique Meirelles –, extremamente capitalizado, agora com um alto índice de Basileia.

De fato, o novo banco se apresentou, já em dezembro de 2011, ano de seu nascimento, com outra dimensão e qualidade de ativos, conforme se observa no quadro extraído do Banco Central do Brasil do balancete dessa data: um patrimônio de R$ 1,88 bilhão, lucro líquido de R$ 160,2 milhões, um confortável índice de Basileia de 17,5% (até melhor do que o do Itaú na mesma data, 16%) e um baixíssimo índice de imobilização. Parabéns, o Matone escapou por pouco.

Banco Prosper

A história do Banco Prosper começou com a história do Grupo Peixoto de Castro que, por sua vez, começou com a história de sua fundação, em 1929, por Antônio Peixoto de Castro Junior, no Rio de Janeiro. Em 1938, iniciou a fabricação de tubos de aço. Em 1954, o Grupo Peixoto de Castro montou a Refinaria de Manguinhos, que iniciou suas operações em 14 de dezembro de 1954, exatamente durante a campanha "O Petróleo é Nosso", usada pelo presidente Vargas na criação da Petrobras[239].

---

239 "O petróleo é nosso!" foi uma frase que se tornou famosa ao ser pronunciada, por ocasião da descoberta de reservas de petróleo na Bahia, pelo então presidente da República Getúlio Vargas e que, mais adiante, se tornou lema da Campanha do Petróleo, patrocinada pelo Centro de Estudos e Defesa do Petróleo e promovida por nacionalistas,

Em 1971, avançou no setor petroquímico com uma fábrica de metanol. Em 1973, assumiu o controle acionário da Synteko no Brasil, fabricante sueco de resinas sintéticas. Então, em 1991, fundou o Banco Prosper, que, em 14 de setembro de 2012, foi fechado pelo Banco Central do Brasil, após uma tentativa fracassada de compra pelo Banco Cruzeiro do Sul, fechado pelo BCB na mesma data.

O controle acionário da Refinaria de Manguinhos foi adquirido, em 17 de dezembro de 2008, pelo Grupo Andrade Magro, por intermédio da Grandiflorum Participações, por R$ 7 milhões. Com a compra, o grupo também adquiriu suas subsidiárias Manguinhos Química e Manguinhos Distribuidora.

O Banco Cruzeiro do Sul tentou negociar com o Banco Santander sua venda, mas a exigência de garantias pelos espanhóis tolheu a venda, que salvaria (talvez) os dois bancos falidos, o Cruzeiro do Sul e o Prosper.

Os últimos dados do Banco Prosper se referem ao balancete de novembro de 2011, conforme o site do BCB e quadro 27 abaixo: prejuízo de R$ 19,6 milhões contra um patrimônio contábil de R$ 33,2 milhões e um índice Basileia de 8,4, muito abaixo do mínimo permitido, que é de 11. Indicativo de falência, sem dúvida alguma.

Quadro 27: Banco Prosper com patrimônio negativo no balancete de 2011

Instituição, valores em R$ 1.000	Ativo Total	Depósitos Totais	Patrimônio Líquido	Lucro Líquido	Índice de Basileia
Banco Prosper	554.255	225.025	55.217	-15.665	8,4

Fonte: site do Banco Central do Brasil, elaboração do autor.

O triste dessas liquidações é que todos os bens dos diretores e controladores ficaram bloqueados, impedindo que sejam negociados no mercado para solver as dívidas ou parte delas.

---

que culminou na criação da empresa petrolífera nacional, a Petrobras. Fonte https://pt.wikipedia.org/wiki/O_petr%C3%B3leo_%C3%A9_nosso

O caso do Banco Morada

Por pequeno que seja o mesmo, sempre algum balanço é possível achar de um banco. Mas do Banco Morada, pesquisando de 1997 até 2011, nada foi encontrado sobre suas finanças. Isso geralmente significa que esse banco não teve preocupação de divulgar seus dados em nenhum veículo especializado e que deve ser um banco muito pequeno.

A próxima linha de investigação é o site do Banco Central do Brasil. As informações disponíveis sobre o Morada começam em 2000 e terminam no terceiro trimestre de 2010. Um resumo se encontra no quadro 28:

Quadro 28: Dados do Banco Morada

Dados do Banco Morada			
Ano	Ano ou trimestre	R$ 1.000 Patrimônio	R$ 1.000 Ativo total
2000	Anual	21.943	100.662
2005	ITR 3º Trimestre	32.913	399.165
2010	ITR 3º Trimestre	60.420	499.165
2010	ITR 4º Trimestre	ND	ND
Evolução do patrimônio	de 2000 até 3º Trim. 2010	2,8	
Evolução do ativo	de 2000 até 3º Trim. 2010		5,0

Fonte: balanços publicados, elaboração do autor.

Como se vê no quadro 28, o patrimônio líquido, representando o dinheiro dos acionistas, cresceu de R$ 21,9 milhões, no ano 2000, para R$ 60,4 milhões, ao fim do terceiro trimestre de 2010, tendo se multiplicado em moeda corrente em 2,8 vezes; já os ativos pularam de R$ 100,6 milhões, em 2000, para R$ 499,1 milhões em 2010, tendo se multiplicado em cinco vezes. Para o analista, esse salto de ativos indica um banco pouco capitalizado, o que mostra um crescimento do risco do negócio.

Antes, falou-se que o Morada deveria ser um banco pequeno, pela análise do ranking do Banco Central; de fato, examinando o ranking do BCB, que em junho de 2010 tinha 158 bancos tabulados, o Banco Morada estava em 109º lugar em ativos e em 128º lugar em patrimônio líquido, conforme se vê no quadro 29.

Quadro 29: Posição relativa do Banco Morada no site do Banco Central

Ranking por ativo total - Bancos comerciais, múltiplos e Caixa		
Balancete geral - junho /2010	R$ 1.000	posição
Instituições Financeiras processadas:158		
BANCO DO BRASIL S/A	651.751.774	1
BANCO MORADA S/A	499.165	109
Ranking por patrimônio líquido ajustado - Bancos comerciais, múltiplos e Caixa		
Balancete geral - junho /2010	R$ 1.000	posição
Instituições financeiras processadas:158		
ITAÚ UNIBANCO HOLDING B.M. S/A	66.383.901	1
BANCO MORADA S/A	60.391	128

Fonte: Banco Central do Brasil, elaboração do autor.

Para o leitor, a história desse banco pouco conhecido é importante e ela pode começar pelo site do Banco Central: o quadro 30 mostra que o Banco Morada sofreu intervenção em abril de 2011, que se transformou em liquidação extrajudicial em outubro de 2011.

Quadro 30: Banco Morada em regime especial

Relação de empresas em regime especial						
Ativas e encerradas				Dados do regime especial		
Nome	Segmento	UF	Tipo de regime especial	Data inicial	Data final	Status
Banco Morada S/A	Banco Múltiplo	RJ	Intervenção	28/04/2011	25/10/2011	Encerrado
Banco Morada S/A	Banco Múltiplo	RJ	Liquidação extrajudicial	25/10/2011	-	Ativo

Fonte: http://www.bcb.gov/?RELINST, cópia pelo autor.

Pesquisando a história do Banco Morada, encontramos que é um banco brasileiro e atua no Rio de Janeiro. Especializado em crédito pessoal e crédito direto ao consumidor (CDC), atuou por cerca de 30 anos, especializando-se em crédito pessoal, CDC administração de cartões, desconto de cheques pré-datados, financiamento de automóveis, empréstimos a pessoas jurídicas, inclusive como agente repassador de recursos do BNDES.

Em abril de 2005, o Banco Bradesco comprou a rede e a carteira de clientes do Morada. A aquisição, que levou dois meses em negociação, contribuiu para aproximar o Bradesco de duas metas: ampliar o CDC e o crédito pessoal do Banco Finasa e aumentar a penetração no mercado carioca. Além disso, entende-se que a operação também impediu que um banco como o Morada (pequeno, mas com bons ativos) fosse adquirido pelo Grupo Itaú, que já tinha presença maior no estado do Rio de Janeiro, por ter adquirido o Banerj.

Faz parte de um grupo com quase 40 anos de atividades, o Grupo Morada. Seu desenvolvimento ocorreu a partir da fundação, em 1967, da Morada Associação de Poupança e Empréstimo, empresa voltada ao financiamento habitacional para aquisição da casa própria.

Transformada posteriormente em companhia de crédito imobiliário, financiou a construção de 25 mil imóveis, no período do apogeu do Sistema Financeiro de Habitação. Ao longo dos últimos anos, focado nas atividades de crédito massificado, o banco especializou-se no negócio de crédito ao consumo (*consumer bank*), atuando em nichos específicos dessas modalidades de operações, tendo apresentado um significativo crescimento em sua participação no mercado.

Em 28 de abril de 2011, o Banco Central do Brasil decretou intervenção no Banco Morada. Segundo a autoridade monetária, a medida foi tomada em decorrência do comprometimento patrimonial, do descumprimento de normas do Conselho Monetário Nacional (CMN) e do Banco Central (BC), além de os controladores da instituição não terem apresentado um plano de recuperação viável do banco.

De acordo com o BC, o Banco Morada era uma instituição financeira privada, de pequeno porte, autorizada a operar as carteiras comercial e de crédito, financiamento e investimento, com apenas uma agência na cidade do Rio de Janeiro.

Em dezembro de 2010, o Banco Morada detinha 0,01% dos ativos e 0,03% dos depósitos totais do sistema financeiro nacional (SFN). A instituição faz parte do grupo econômico Morada, controlado pela empresa Morada Investimentos (Misa), e detém participação direta ou indireta das empresas Morada Viagens e Turismo, Morada Informática e Serviços Técnicos e Morada Administração de Cartões de Crédito.

Capítulo 8

Banco e Grupo Schahin

O caso do Banco Schahin é a parte mais desconhecida do público brasileiro, embora a imprensa tenha falado frequentemente sobre a atuação do Grupo Schahin, quer na área de atividades com a Petrobras, quer pelo envolvimento nas investigações das diversas fases da operação Lava Jato. É o caso mais desconhecido porque ninguém da imprensa investigativa fez a ligação entre o então Banco Schahin e as atividades do segmento de petróleo.

Houve pouquíssima atenção para a gigantesca fraude na contabilidade do banco e para investigação do destino do dinheiro, mais de R$ 1 bilhão, que se evaporou.

O início do Grupo Schahin

A Schahin Cury Engenharia e Comércio (SCEC) foi fundada em 1965 por três recém-formados engenheiros civis da Universidade Mackenzie, Salim Taufic Schahin, seu irmão Milton Taufic Schahin e Claudio Alberto Cury[240].

O Banco Schahin é sucedâneo do Banco Schahin Cury, o qual, por sua vez, foi criado com o aproveitamento do patrimônio da Schahin Cury Corretora de Câmbio e Valores Mobiliários S/A – SCCCVM.

A SCCCVM foi fundada em 1980, pelo Grupo Schahin Cury, o qual originalmente era uma construtora habitacional, denominada Schahin Cury Engenharia e Comércio Ltda., a SCEC.

---

240 Em 1977 os irmãos Schahin e Claudio Alberto Cury convidaram Carlos Coradi para ser sócio do grupo em igualdade de condições. Coradi aceitou e fez parte do grupo até 1991.

A Corretora de Valores se distinguiu de suas concorrentes em seus primeiros anos pelos elevados padrões técnicos e éticos; uma evidência desse fato foi o pedido do Banco Central do Brasil para que cinco pessoas de Brasília estagiassem por uma semana na corretora, sendo que um desses estagiários anos mais tarde seria promovido a diretor de Normas do BCB, hoje consultor de diversos bancos e instituições financeiras[241].

Esses primeiros anos da SCCCVM contaram também com um ilustre professor da FGV, Hélio de Paula Leite, que, com o auxílio de jovens da Politécnica e da Escola de Administração da Fundação Getúlio Vargas, orientou a montagem de um departamento técnico dedicado ao mercado de ações, departamento esse que foi um elemento contribuinte para o sucesso dessa empresa financeira.

A fundação do setor petrolífero do Grupo Schahin Cury

Em 1983, o Grupo Schahin (na época ainda Schahin Cury) se expandiu para as atividades de petróleo, participando de uma primeira licitação na Petrobras, na qual ganhou um contrato de cinco anos com uma plataforma de perfuração *offshore*. Em uma operação financeira desenvolvida com o apoio do então Banco BCN, foi adquirida a plataforma para perfurar poços de petróleo em águas ditas "rasas"[242] (até 200 pés de lâmina d'água). Essa plataforma iniciou sua operação em 1984 e trabalhou, por algum tempo, dentro de um contrato de cinco anos.

O grupo entra no segmento de águas profundas

Com a mudança estratégica da Petrobras para focar seu setor de produção de petróleo em águas profundas, o Grupo Schahin Cury decidiu entrar nesse segmento, incialmente fretando um navio de posicionamento dinâmico de

---

[241] Nos referimos ao doutor Sérgio Darcy; vide http://br.linkedin.com/pub/s%C3%A9rgio-darcy-da-silva-alves/26/419/926

[242] A plataforma é a North Star, uma Jack up fabricada pela Sonat Offshore. Vide http://www.rigzone.com/oil/data/offshore-rig-search/rig-profile/547/jackup/schahin/north_star_i/

nome *Pacnorse*; mais tarde adquiriu, com financiamento do Banco do Brasil Leasing, em contrato negociado em Nova York, o navio de perfuração para águas profundas *Ben Ocean Lancer*, adquirido da Odeco Inc., nos Estados Unidos. Esse sofisticado equipamento está trabalhando ainda hoje em águas profundas para a Petrobras, depois de passar por um *upgrade*. Nos meses de abril a dezembro de 2011, os jornais brasileiros noticiaram com manchetes de primeira página a venda do Banco Schahin, inicialmente apregoando o valor entendido como o do negócio, R$ 230 milhões, e mais ao final do ano, o envolvimento do BMG e do Fundo Garantidor de Crédito; é o caso do jornal *Brasil Econômico*, que em reportagem de Conrado Mazzoni[243], de 27 de abril de 2011, fala das razões da compra do Schahin pelo BMG e menciona que o grupo atuava em outros diversos setores da economia, como Petróleo e Infraestrutura: "*O banco mineiro BMG oficializou a compra do Banco Schahin. A instituição financeira divulgou na noite desta quarta-feira (27/4) a celebração de um acordo estimado em R$ 230 milhões.*

De acordo com a nota, a aquisição do controle acionário do Schahin pelo Grupo BMG faz parte da sua estratégia de crescimento no setor financeiro, em especial no segmento de crédito pessoal.

A cartada implica no aporte de novos recursos no Schahin, cuja sede fica em São Paulo, por parte dos sócios do BMG, com o objetivo de fortalecer e incrementar ainda mais sua participação no mercado.

A informação já havia sido antecipada pelo Brasil Econômico *há duas semanas.*

O BMG visa expandir sua atuação no mercado, além de aproveitar sinergias derivadas de seu plano de aquisições recentes, como a aquisição da GE Money no Brasil, ainda sob análise do Banco Central do Brasil, e da seguradora Connap, recentemente aprovada pela Susep", detalha o comunicado ao mercado.

"*Como de praxe, a operação está sujeita à realização de um processo de auditoria nas contas da instituição e à aprovação do Banco Central.*

Com uma carteira de crédito de R$ 872 milhões ao final de 2010, o Banco Schahin pertence ao grupo de mesmo nome que atua em diversos setores da economia, como Petróleo e Infraestrutura.

---

243 Fonte: http://brasileconomico.ig.com.br/noticias/bmg-e-schahin-oficializam-acordo-de-r-230-milhoes_100972.html

A atuação no setor financeiro é focada atualmente no mercado de crédito pessoal, notadamente nos segmentos de automóvel e consignado."

A notícia dada pelo jornal *Brasil Econômico* sobre a venda do Banco Schahin para o Banco BMG, em 27 de abril de 2011, no dia seguinte, 28 de abril de 2011, repercute no *Wall Street Journal* (WSJ), de Nova York, comentada pela Agência Dow Jones, dando assim destaque internacional à venda desse pequeno banco brasileiro.

Portanto, a notícia tinha de ser firme. O Banco Schahin estava sendo vendido para o BMG por R$ 230 milhões, ou por um valor equivalente a US$ 146 milhões, conforme calculou o prestigioso jornal americano. De fato, um exame dos dados contábeis do Banco Schahin mostraram um patrimônio líquido da ordem de R$ 230 milhões, o que, em princípio, justificaria a venda por esse preço, mas sem ágio nenhum, o que não é comum em venda de bancos em boas condições. Mas isso já seria um indício de que o Banco Schahin pudesse ter problemas não revelados nas notícias de sua venda nesses jornais.

A manchete de que *"O BMG compra o Banco Schahin com a ajuda obscura do Fundo Garantidor de Crédito"* é publicada, em 28 de abril de 1011, pelo site Brasil 247, assinada por Marco Damiani. Essa reportagem foi reproduzida integralmente pela Câmara dos Deputados, na Comissão de Fiscalização Financeira e Controle, na "Proposta de Fiscalização e Controle nº 17 de 2011", que propõe averiguar irregularidades na compra do Banco Schahin pelo BMG[244]. O texto de Marco Damiani está abaixo reproduzido parcialmente:

"BMG compra Banco Schahin, com ajuda obscura do FGC; quais garantias foram exigidas do Controlador Salim Schahin, que tem negócios bilionários na Petrobras?

O banco mineiro BMG anunciou na noite da quarta-feira 27 a assinatura de um memorando de entendimentos para a compra do Banco Schahin. O valor estimado da transação é de R$ 230 milhões. O comunicado informa que os

---

[244] Vide arquivo PDF em http://www.google.com.br/#hl=pt-BR&gs_rn=14&gs_ri=psy-b&cp=14&gs_id=2z&xhr=t&q=O+BMG+compra+o+Banco+Schahin+com+a+ajuda+obscura+do+Fundo+Garantidor+de+Cr%C3%A9dito%E2%80%9D&es_nrs=true&pf=p&sclient=psy-ab&oq=O+BMG+compra+o+Banco+Schahin+com+a+ajuda+obscura+do+Fundo+Garantidor+de+Cr%C3%A9dito%E2%80%9D+&gs_l=&pbx=1&bav=on.2,or.r_qf.&bvm=bv.46751780,d.dmQ&fp=d16f3f50694ac60d&biw=1366&bih=623

sócios do BMG irão aportar novos recursos no Schahin. O Fundo Garantidor de Crédito, segundo apuração do jornal Valor Econômico, *exigiu contrapartida dos controladores do banco vendido, para disponibilizar linhas de crédito ao BMG e viabilizar a aquisição do Schahin. A família Schahin terá de contribuir com cerca de R$ 300 milhões para o FGC. A operação, segundo fontes do jornal, pode ser na forma de empréstimo. O FGC deve colocar R$ 800 milhões para ajudar o BMG a comprar o Schahin, mas não deu transparência à informação. Agora, com a assinatura do memorando geral de entendimentos, começa uma 'duediligence' (ou seja, a verificação prévia dos dados econômicos-financeiros e contratuais em geral feita por uma empresa de auditoria), no Schahin, cuja família tem negócios bilionários na Petrobras".*

Dados do BCB sobre o patrimônio do Banco Schahin em 2010

Uma pesquisa feita pelo autor, no site do Banco Central do Brasil, em meados de 2011, mostrou dados também consistentes com o número divulgado de R$ 230 milhões.

Quadro 31: Dados do Banco Schahin no site do BCB

Site: http://www4.bcb.gov.br/fis/cosif/EvSaldoCont.asp

Instituição financeira - Evolução dos saldos contábeis

BCO SCHAHIN S.A. - 50.585.090

Evolução dos saldos contábeis

| | | Ativo | | | | |
| | | Balanço | | | Balancete | |
Conta	Nome	Jun/2009 R$ Mil	Dez/2009 R$ Mil	Jun/2010 R$ Mil	Dez/2009 R$ Mil	Dez/2010 R$ Mil
6.0.0.00.00-2	PATRIMONIO LIQUIDO	226.939	225.086	229.175	217.493	229.175
6.1.0.00.00-1	PATRIMONIO LIQUIDO	226.939	225.086	229.175	217.493	229.175
6.1.1.00.00-4	CAPITAL SOCIAL	130.617	130.617	130.617	130.617	130.617

No quadro 31 acima, nota-se que o Banco Schahin tinha no balanço de junho de 2009 um patrimônio líquido (PL) de R$ 226.939 mil; e, em balanço de dezembro de 2009, um PL de R$ 229.175 mil, tendo crescido no segundo semestre de 2010; já nos dois balancetes de dezembro de 2009 e de dezembro de 2010, o PL cresceu de R$ 217.493 mil para R$ 229.175 mil, número muito próximo dos R$ 230 milhões anunciados pelos jornais.

Como as primeiras notícias da negociação entre o BMG e o Banco Schahin saíram em abril de 2011, e como os dados de balanços de bancos em geral são publicados em abril do ano seguinte, fica claro que esse número do BCB deveria ser mesmo o número da negociação. Mas não foi, de modo algum, como será visto a seguir, para entender qual foi a verdadeira transação, envolvendo também o Fundo Garantidor de Crédito, o FGC.

A notícia do jornal *Valor*, de 8 de julho de 2011, menos de três meses após o anúncio da venda do Banco Schahin para o BMG, começou a colocar luzes nesse negócio bilionário entre três atores: o Banco Schahin, vendedor por meio de seus controladores, os irmãos Schahin (Salim Taufic Schahin e Milton Taufic Schahin), o BMG, por meio de seus acionistas, a família Pentagna Guimarães, e o Fundo Garantidor de Crédito, o FGC.

É importante reproduzir as palavras do *Valor*, em reportagem de Vanessa Adachi. A notícia fala em "deficiência de capital" do Banco Schahin, sendo necessária uma capitalização de R$ 800 milhões. Como se explica tal deficiência, se o balanço publicado no site do Banco Central do Brasil fala em um patrimônio líquido positivo de R$ 229.175 mil, em 31 de dezembro de 2010? A dedução óbvia é a de que o balanço publicado estava fraudado!

"VALOR – *Ao anunciar ontem o desfecho das negociações para a compra do Banco Schahin, que estava com deficiência de capital, o BMG surpreendeu ao revelar uma estrutura em que seus controladores, a família Pentagna Guimarães, fará um aumento de capital da ordem de R$ 1,5 bilhão no banco mineiro, elevando seu patrimônio líquido a R$ 3,5 bilhões. A origem dos recursos não foi explicada no comunicado divulgado. O Valor apurou que cerca de metade desse dinheiro virá de um empréstimo do Fundo Garantidor de Créditos (FGC) aos controladores, mediante a apresentação de garantias reais. A outra metade virá de recursos dos próprios*

Pentagna Guimarães. A tradicional família mineira já vinha se preparando e dando liquidez a uma fatia de seu patrimônio para fazer uma inevitável capitalização no BMG. O próprio comunicado diz que 'após esta capitalização, o BMG aumentará suas condições de reter carteiras [de crédito] e reduzirá o volume de cessão de crédito, atendendo à nova regulamentação do Banco Central dos novos processos de contabilização'. O empréstimo do FGC aos controladores do BMG é de longo prazo, mas os detalhes não são conhecidos. Antônio Carlos Bueno, diretor do fundo, não confirma a existência do empréstimo e limita-se a dizer que 'o FGC participou na montagem da operação com as duas instituições'.

Procurado, o BMG também não comentou a operação. Parte do dinheiro servirá para fechar o déficit patrimonial do Schahin, confirmado ao redor de R$ 800 milhões durante a auditoria em suas contas, feita pela PwC[245]."

Provada na Justiça a fraude do balanço do Banco Schahin

A defesa do Banco BMG, junto à 17ª Vara Cível do Fórum João Mendes Jr., nos autos do processo nº 583.00.2011.187949-2, em que o autor Carlos Coradi requereu a suspensão da AGE que legalizaria a compra do Banco Schahin pelo BMG, citou as irregularidades no balanço do Banco Schahin nos seguintes termos:

"Contudo em razão desses ajustes contábeis, considerados indispensáveis pelo Banco Central, o patrimônio Líquido do Banco Schahin que era de cerca de R$ 300 milhões de reais, passou a ser de cerca de R$ 800 milhões de reais negativos.

Nesse cenário, o Banco BMG adquiriu o controle do Banco Schahin e tomou, com a concordância do Banco Central, um empréstimo de R$ 800 milhões junto ao Fundo Garantidor de Créditos, fundo criado pelas instituições financeiras brasileiras exatamente para socorrer instituições em dificuldades financeiras e para evitar que o risco que a quebra de um banco possa afetar a credibilidade do sistema financeiro nacional.

A condição imposta pelo Fundo Garantidor de Créditos foi de que os R$ 800 milhões fossem integralmente aportados no banco Schahin para recompor sua situação econômico-financeira.

---

245 PWC significa *Price Waterhouse Coopers*, tradicional empresa internacional de auditoria.

Contudo, em razão desses ajustes contábeis considerados indispensáveis pelo Banco Central, o patrimônio líquido do Banco Schahin, que era de cerca de R$ 300 milhões de reais, passou a ser de cerca de R$ 800 milhões de reais negativo!"

O ponto de exclamação foi dos próprios advogados representantes do Banco BMG e, indiretamente, do Banco Schahin, que declararam na Justiça estar o Banco Schahin com PL negativo em R$ 800 milhões, que somados ao PL do balanço publicado de cerca de R$ 300 milhões (segundo os advogados), perfazem um desfalque de 1 bilhão e 100 milhões de reais, ou algo como US$ 655 milhões[246]. A pergunta é: onde foi parar esse furo gigantesco?

Juiz da 17ª Vara Cível nega o pedido da liminar

A sequência dos fatos esmiuçada: quando o autor Carlos Coradi descobriu que o balanço do Banco Schahin estava fraudado com um rombo de mais de R$ 1 bilhão, e portanto suas ações não valiam mais nada (este autor tinha 499.947 ações ordinárias nominativas do Banco Schahin, de um total de 154.645.143 ações ON, ou seja, 0,323% dessa categoria de ações), ao perceber a fraude, entrou com uma medida liminar perante o juiz da 17ª Vara Cível da Comarca da capital do estado de São Paulo, para impedir a realização da Assembleia Geral Extraordinária do Banco Schahin, agendada para o dia 12/9/2012, e que iria deliberar para o aumento de capital e a subsequente venda do Banco para o BMG.

Tal pedido foi para que o juiz da 17ª Vara Cível ordenasse a não realização da Assembleia Geral Extraordinária do Banco Schahin, na qual o BMG tomaria posse da direção do banco.

O juiz negou. Sua alegação foi de que o aumento de R$ 800 milhões no capital do Banco Schahin por empréstimo do Fundo Garantidor de Crédito visava *"atender os interesses dos acionistas, de modo a evitar maiores prejuízos financeiros"*[247].

---

[246] Valor convertido na cotação da moeda americana, em 9 de setembro de 2011: 1 US$=R$ 1,7674

[247] Conforme se lê no despacho do juiz de Direito Ricardo Felício Scaff, de 9/9/2011.

Em verdade, fazendo as contas, fica claro ao leitor quem foi prejudicado. Fazendo uma conta rápida, o autor Carlos Coradi perdeu ao menos US$ 700 mil. Imagine o restante dos outros acionistas

A alegação do despacho (negando a liminar) foi para *"atender os interesses dos acionistas, de modo a evitar maiores prejuízos financeiros"*[248]. Fica no ar a questão: interesses dos acionistas controladores, que fraudaram o balanço do banco, com rombo contábil atestado pelos próprios advogados do senhor Schahin perante a Justiça?

Ingresso do BMG e aumento do capital

A Assembleia Geral Extraordinária do Banco Schahin, realizada em 12 de setembro de 2011, tinha dois objetivos: a posse do BMG como acionista do banco e o aumento de capital de R$ 800 milhões, visando cobrir (em parte) o patrimônio líquido negativo de cerca de R$ 1,1 bilhão. De fato, a ata dessa AGE, em seu item 06 – Deliberações, decide esse ponto, conforme se mostra abaixo, da colagem de trecho da ata:

> (ii) tendo em vista a situação financeira da Companhia e com vistas a restabelecer o seu enquadramento operacional, aprovar o aumento do capital social da Companhia, dos atuais R$130.616.665,57 (cento e trinta milhões, seiscentos e dezesseis mil, seiscentos e sessenta e cinco reais e cinquenta e sete centavos) para até R$930.616.665,57 (novecentos e trinta milhões, seiscentos e dezesseis mil, seiscentos e sessenta e cinco reais e cinquenta e sete centavos), sendo esse aumento, portanto, no valor de R$800.000.000,00 (oitocentos milhões de reais), mediante a emissão de até 80.000.000.000 (oitenta bilhões) de novas ações, sendo 40.000.000.000 (quarenta bilhões) de ações ordinárias e 40.000.000.000 (quarenta bilhões) de ações preferenciais, todas nominativas, sem

---

248 Conforme se lê no despacho do juiz de Direito Ricardo Felício Scaff, de 9/9/2011.

O acionista minoritário contesta a AGE[249]

O autor Carlos Coradi era um acionista minoritário do Banco Schahin, desde sua fundação, nos idos dos anos 1980. E, inconformado com a fraude contábil, primeiramente tentou bloquear a AGE – Assembleia Geral Extraordinária, mas face à negativa do juiz da 17ª Vara ao pedido liminar para sustá-la, manifestou em voto lido e escrito sua contestação.

> **07 – HOMOLOGAÇÃO PELO BANCO CENTRAL**: Nos termos da regulamentação aplicável, com a manifestação contrária do Sr. Carlos Daniel Coradi, as deliberações tomadas nos itens (ii) a (iv) da presente ata estão sujeitas à homologação do D. Banco Central do Brasil, ficando, no entanto, ressalvado que (a) a Companhia necessita da capitalização imediatamente, em regime de urgência; (b) foi assegurado a todos os acionistas o direito de preferência na proporção de suas respectivas participações na mesma espécie e classe de ações das quais sejam detentores, conforme previsto no item (II) acima e na legislação aplicável; e (c) o acionista Banco BMG S.A. realizou pedido de reserva da totalidade das sobras, sendo que se o acionista remanescente não exercer o direito de preferência que lhe assiste, todas as sobras serão subscritas e integralizadas pelo Banco BMG S.A., ao final do período de preferência de 30 (trinta) dias a contar da presente data, de forma que está assegurada a subscrição integral do aumento ora aprovado.
>
> **08 – ENCERRAMENTO**: Nada mais havendo a ser tratado, foi encerrada a Assembleia Geral, da qual se lavrou a presente ata, em forma de sumário, que, lida e achada conforme, foi por todos os presentes aprovada e assinada. Assinaturas: Mesa – Presidente: Marcelo Sampaio Góes Ricupero, Secretário: Bruno Rieger Salzano; Acionistas – Banco BMG S.A. (p.p. Marcelo Sampaio Góes Ricupero e Bruno Rieger Salzano) e Sr. Carlos Daniel Coradi.
>
> São Paulo, 12 de setembro de 2011.
>
> Confere com a original,
> Lavrada em livro próprio.
>
> MESA:
>
> _____   _____
> Marcelo Sampaio Góes Ricupero   Bruno Rieger Salzano
> Presidente   Secretário

---

[249] Trata-se de documento público, que pode ser encontrado na Junta Comercial de São Paulo, conforme se vê no carimbo.

Página 1/2

ANEXO III

Manifestação de voto contrário por parte do acionista Sr. Carlos Daniel Coradi

Senhores acionistas do Banco Schahin e Senhores presentes à AGE de 12/9/2011:

Meu nome é Carlos Daniel Coradi. Sou fundador, ex-diretor e acionista da Schahin Cury Corretora de Cambio e Valores Mobiliários em 1980 e do Banco Schahin Cury, entidades que posteriormente passaram a serem designadas por Schahin Corretora e Banco Schahin, seus sucessores. Saí do Grupo em 1991 e de lá para cá movo uma ação contra as empresas Schahin, Banco e Corretora inclusive, na defesa de meus direitos contratuais.

Quando fundada a Corretora, seus padrões éticos e profissionais eram tão elevados que o Banco Central do Brasil enviou cinco estagiários para passar uma semana na mesma; nesse grupo esteve o Sr. Sérgio Darcy, que mais tarde foi diretor de Normas do BC. Essa não é mais a situação hoje encontrada por mim, muito pelo contrário, eis que vejo o meu patrimônio como acionista se reduzir a zero.

Com relação a esta AGE, informo aos Srs. que voto pela nulidade da mesma e assim me manifestarei na Justiça, em virtude de que:

1) O Banco Schahin apresenta uma elevada insuficiência patrimonial, enorme e que se evidencia pela manifestação dos advogados dos Bancos BMG e Schahin: da ordem de R$ 800 milhões negativos, vindos de uma posição contábil que tais advogados falam em R$ 300 milhões (em verdade, pelo balanço publicado no site do BCB, R$ 229,54 milhões para março de 2011 com os ajustes do contrato de compra e venda em R$ 1,139 bilhões). Resulta que a insuficiência patrimonial é de R$ 909,68 milhões e não o valor de R$ 800 milhões. Faltam R$ 109,68 milhões nos cálculos dos advogados do BMG/Schahin. Mais de cem milhões de reais, a exigir uma rigorosa auditoria contábil nos livros do Banco Schahin.

2) É tecnicamente IMPOSSÍVEL que essa perda patrimonial tenha acontecido, como dizem os advogados do BMG /Schahin no ano atual de 2011 como se lê no item 4 da Manifestação dos advogados nos autos do Processo nº 1659/2011, Ação Cautelar de Suspensão de Assembléia proposta por Carlos Daniel Coradi contra os Bancos Schahin e BMG, em 09/09/2011, reproduzida abaixo em itálico:

"Item 4. Em meados deste ano, o Banco Schahin enfrentou um período de enormes dificuldades financeiras que não passaram despercebidas pelo Banco Central, que determinou a promoção de diversos ajustes contábeis pelo Banco Schahin, de modo a permitir a continuidade de seus negócios"

3) Portanto, a insuficiência patrimonial deve certamente ser mais antiga, o que leva a se deduzir pela ocorrência de possível FRAUDE CONTÁBIL. A pergunta que cabe é de quando vêem a determinação de ajustes contábeis no Banco Schahin.

4) De fato, uma simples pesquisa no site do Banco Central do Brasil sobre a evolução do Índice de Basiléia do Banco Schahin mostra que no balanço de Junho de 2010 o Índice de Basiléia já estava deteriorado, acusando um valor de 11 (sem nenhuma decimal). Portanto, existem sinais claros de fraude contábil, já que os balanços publicados em março de 2011 acusam um patrimônio líquido positivo.

5) A pesquisa citada mostrou os seguintes valores para o coeficiente de Basiléia do Banco Schahin extraídos do site do Banco Central do Brasil:

Página 2/2

JUCESP

Balanço de Junho de 2009: 19,32; Balanço de Dezembro de 2009: 13,66; Balanço de Junho de 2010: 11 (sem as decimais); Balanço de Dezembro de 2010: 11 (sem as decimais); Balanço de Junho de 2011: 11 (sem as decimais).

6) Resulta evidente que a insuficiência patrimonial é mais antiga, o que leva a confirmar pela ocorrência de FRAUDE CONTÁBIL. A pergunta que cabe é "quando se originou a determinação de ajustes contábeis no Banco Schahin?".

7) Falhou a auditoria interna, infringindo as resoluções do Banco Central ao não acusar a insuficiência patrimonial, e em especial a Resolução 2554 sobre Controles Internos, e a circular 3.467 que estabelece critérios para elaboração dos relatórios de avaliação da qualidade e adequação do sistema de controles internos e de descumprimento de dispositivos legais e regulamentares.

8) A Auditoria BDO, nesse balanço, acobertou o forte ajuste patrimonial que agora se pretende fazer com os recursos do Fundo Garantidor de Crédito, arranhando a posição e os direitos legais do único acionista minoritário, o signatário, visto que na manifestação da BDO anexada às demonstrações Financeiras do Banco Schahin não existe ressalva.

9) Há um evidente grande interesse na operação por parte do Banco BMG, já que obterá um grande empréstimo do Fundo Garantidor de Crédito para pagar em 15 anos com correção pelo IPCA do IBGE, sem juros, valor esse que se usado por exemplo para empréstimos em créditos consignados, resultará em spreads reais que podem ser estimados como superiores a 20 % ao ano.

Solicito, portanto, à mesa diretiva desta AGE o registro de minha manifestação em sua íntegra, informando que tomarei todas as providências necessárias para resguardar meus direitos.

Carlos Daniel Coradi

Auditoria externa não viu fraude contábil

As últimas demonstrações financeiras do Banco Schahin, publicadas em jornais, se referiam ao balanço encerrado em 30 de junho de 2010, assinado pela direção em 13 de outubro de 2010, ou seja, cinco meses antes das primeiras notícias sobre a venda da instituição. A auditoria externa da BDO Auditores Independentes não fez nenhuma ressalva e aprovou os balanços patrimoniais, quer individual (da controladora), quer o consolidado do Banco Schahin S/A, em 30 de junho de 2010 e de 2009, e as respectivas demonstrações de resultado, das mutações do patrimônio líquido e dos fluxos de caixa, conforme se vê no quadro 32 abaixo, em colagem retirada de publicações em jornal:

Quadro 32: BDO atesta a adequação contábil do Banco Schahin

PARECER DOS AUDITORES INDEPENDENTES

Aos administradores e acionistas do
Banco Schahin S.A.
São Paulo - SP

1. Examinamos os balanços patrimoniais individual (controladora) e consolidado do **Banco Schahin S.A.** ("Banco") e suas controladas, em 30 de junho de 2010 e 2009, e as respectivas demonstrações do resultado, das mutações do patrimônio líquido e dos fluxos de caixa correspondentes aos semestres findos naquelas datas, elaborados sob a responsabilidade de sua Administração. Nossa responsabilidade é a de expressar uma opinião sobre essas demonstrações contábeis.

2. Nossos exames foram conduzidos de acordo com as normas de auditoria aplicáveis no Brasil e compreenderam: **a)** o planejamento dos trabalhos, considerando a relevância dos saldos, o volume de transações e os sistemas contábil e de controles internos do Banco e de suas controladas; **b)** a constatação, com base em teste, das evidências e dos registros que suportam os valores e as informações contábeis divulgados; e **c)** a avaliação das práticas e das estimativas contábeis mais representativas adotadas pela Administração do Banco e suas controladas, bem como da apresentação das demonstrações contábeis tomadas em conjunto.

3. Em nossa opinião, as demonstrações contábeis referidas no parágrafo 1 representam, adequadamente, em todos os aspectos relevantes, a posição patrimonial e financeira do **Banco Schahin S.A.** e suas controladas em 30 de junho de 2010 e 2009, o resultado de suas operações, as mutações de seu patrimônio líquido e seus fluxos de caixa correspondentes aos semestres findos naquelas datas, de acordo com as práticas contábeis adotadas no Brasil e aplicáveis às instituições autorizadas a funcionar pelo Banco Central do Brasil.

4. Conforme mencionado na nota explicativa nº 28 (d), em 25 de setembro de 2009, o Banco aderiu ao plano de parcelamento de débitos federais, instituído pela Lei nº 11.941/09, cuja efetivação dependerá de homologação por parte das autoridades fiscais.

São Paulo, 13 de outubro de 2010

|BDO
BDO Auditores Independentes
CRC 2SP013439/O-5

Mateus de Lima Soares
Sócio-contador
CRC 1RJ079681/O "S" SP

O banco muda de nome, abre com PL negativo

O Banco Schahin não existe mais. O seu sucedâneo é o Banco BCV, Banco de Crédito e Varejo, do Grupo BMG.

As demonstrações financeiras do Banco BCV, para o exercício de 2011, mostraram valor do patrimônio líquido, em junho de 2011, de R$ 1.305.900 mil, ou seja, um patrimônio líquido negativo no valor de 1.305.900 bilhão de reais, portanto antes de ser realizada a assembleia de compra do Banco Schahin pelo Banco BMG, em 12 de setembro de 2011.

Eis a prova incontestável da fraude contábil do Banco Schahin: de um patrimônio líquido **declarado**, em dezembro de 2010, de R$ 229.175.000 para os R$ 1,3 bilhão, seis **meses depois**, resultando em uma variação de mais de R$ 1,5 bilhão para baixo:

Valor patrimonial em 31/12/2010, R$ mil: = 229.175
Valor patrimonial em 30/6/2011, R$ mil: = -1.305.900
Decréscimo patrimonial entre 30/6/2011 e 31/12/2010
R$ mil: = -1.535.075

Ou seja, o Banco Schahin (e seu sucessor, o Banco BCV), entre dezembro de 2010 e junho de 2011, sumiu com mais de 1 bilhão e meio de reais! Para onde foi esse montante? Qual a posição da sua auditoria interna, da auditoria externa e do Banco Central do Brasil? A notícia publicada pela revista *Época*[250] é explícita, e mostra que as análises deste livro estavam absolutamente corretas. Tanto o Banco Central do Brasil quanto o Ministério Público apuraram fraudes no Banco Schahin, validando inclusive nossos cálculos do tamanho do rombo. Nem a auditoria externa escapou.

"Um ano depois da venda do banco Schahin para o BMG, começa a vir à tona mais um escândalo no sistema financeiro. O Schahin tinha um rombo de aproximadamente R$ 1,1 bilhão, resultado de fraudes e outras irregularidades semelhantes às do Panamericano e do Cruzeiro do Sul. O

---

250 Fonte:http://epocanegocios.globo.com/Informacao/Acao/noticia/2012/08/bc-e-mp-
-investigam-fraudes-no-banco-schahin.html

caso está sendo investigado pelo Banco Central, pelo Ministério Público e pela Polícia Federal.

O banco pertencia à família Schahin, dona de um tradicional grupo empresarial brasileiro, com atuação em várias áreas e contratos bilionários com a Petrobras. Era uma instituição de pequeno porte, desconhecida do grande público, com foco em crédito consignado e no financiamento de veículos usados.

Segundo a apuração do BC, a instituição mentia sobre seus números. Inflava os balanços com créditos duvidosos para esconder suas dificuldades e fingir que era saudável. Além disso, concedia empréstimos a empresas do mesmo grupo, o que é proibido.

O balanço fechado em julho de 2011, já após a venda para o BMG, apontou um patrimônio líquido negativo de R$ 1,3 bilhão. Muito diferente dos R$ 229 milhões positivos apresentados ao público em março do mesmo ano, quando a instituição ainda pertencia ao Grupo Schahin.

Com esse roteiro, tornou-se a quinta instituição financeira de pequeno e médio porte a quebrar em menos de dois anos no país. As apurações do BC mostraram que ao menos quatro delas eram ninhos de fraudes e outras irregularidades: Panamericano, Morada, Cruzeiro do Sul e o próprio Schahin.

O BC abriu um processo administrativo para apurar as responsabilidades. Os ex-controladores do Schahin apresentaram defesa. Ainda não houve conclusão, mas o BC já fez ao menos duas comunicações ao Ministério Público Federal em São Paulo.

A primeira é de maio. No documento, o BC comunica que seu departamento de supervisão verificou a existência de irregularidades no Schahin. O BC aponta 'consistente elevação de resultados mediante operações simuladas, registros de ativos insubsistentes, demonstrações contábeis não fidedignas, abstenção de providência no interesse da instituição financeira e concessão de empréstimo vedado'. A documentação foi remetida pelo MP à Polícia Federal.

A segunda comunicação chegou ao MP em 13 de agosto e trata especificamente dos auditores responsáveis pelos balanços do Schahin. Essa mesma correspondência foi enviada pelo BC ao Conselho Federal de Contabilidade, que está apurando o caso.

Os ex-controladores do banco Schahin não quiseram se manifestar. Enviaram uma nota, na qual afirmam que têm divergências 'quanto ao entendimento do Banco Central' sobre as operações sob suspeita e desconhecem qualquer apuração do Ministério Público e da PF. Procurados, o BC e o Ministério Público não se pronunciaram."

Conselho condena ex-Schahin

O Conselho de Recursos do Sistema Financeiro Nacional condenou, em seção do dia 26 de março de 2013, os diretores do Banco Schahin, conforme notícia publicada: "*O Conselhinho condenou quatro ex-dirigentes do Banco Schahin ao pagamento de multas por violar normas bancárias na concessão de empréstimos de agosto de 2004 a abril de 2006. O ex-diretor executivo do banco, Carlos Eduardo Schahin, e o ex-dirigente Francisco Costa de Oliveira foram condenados a pagar R$ 150.000; o executivo José Carlos Miguel, a R$ 125.000; e o ex-diretor Sandro Tordin foi multado em R$ 250.000. O Banco Schahin foi vendido ao BMG em 2011 para evitar sua quebra em meio a fraudes.*

Os quatro executivos já haviam sido condenados pelo Banco Central (BC) a penas de inabilitação variando de dois a cinco anos. Eles recorreram ao Conselhinho, que funciona como instância para questionar decisões administrativas do BC. Ao analisar o caso o Conselhinho decidiu, por maioria, alterar as penas de inabilitação para o pagamento de multas.

O processo começou a partir da detecção, pelo BC, de 24 operações irregulares de crédito feitas pelo Schahin entre agosto de 2004 e abril de 2006. Esses empréstimos, no total de R$ 305 milhões, correspondiam a quase metade da carteira de crédito do banco, de R$ 652 milhões.

O BC verificou irregularidades como insuficiência de garantias e dados cadastrais, falta de análise da capacidade financeira dos clientes para honrar compromissos, falta de revisão periódica do risco das operações, prorrogação de empréstimos com a incorporação de encargos, concessão de novos empréstimos para liquidação de operações vencidas e garantia concedida sem a análise da capacidade dos avalistas.

O processo também identificou demonstrativos contábeis que não refletiam a verdadeira situação econômico-financeira do banco. A assessoria de imprensa disse que o Grupo Schahin não vai se posicionar sobre o assunto."

O Grupo Schahin se expande na Petrobras

Foram mostrados ao leitor dois momentos do Grupo Schahin com negócios na Petrobras, quando a plataforma para águas rasas North Star e o navio de posicionamento dinâmico *Ben Ocean*, hoje rebatizado de *Schahin Lancer* foram citados.

As duas novas gigantescas perfuratrizes para águas profundas ficaram prontas em 2011; cada uma deve ter custado algo como US$ 600 milhões e deveriam trabalhar para a Petrobras com taxas de aluguel da ordem de 600 mil dólares por dia cada uma; essas taxas seriam pagas no exterior em empresas *offshore* controladas pelo Grupo Schahin. São duas plataformas praticamente idênticas, a SS Pantanal[251] e a SS Amazonia[252].

Inventário de equipamentos da Schahin com a Petrobras

O quadro 33 mostra os contratos entre o Grupo Schahin e a Petrobras com os dados disponíveis na época. O importante é considerar as notas explicativas de cada um desses casos. O objetivo central do quadro é mostrar como o Grupo Schahin abandonou as demais atividades, especialmente a de construção civil, para se dedicar aos negócios com a Petrobras. Neste sentido, tanto Salim Taufic Schahin quanto seu irmão, Milton Taufic Schahin, hoje os únicos sócios do grupo, acabaram fazendo suas delações premiadas

---

[251] A Pantanal pode ser vista em https://www.google.com.br/search?q=plataforma+pantanal+schahin&espv=2&biw=1328&bih=594&tbm=isch&tbo=u&source=univ&sa=X&ved=0ahUKEwjHlJbJkd_MAhVDQyYKHRDPDpcQsAQIIw#imgrc=q349lZPO1FrQfM%3A

[252] A Amazônia pode ser vista em https://www.google.com.br/search?q=foto+da+plataforma+amazonia&espv=2&biw=1328&bih=594&source=lnms&tbm=isch&sa=X&ved=0ahUKEwjC56KWkt_MAhVB4SYKHRaUCC4Q_AUIBigB#imgrc=vGKztOrgMRzVKM%3A

perante o juiz Sérgio Moro, causando o desmoronamento de todo o projeto de Schahin com a Petrobras e o consequente pedido de recuperação judicial:

Quadro 33 - Levantamento de projetos Schahin - Petrobras

\multicolumn{5}{c}{Levantamento dos equipamentos de perfuração do Grupo Schahin para a Petrobras – maio de 2014}
ITEM	Equipamento	Tipo	Ano de fabricação	Taxa diária estimada em dólares/dia
1	Vitória 1000	Navio de posicionamento dinâmico para perfuração	2010	300.000
2	Schahin Lancer	Navio de posicionamento dinâmico para perfuração	1976	200.000
3	SS Amazonia	Plataforma de perfuração para águas profundas, de posicionamento dinâmico	2010	500.000
4	SS Pantanal	Plataforma de perfuração para águas profundas, de posicionamento dinâmico	2010	500.000
5	Cerrado	Navio de posicionamento dinâmico para perfuração	2011	300.000
6	Sertão	Navio de posicionamento dinâmico para perfuração	2011	300.000
7	North Star I	Plataforma de perfuração para águas rasas tipo "pack Up"	1964	sem contrato
8	FPSPO Guará batizada como FPSP Cidade de São Paulo	"Plataformas de produção e armazenamento FPSO (Floating Production and Storage and offloading)"	em operação	630.000
9	FPSPO Cernambi	"Plataformas de produção e armazenamento FPSO (Floating Production and Storage and offloading)"	em construção	630.000
10	FPSPO para BM-S-9 Carioca Area	"Plataformas de produção e armazenamento FPSO (Floating Production and Storage and offloading)"	em construção para operar em 2016	630.000
		TOTAL		3.990.000

Fontes: site da empresa, jornais, pesquisa do autor.

1: O caso do navio de posicionamento dinâmico *Vitória 1000*: essa embarcação representa o "estado da arte" em matéria de perfuração em águas profundas. Foi construído, em 2010, pela Samsung Shipbuilding & Heavy Industries – Geoje, South Korea, e diz a referência técnica[253] que seu *manager & owner* é a Schahin Engenharia, São Paulo, Brasil; sua fabricação custou US$ 634.539.368,29[254]. Possui um contrato de dez anos, que tem uma taxa diária de US$ 428.000; esse número foi obtido pelo valor do contrato de dez anos, de US$ 1.562,20 milhões, dividido por 10 e por 365 dias/ano na mesma fonte acima.

2. O navio *Schahin Lancer* é um equipamento de posicionamento dinâmico, que foi adquirido da empresa americana ODECO Inc., de New Orleans, em 1989, em um financiamento do Banco do Brasil Leasing, em operação feita em Nova York. Representou a entrada da Schahin na área de perfuração em águas profundas e onde ganhou *expertise*, que lhe serviu de argumentos para adquirir os demais equipamentos similares, mais modernos. Ele operava inicialmente a uma taxa diária da ordem de US$ 36 mil. Foi modernizado em 2002, passando a operar com uma taxa diária, em 2014, de $268.838 USD ou 7,45 vezes a taxa inicial de 1989[255]. Em função desse "fabuloso" contrato com a Petrobras, a Schahin securitizou[256] os recebíveis, levantando muitos milhões de dólares, que propiciaram outras aquisições. Mas o *Lancer* foi a base do crescimento na Petrobras.

3 e 4. O lance mais ousado, feito com o lastro financeiro citado acima, foi a contratação de duas plataformas gigantescas e extremamente modernas, chamadas "Amazônia" e "Pantanal". Elas foram adquiridas por uma operação de *leasing*: "*Embarcação adquirida em leasing do ICBC; credores são o Mizuho Corporate Bank Ltda., o Standard Chartered Bank, West LB AG, New York Branch e o The Export - Import Bank of Korea. Ambas custaram US $1,08 bilhão*[257]".

---

253 Fonte: http://maritime-connector.com/ship/vitoria-10000-9445150/

254 Fonte: http://politica.estadao.com.br/blogs/fausto-macedo/wp-content/uploads/sites/41/2015/08/1_ANEXO3-relat%C3%B3rio-auditoria-titanium-explorer.pdf

255 Essa taxa diária pode ser conferida na fonte: http://origin-qps.onstreammedia.com/origin/multivu_archive/ENR/263350-Press-Release-Attachment-COMPLETO-9_2.pdf

256 Securitização é um processo financeiro pelo qual recebimentos futuros contratuais são oferecidos para instituições bancárias internacionais e traduzidos em dinheiro presente; é então um processo de alavancagem com base em contratos existentes com a Petrobras, para adquirir mais equipamentos.

257 Fonte: http://gcaptain.com/icbc-invests-1-08-billion-brazilian-rig-lease/

O Mizuho Bank assumiu a direção jurídica das empresas *offshore* que controlam as duas plataformas e as retirou do Grupo Schahin, que perdeu pela excessiva ambição e total descontrole em seu crescimento belíssimos equipamentos. Atualmente, a Plataforma Amazônia está parada em Houston, Texas, à venda[258]. Não descobrimos a localização da semissubmersível Pantanal.

5 e 6. Os navios *Cerrado* e *Sertão*, conforme será citado mais à frente, foram "sequestrados" em operação digna de James Bond, e, portanto, tiradas do Grupo Schahin.

7. A plataforma North Star é uma pequena unidade de perfuração em águas rasas, antiga (construída em 1964) e, possivelmente, está parada, sem contrato.

8. Esse item trata de um navio que estava sendo transformado em FPSO, ou *Floating Prodution and Storage off Loading*, isto é, uma unidade destinada a armazenar e processar o petróleo produzido em águas profundas logo que é retirado dos poços em produção, rebatizado de "FPSO São Paulo". A revista *Exame* mostra, no link http://exame.abril.com.br/revista-exame/edicoes/1100/noticias/sigam-aqueles-navios, a foto desse navio sendo também "sequestrado".

9 e 10. Esses dois itens são similares ao da FPSO São Paulo, e rebatizados para atuar nos campos Cenambi e Carioca. Não temos informação de seus destinos.

11. A soma, se todos os equipamentos forem (ou fossem) contratados, resultaria em um faturamento diário de US$ 3.990.000, ou, grosso modo, 4 milhões de dólares por dia; considerando esse número, o faturamento anual seria de US$ 1,481 bilhão ou, para 15 anos de contratos, US$ 22,2 bilhões. Contudo, as duas plataformas semissubmersíveis – SS Amazônia e SS Pantanal – bem como possivelmente os navios *Cerrado* e *Sertão* foram tomados pelos financiadores. Um dos navios FPSPO foi também "sequestrado", o *Cidade de São Paulo*, pelos acionistas. Resulta que o possível faturamento da Schahin na Petrobras se resumiria aos dos navios *Vitória 1000* e *Ben Ocean*.

---

[258] Vide: http://www.tradequip.com/search?category_level1=Drilling+Equipment&category_level2=Drilling+Rigs&category_level3=Offshore+Rigs&make=TSC+MANUFACTURING&listing_id=148708&s-type=equipment

Pedido de recuperação judicial

O site G1 publicou as informações básicas sobre o pedido de Recuperação Judicial (RJ) para um grande grupo de empresas que compõem o Grupo Schahin. O juiz federal autorizou apenas parcialmente a RJ. Diz o site G1[259]: *"Envolvido na investigação da Lava Jato, o Grupo Schahin informou nesta sexta-feira (17 de abril de 2015), por meio de nota, que decidiu pedir recuperação judicial para 28 empresas do conglomerado. Além disso, vai abandonar suas atividades no campo da engenharia e construção para se concentrar na área de petróleo e gás. O processo da recuperação judicial envolve passivo da ordem de R$ 6,5 bilhões. A Schahin Engenharia, que faz parte do grupo, está entre as empresas citadas como participantes de cartel de companhias acusadas de corrupção, segundo as investigações da operação Lava Jato. A Schahin tem origem que remonta à década de 1960 no setor de construção, ampliando o foco para energia em 1986 e telecomunicações em 1991, segundo a Reuters.*

No último dia 6, a empresa interrompeu a operação de cinco unidades de perfuração que alugava para a Petrobras.

A situação vivida decorre principalmente do fechamento dos mercados de crédito nacional e internacional, o que impossibilita o financiamento das atividades das empresas", informa.

"Nos últimos meses, todos os esforços possíveis para evitar a recuperação judicial foram feitos – da tentativa de lançar títulos no mercado de capitais e da renegociação de passivos existentes, até o repasse de contratos de obras – infelizmente, sem sucesso", diz a nota.

"O Grupo Schahin afirma ainda que lamenta as demissões envolvidas na reestruturação do negócio, 'mas confia solidamente na recuperação da sua capacidade empresarial no prazo mais breve possível'. A empresa não informou o número de funcionários que serão demitidos.

A recuperação judicial possibilita que a empresa se reorganize em relação a suas dívidas e se recupere da crise financeira, preservando suas atividades e empregos, além de gerar a expectativa de saldar débitos com credores, evitando a falência.

---

259 Fonte: https://www.google.com.br/webhp?sourceid=chrome-instant&ion=1&espv=2&ie=UTF-8#q=recupera%C3%A7%C3%A3o+judicial+schahin+engenharia

Classificação de risco

No último dia 9, a agência de classificação de risco Fitch rebaixou a nota de crédito da Schahin Óleo e Gás, citando a 'contínua deterioração da qualidade do crédito' da empresa.

Alegações de que a unidade de engenharia do Grupo Schahin, a Schahin Engenharia, estaria envolvida nas investigações da Lava Jato contribuem para agravar a situação", afirmou a agência à época.

Foram levantados os nomes das empresas envolvidas na Recuperação Judicial do Grupo Schahin, marcando as que o juiz concedeu e as que ele não autorizou. Esse levantamento aparece no quadro 34.

Quadro 34: Elementos da Recuperação Judicial da Schahin

Quadro das empresas do pedido de RJ das empresas Schahin

Nome		Estrangeiras
Schahin Engenharia S/A		⬇
Schahin Holding S/A		apenas 1 entrou
Schahin Empreendimentos Imobiliários Ltda.		
Schahin Desenvolvimento Imobiliário S/A		
MTS Participações Ltda.		Mizuho Bank exerceu o direito de substituir os administradores dessas sociedades
S.M. Participações S/A		
S2 Participações Ltda.		
Satasch Participações Ltda.		
Schahin Securitizadora de Créditos Financeiros S/A		
Companhia Schahin de Ativos		
Schahin Administração e Informática Ltda.		⬇
Foxborough Participações Ltda.		
HHS Participações S/A		
Schahin Holdco Ltd	1	Schahin Holdco Ltd
Schahin Oil & Gas Ltd	2	Schahin Oil & Gas Ltd
Casablanca International Holding Ltd	3	pedido indeferido
Carlyle's International Holding Ltd	4	pedido indeferido
M&S Drilling LLC	5	pedido indeferido
Milos Drilling Ltd	6	pedido indeferido
South Empire International LLC	7	pedido indeferido
Pelican Drilling Services Ltd	8	pedido indeferido
Deep Black Drilling LLP	9	sondas operando no Brasil
Deep Black Drilling LLC	10	pedido indeferido
Riskle Holding Gmbh	11	pedido indeferido
Black Salt Drilling LLC	12	Black Salt Drilling LLC
Black Diamond Drilling LLC	13	Black Diamond Drilling LLC
Black Oil Drilling LLC	14	Black Oil Drilling LLC
Black Treasure Drilling LLC	15	Black Treasure Drilling LLC

Notas explicativas: O Grupo Schahin ao perceber que estava inadimplente com suas operações financeiras e no setor de petróleo, entrou com pedido de Recuperação Judicial, para não ir à falência. Para isso, listou no pedido 28 empresas, quer brasileiras, quer estrangeiras. Dessas 28, 15 são empresas estrangeiras, localizadas em vários paraísos fiscais. Mas das 15, o juiz apenas acolheu na RJ uma delas, a Deep Black Drilling LLP, que possui (com a Petrobrás) o navio de perfuração *Vitória 1000* que opera no Brasil.

Conforme se vê, o pedido de RJ feito em 2015 incluía 13 empresas nacionais, isto é, registradas como brasileiras, e 15 empresas estrangeiras, nas coligadas e ou pertencentes ao Grupo Schahin, totalizando 28 empresas.

Das 13 nacionais, o juiz autorizou sete; das estrangeiras, apenas autorizou uma, a Deep Black Drilling LLP, pelo fato de ter uma sonda (plataforma de perfuração) operando no Brasil. Trata-se do navio de perfuração *Vitória 1000* fretado pela Schahin, mas de propriedade conjunta com a Petrobras. Esse equipamento é que se liga (como será visto mais adiante) ao chamado "caso Bumlai". Adicionalmente, o Mizuho Bank exerceu seus direitos contratuais e substituiu os diretores da Schahin em seis dessas empresas. O quadro 35 mostra trechos do despacho do juiz:

Quadro 35: Parte do despacho do juiz da Recuperação Judicial da Schahin

> 1 – Trata-se de pedido de recuperação judicial formulado por 13 sociedades nacionais – Schahin Engenharia S/A, Schahin Holding S/A, Schahin Empreendimentos Imobiliários Ltda., Schahin Desenvolvimento Imobiliário S/A, MTS Participações Ltda., S.M. Participações S/A, S2 Participações Ltda., Satasch Participações Ltda., Schahin Securitizadora de Créditos Financeiros S/A, Companhia Schahin de Ativos, Schahin Administração e Informática Ltda., Fosborough Participações Ltda., HHS Participações S/A – e 15 sociedades estrangeiras – Schahin Holdco Ltd., Schahin Oil & Gas Ltd., Casablanca International Holdings Ltd., Carlyle's International Holding Ltd., M&S Drilling LLC, Milos Drilling Ltd., South Empire International LLC, Pelican Drilling Services Ltd., Deep Black Drilling LLP, Deep Black Drilling LLC, Riskle Holding Gmbh, Black Salt Drilling LLC, Black Diamond Drilling LLC, Black Oil Drilling LLC e Black Treasure Drilling LLC, integrantes do Grupo Schahin.

Dois navios de perfuração da Schahin são sequestrados

A revista *Exame* informou, em sua edição de 26 de outubro de 2015, que dois navios de posicionamento dinâmico, cópias modernas do *Schahin Lancer* (de 1976), foram sequestrados pelos bancos e fundos que os financiaram, em virtude do processo de Recuperação Judicial. Para isso, montaram uma verdadeira operação cinematográfica, apoiados em advogados brasileiros e em decisões de juízes locais, conforme relata a *Exame*, e levaram os navios *Cerrado* e *Sertão*:

"*São Paulo – Na segunda semana de outubro, advogados de bancos e fundos de investimento internacionais planejaram em detalhes uma operação para tomar posse de dois gigantescos navios ancorados na bacia de Campos, no litoral do Rio de Janeiro.*

Dois escritórios de advocacia, Pinheiro Guimarães e Souza Cescon, mobilizaram-se para conseguir decisões judiciais garantindo a posse dos dois navios-sonda operados pela Schahin Engenharia, empresa envolvida nas investigações da Operação Lava-Jato e que pediu recuperação judicial em abril.

Munidos de decisões do Tribunal de Justiça de São Paulo e da Justiça de Macaé, no Rio de Janeiro, os bancos e os fundos contrataram equipes para tomar – legalmente, claro – as duas embarcações: o navio Sertão, *pela seguradora americana AIG e pelos fundos de investimento Guggenheim e Carvall (que pertence à multinacional Cargill); e o navio* Cerrado, *pelo banco japonês Mizuho e pelo Banco de Desenvolvimento da Coreia. As equipes habilitadas para operar o navio chegaram ao Brasil em aviões comerciais e, assim que as decisões judiciais saíram, nos dias 7 e 8 de outubro, foram despachadas em helicópteros para os navios.*

Ao chegar com as decisões judiciais em mãos, as equipes estrangeiras mandaram os contratados do Schahin *voltar para a costa em navios auxiliares. Na sequência, os credores tiraram os navios de águas brasileiras, e ninguém sabe onde estão – o que coloca qualquer especulação sobre o futuro do Grupo Schahin em dúvida."*

A delação premiada de Salim Taufic Schahin

Quem assistiu, em abril de 2016, aos canais de TV teve oportunidade de ver o senhor Salim Schahin pedindo perdão pelos seus erros e mencionando inclusive seu pai, Taufic Schahin, em uma cena muito triste. Mostramos os trechos mais importantes de sua delação:

QUE, em meados de 2004, JOSE CARLOS BUMLAI foi trazido ao Banco Schahin por SANDRO TORDIN, um executivo do banco na época, buscando tomar um financiamento de R$ 12 milhões de reais; QUE a primeira reunião foi realizada no prédio da Rua Vergueiro, nº 2009, em São Paulo, onde ficava a sede do banco; QUE participaram do encontro Sandro Tordim, Carlos Eduardo Schahin, Milton Schahin e José Carlos Bumlai; QUE o declarante passou *rapidamente por esta reunião e lhe foi relatado posteriormente que na ocasião foi apresentado um pedido de empréstimo, alegando-se, inclusive, que se tratava de um pedido do Partido dos Trabalhadores e ele, José Carlos Bumlai, tomaria o empréstimo em nome do Partido, pois havia uma necessidade do PT que precisava ser resolvida de maneira urgente;*

QUE dias depois foi realizada uma nova reunião na sede do Banco Schahin, e igualmente participaram Sandro, Carlos Eduardo, Milton e José Carlos Bumlai e, como novidade, Bumlai veio acompanhado de Delúbio Soares; QUE a presença de Delúbio Soares trouxe um pouco mais de conforto ao declarante, tendo em conta que ele, diferentemente de Bumlai, tinha relação direta com o PT;

QUE nessa ocasião o próprio Delúbio Soares confirmou o interesse do Partido para que a operação fosse concluída o quanto antes; QUE José Carlos Bumlai e Delúbio Soares informaram que, como evidência adicional, a "Casa Civil" procuraria um dos acionistas do Banco Schahin; QUE, dias depois, o depoente recebeu um telefonema de José Dirceu; QUE a conversa tratou de amenidades, não abordando a operação de José Carlos Bumlai, mas a mensagem estava entendida;

Em resumo, o empréstimo foi concedido a Bumlai, que nunca o pagou, e que, em meados de 2009, por pressão da Schahin, o grupo obteve o contrato do navio *Vitória 1000*, com o qual se compensou o empréstimo feito. A imprensa publicou o fecho dessa história, com a prisão de Bumlai, conforme diz o site G1: "Pecuarista José Carlos Bumlai é preso na 21ª fase da Lava Jato. Ele teria pedido um empréstimo de R$ 12 milhões no banco Schahin. Investigadores dizem que esse dinheiro pagou dívida de campanha de Lula".

Processo de calúnia do Banco Central contra Carlos Coradi

Em 2012, junto à 1ª Vara Criminal Federal da capital de São Paulo, o Banco Central do Brasil e Anthero de Moraes Meirelles processaram o autor Carlos Coradi, acusando-o de calúnia, a qual foi julgada em 14 de abril de 2016.

Em verdade, como o único acionista do Banco Schahin (que não os irmãos Schahin) e por ter visto a fraude de mais de 1 bilhão de reais no balanço do Banco Schahin, o autor Carlos Coradi entrou com uma Representação Criminal na Polícia Federal, acusando os diretores do Grupo Schahin, os diretores do Banco BMG (que comprou e fechou o Banco Schahin), o Fundo Garantidor de Crédito, o Banco Central (que não viu a fraude), a BDO Directa, o auditor externo dos balanços do Banco Schahin e os presidentes da Petrobras, Sergio Gabrielli e Graça Foster, por terem permitido os contratos com o Grupo Schahin, eivados de dinheiros depositados em *offshore* ilegalmente.

Apenas o diretor de Fiscalização do Banco Central, Anthero de Moraes Meirelles e o banco Central processaram o autor. E teriam mesmo que tê-lo feito, para não prevaricarem[260]. Os demais, embora alvo da Representação Criminal, não se mexeram, provavelmente por saberem que o autor tinha razão.

A decisão da juíza da 1ª Vara Criminal Federal, dois anos depois, em 14/4/2016, Andréia Silva Sarney Costa Moruzzi, julgou improcedente o pedido condenatório e absolveu o querelado, este autor.

O Banco Central recorreu e. por decisão unânime da quina turma do Egrégio Tribunal Regional Federal da 3ª Região, em 12/9/2016, decidiu de ofício declarar extinta qualquer punibilidade de Carlos Daniel Coradi, em razão da prescrição da pretensão punitiva Estatal.

A ação de absolvição julgando improcedente a acusação

Reproduzimos apenas as conclusões da juíza Andréia Silva Sarney Costa Moruzzi, que absolveu o autor Carlos Coradi.

Termina a sentença da Juíza: "*Desta forma, considero que não ficou comprovado o dolo na conduta do querelado, acarretando, por tal razão, o reconhecimento da atipicidade da sua conduta, na medida em que ausente o elemento subjetivo necessário para a configuração dos delitos de calúnia e difamação. 3. Dispositivo Diante de todo o exposto, JULGO IMPROCEDENTE o pedido condenatório, (...)*"

---

260 Prevaricação: crime cometido por funcionário público quando, indevidamente, este retarda ou deixa de praticar ato de ofício.

Prólogo

Para encerrar estas páginas dedicadas ao sistema financeiro brasileiro e às suas fraudes, nos permita o leitor uma digressão final: "A lama encontrada na análise dos 206 anos que medeiam desde a chegada de Dom João VI e o fechamento desses últimos bancos é de um odor putrefato em prejuízo de todos os brasileiros".

A impunidade, a riqueza retirada do povo, os gastos gigantescos com o Proer, com o Proes, as perdas sofridas por correntistas e clientes de todo o sistema financeiro constituem um passivo não apenas de dinheiro, mas um passivo moral que entristece os homens de bem, possivelmente a grande maioria da população, enganada por algumas centenas de pessoas de má-fé, verdadeiros bandidos, criminosos que escapam da justiça e saem mais ricos do que entraram.

Será que nossos filhos, nossos netos acharão no futuro um país mais justo, mais adequado à vida social saudável? Certamente, demorará muito tempo para que isso aconteça, pois depende, também, de conhecimento e nível educacional melhor do povo brasileiro para fiscalizar o que lhes pertence.

MATRIX